DER KOSTBARE GLAUBE

NACH DER WAHRHEIT GOTTES

Der kostbare Glaube nach der Wahrheit Gottes
von Adolf Böhm

©2024 HOLYBUNCH FELLOWSHIP.
ALLE RECHTE VORBEHALTEN. DIESE VERÖFFENTLICHUNG IST NICHT FÜR KOMMERZIELLE ZWECKE BESTIMMT. ALLE MITTEL SIND AUSSCHLIESSLICH FÜR DIE PRODUKTION VON BUCHFORMATEN UND DIE DAMIT VERBUNDENEN KOSTEN FÜR LAGERUNG, LIEFERUNG UND VERTRIEB BESTIMMT.

DEUTSCHE AUSGABE
ISBN-13: 978-1-7342802-2-7 (TASCHENBUCH-FORMAT)
ISBN-13: 978-1-7342802-3-4 (E-BOOK VERSION)

RUSSISCHE AUSGABE
ISBN-13: 978-1-7342802-0-3 (TASCHENBUCH-FORMAT)
ISBN-13: 978-1-7342802-1-0 (E-BOOK VERSION)

UKRAINISCHE AUSGABE
ISBN-13: 978-1-7342802-4-1 (TASCHENBUCH-FORMAT)
ISBN-13: 978-1-7342802-5-8 (E-BOOK VERSION)

1. AUFLAGE, 2019

Das Geheimnis des ewigen Lebens ist in dem reinen und wahren Wort Gottes verborgen, in dem Wort, das Gott tatsächlich gesprochen hat. Deshalb hängt die Errettung des Menschen davon ab, ob er an dieses Wort glaubt. Ist sein Glaube auf der Wahrheit gegründet? Denn durch die Erkenntnis der Wahrheit kommt es zur Befreiung von der Sünde und damit vom Tod: „Und ihr werdet die Wahrheit erkennen, und die Wahrheit wird euch frei machen" (Joh 8:32).

Dieses Buch soll jedem helfen, der die Wahrheit über die Erlösung begreifen möchte. Hier gibt es Antworten auf die Fragen: Warum wurde der Mensch geschaffen? Was ist der Sinn seines Lebens? Was ist Sünde? Wie wird man von ihr befreit? Wie wird man von Gott geboren? Wann ist man heilig und gerecht? Was ist die Wahrheit?

Inhaltsverzeichnis

Vorwort   **1**
    Adolf Böhm an alle, die die Wahrheit über das ewige Leben erfahren möchten.. 2

KAPITEL 1
Über Gott   **15**
    Gibt es Gott?... 16
    Die Herrlichkeit Gottes.. 20
    Das Wesen Gottes... 23
    Gott ist Wahrheit... 28
    Das Geheimnis der Dreieinigkeit............................. 31

KAPITEL 2
Die Erschaffung der Welt und des Menschen   **37**
    Woraus besteht der Mensch?................................... 40
    Über die Seele.. 42
    Über das Gewissen.. 45
    Über den Leib.. 50

KAPITEL 3
Die Finsternis. Über den Teufel   **61**
    Ist der physische Tod das wirkliche Ende?.............. 63
    Über den Teufel, die alte Schlange........................... 67
    Die Geister dieser Welt... 72

KAPITEL 4

Der Mensch und sein Wandel im alten Testament — 79

    Die zwei Bäume im Garten Eden 80
    Die erste Welt 88
    Die Geschichte des hebräischen Volkes 90

KAPITEL 5

Das Gesetz — 99

    Das Kleinkindalter und der Ursprung des Gesetzes 100
    Die Kindheit und das Gesetz Mose 103
    Die Reife und das Gesetz der Freiheit 115

KAPITEL 6

Das Erscheinen Christi — 119

    Der Plan Gottes 121
    Christi Lehre über das Himmelreich 126
    Christus hat den Sieg vollbracht 129
    Das Abendmahl 134
    Er hat für immer die vollendet, die geheiligt werden 140
    Christus — das Ende des Gesetzes 142
    Die Gnade 148
    In Christus ist die ganze Fülle der Gottheit 153

KAPITEL 7

Die erste Gemeinde — 159

    Die Erwählung der Apostel 160
    Die erste Gemeinde und ihr Fall 165
    Die Abweichung von der Wahrheit 171
    Welche Gemeinde ist das Haus Gottes? 174

KAPITEL 8
Diese Welt und die Religion — 183
Was ist diese Welt? Woraus besteht sie? 185
Die Religion 188
Was erwartet diese Welt? 200

KAPITEL 9
Schritte im Glauben — 203
Die Auserwählung 205
Der Glaube 208
Was ist die Sünde? 214
Buße und Bekehrung 218
Die Geburt von Gott 222
Die Beschneidung des Herzens 230
Die Wassertaufe 231
Festhalten am Glauben 233
Die Neue Kreatur in Christus 236
Wer überwindet, der wird alles ererben 245
Wer auf Gottes Weg geht, muss wachsam sein 251
Das Gebet 257
Die Taufe mit dem Heiligen Geist 263
Der vollkommene Mann in Christus 267

KAPITEL 10
Früchte des Geistes — 275
Die Geduld 276
Die Sanftmut und die Demut 281
Den Willen Gottes erfüllen 289

KAPITEL 11
Die Gemeinde Christi 295
Die Braut Christi 296
Der Gottesdienst 300
Die Opfergaben — Der Zehnte im Neuen Testament 310
Welche Gemeinde nimmt Christus bei seiner
Wiederkunft zu sich? 315

KAPITEL 12
Das zweite Erscheinen Jesu Christi 321
Die letzte Zeit 323
Das Buch der Offenbarung 326
Die zukünftige Welt 332

Vorwort

Das Buch, das Sie heute in den Händen halten, ist kein herkömmliches Buch. Es ist eine Zusammenfassung von rund 3000 Briefen, die in einem Zeitraum von mehreren Jahrzehnten verfasst wurden. Jeder einzelne Brief wurde handschriftlich von Adolf Böhm verfasst und richtete sich an einzelne Gemeindemitglieder, ebenso wie an ganze Gemeinden oder auch Menschen, die sich für den Glauben interessierten. Auch wurden viele Briefe zur Erbauung an alle Gemeindemitglieder versendet.

Im Laufe der Jahre entstand so eine umfassende Sammlung an Briefen, die nahezu jedes Thema des Glaubens abdeckte. Gemeindemitglieder begannen diese Briefe in elektronische Form zu übertragen, um sie leichter zugänglich zu machen. Es zeigte sich, dass diese Briefe auch vielen anderen zur Erbauung dienten. Aus diesem Grund begann man vor einiger Zeit, diese Briefe thematisch zu sortieren, auszudrucken und in Umlauf zu bringen. Dies alles geschah in Handarbeit. Das Resultat dieser Bemühungen wurde bald sichtbar: Menschen aus unterschiedlichsten Religionen wurden die Augen für die reine Lehre Christi aufgetan und sie wurden wahrhaftig gläubig.

So wurde es für nützlich und hilfreich erachtet, die grundlegendsten Themen und Fragen, die aufzeigen, wie man den HERRN erkennt und sich errettet, in einem Buch zusammenzufassen und zu übersetzen. Die hier enthaltenen Worte der Lehre Christi sollen für viele zugänglich gemacht werden — und das auf eine einfache, für jeden verständliche Art.

Bei diesem Buch handelt es sich um eine freie Übersetzung aus dem Russischen. Alle persönlichen Anreden wurden entfernt. Möge dieses Buch vielen zur Erbauung und Erkenntnis dienen!

Adolf Böhm an alle, die die Wahrheit über das ewige Leben erfahren möchten

„Das ist aber das ewige Leben, dass sie dich, der du allein wahrer Gott bist, und den du gesandt hast, Jesus Christus, erkennen" (Joh 17:3).

Wie klar und deutlich ist hier gesagt: Wer das ewige Leben haben möchte, muss nur eins — Jesus Christus erkennen! Doch wer kennt ihn wirklich? Wie kann man Gott und den, welchen er gesandt hat, kennenlernen und verstehen? Wer ist Christus und wie äußert er sich?

Davon, dass es Gott gibt, haben alle Menschen gehört. Darüber wird immer wieder geschrieben und gesprochen. Es gibt unzählige Lehren auf dieser Welt, die versuchen zu beschreiben, wer er ist und was er will. Und genau deshalb ist es so schwierig herauszufinden, wer Gott tatsächlich ist und warum wir ihn brauchen.

Eins ist klar: Er ist unsichtbar, er ist Geist und er wohnt in den Höhen der Himmel, hinter den Grenzen des Universums. „So wollest du hören im Himmel, an dem Ort, wo du wohnst, [...]" (1 Kön 8:39). „Denn so spricht der Hohe und Erhabene, der ewig wohnt, dessen Name heilig ist: Ich wohne in der Höhe und im Heiligtum und bei denen, die zerschlagenen und demütigen Geistes sind, [...]" (Jes 57:15).

Woher kam überhaupt die Vorstellung von Gott? Sie kam durch ein Buch, welches als einziges den Namen „Bibel" trägt.

VORWORT

Die Bibel besteht aus mehreren Büchern, geschrieben von Menschen, die vom Heiligen Geist geleitet wurden. Der Verfasser der Bibel ist somit Gott selbst, sein Geist der Weisheit, Jesus Christus (2 Tim 3:15-17; 2 Petr 1:21; Joh 5:39; Joh 8:31 f.).

Bereits Mose erhielt das Gebot von Gott, alle Worte, die er gehört hatte, in ein Buch zu schreiben und das Volk zu lehren. „Und der HERR gebot mir zur selben Zeit, euch Gebote und Rechte zu lehren, dass ihr danach tun sollt in dem Lande, in das ihr zieht, es einzunehmen" (5 Mose 4:14). So hat Mose alles in fünf Büchern festgehalten (2 Mose 24:4,7; 2 Mose 34:27).

Auch Josua bekam von Gott die Weisung: „Und lass das Buch dieses Gesetzes nicht von deinem Munde kommen, sondern betrachte es Tag und Nacht, dass du hältst und tust in allen Dingen nach dem, was darin geschrieben steht [...]" (Jos 1:8). „Weiche nicht davon, weder zur Rechten noch zur Linken, [...]" (Jos 1:7).

Das Leben des hebräischen Volkes wurde danach in zwei Chroniken aufgezeichnet. Zu den Zeiten der Könige gab es Schreiber, die das Geschehen festhielten und das Leben in den Königreichen dokumentierten. So entstanden die Bücher Samuel und die Bücher Könige.

Gott hat seinem Volk auch Propheten geschickt. Zu den siebzehn Büchern der verschiedenen Propheten kommen noch die Bücher Hiob, Psalmen, Sprüche und Prediger hinzu.

Und dies ist noch nicht alles! Mehr als die Hälfte der Bibel besteht aus Büchern des Alten Testaments. Das heißt, aus den Büchern, die vor dem Erscheinen Jesu Christi geschrieben wurden. Die Bücher nach dem Erscheinen Christi bilden das Neue Testament, alles zusammen ist die Bibel, die Heilige Schrift, das reine Wort Gottes!

Durch dieses Buch haben alle bzw. fast alle Menschen auf dieser Welt erfahren, dass es Gott gibt. Das ist der Wille Gottes, der als Einziger die Unsterblichkeit hat. Er hat diese Unsterblichkeit in der Gestalt von Jesus Christus in diese Welt gebracht. Es war der Wille Gottes, dass sein Sohn als Mensch in Fleisch und Blut in diese Welt kam (1 Tim 6:16; Joh 1:14-18). „Und groß ist, wie jedermann bekennen muss, das Geheimnis des Glaubens: Er ist offenbart im Fleisch, gerechtfertigt im Geist, erschienen den Engeln, gepredigt den Heiden, geglaubt in der Welt, aufgenommen in die Herrlichkeit" (1 Tim 3:16). „Wir wissen aber, dass der Sohn Gottes gekommen ist und uns den Sinn dafür gegeben hat, dass wir den Wahrhaftigen erkennen" (1 Joh 5:20). „Das ist aber das ewige Leben, dass sie dich, der du allein wahrer Gott bist, und den du gesandt hast, Jesus Christus, erkennen" (Joh 17:3). Das ist das ewige Leben. Und somit:

WER KENNT NUN GOTT?

Als ich gläubig wurde, bin ich auf ein großes Problem gestoßen. Vor mir eröffnete sich eine große Vielfalt unterschiedlichster Glaubensrichtungen. Sie alle verteidigten ihre eigene Interpretation der Heiligen Schrift und behaupteten: „Wir kennen Gott, bei uns ist die Wahrheit!" Sowohl die Baptisten, als auch die Pfingstler und die Adventisten sagten, sie würden als Einzige Gott und die Wahrheit kennen. Doch untereinander waren sie gespalten. Ich hörte mir sowohl die einen, als auch die anderen an, doch in mir blieb die Frage: Wer von ihnen hat nun recht?

Neben unserem Haus wohnte eine sehr eifrige Katholikin. Sie versuchte mich davon zu überzeugen, dass nur der katholische Glaube der Richtige sei. Alle anderen Richtungen seien aus dem Katholischen entstanden. Und in diesem Punkt hatte sie auch recht. Die großen Bewegungen des Christentums, wie

VORWORT

die orthodoxe, die protestantische und die anglikanische Bewegung, haben sich von den Katholiken abgespalten. Die erste Abspaltung von den Katholiken entstand durch die Bewegung der damaligen Christen in Konstantinopel. Diese verstanden einige Glaubensfragen anders als ihre Glaubensbrüder in Rom, und dies hatte eine Abspaltung zur Folge. Ab diesem Zeitpunkt gab es die orthodoxen und die katholischen Christen. Das ist auch heute noch so. Durch die Reform Martin Luthers ist die evangelische Kirche entstanden, deren Glaubensvertreter auch meine Vorfahren waren. Meine Großmutter, die mich bis zum 14. Lebensjahr erzog, war evangelisch. Aus der evangelischen Kirche heraus sind dann mit der Zeit Baptisten, Mennoniten, Methodisten, Calvinisten, Mormonen, Molokanen, Zionisten, unitaristische Anhänger und noch viele andere entstanden. Alle diese Abspaltungen entwickelten sich durch unterschiedliche Auslegungen der Glaubensfragen. Zum Beispiel haben die Lutheraner Kinder getauft. Einige Anhänger dieser Bewegung haben verstanden, dass es nicht nach der Schrift ist und verkündeten, dass nur die Taufe für Erwachsene richtig sei. So entstanden die Baptisten. Nach einiger Zeit haben dann ein paar Baptisten für sich erkannt, dass die Taufe mit dem Heiligen Geist durch das Zungenreden geschehen müsse. So haben sie sich von der ursprünglichen Gruppe abgespalten und die Pfingstbewegung war geboren. Jede Abspaltung entstand, indem einige aus einer bestehenden Gruppe begriffen, dass die Lehre, an die sie glaubten, nicht richtig ist und die Menschen in der ursprünglichen Gruppe Gott nicht kennen. Mit der festen Überzeugung, Gott jetzt zu verstehen, gründeten sie ihre eigene, ihrer Meinung nach, richtige Lehre. Doch nach einer bestimmten Zeit geschah das

Gleiche: eine neue Abspaltung — und die neu entstandene Gruppe behauptete von sich, als Einzige Gott zu kennen und ihn zu verstehen. Und so kam es zu Hunderten von Abspaltungen und der Entstehung neuer Glaubensbewegungen, die alle von sich behaupten, Gott zu kennen. Wie kann man nun wissen, wer von diesen unzähligen Bewegungen und Lehren wirklich Gott kennt und das ewige Leben hat?

In dieser Lage war auch ich, als ich begann, an Gott zu glauben. Ich musste eine Antwort auf die Frage finden: Wer hat denn nun recht? Was ist die Wahrheit? Welche Lehre soll ich annehmen? Mir blieb nichts anderes übrig, als mich intensiv nacheinander mit den verschiedenen Lehren auseinanderzusetzen. Sobald ich von irgendeiner Bewegung hörte, die behauptete die Wahrheit zu kennen, begab ich mich sofort zu ihnen. Ich traf die Vertreter, lernte deren Lehre kennen, verglich sie mit der Schrift und beobachtete das Leben der Anhänger. Erst als ich mir sicher war, dass sie die Wahrheit nicht kannten, ging ich weiter. Somit habe ich an sehr vielen Bewegungen teilgenommen, habe sie bis zu ihrem Kern kennengelernt. Denn jede Bewegung hat einen Pfeiler, eine Stütze, worauf ihre Lehre aufbaut, die sie jedoch nie sofort preisgeben. Somit hat es lange Zeit gebraucht, bis ich sie wirklich kennenlernen konnte. Ich bin in die jeweilige Gruppe von Gläubigen eingetaucht, wurde einer von ihnen, habe ernsthaft versucht, sie zu verstehen. Und nachdem ich sie verstanden hatte und mir klar geworden war, dass auch ihre Glaubensbasis nicht die richtige war, habe ich sie wieder verlassen.

Die ganze Zeit hindurch blieb ich aber bei den Pfingstlern. Denn auch wenn mir bewusst war, dass sie die Wahrheit nicht kannten, waren sie der Schrift doch sehr nah. Die wichtigste Frage aber — die Frage nach der Freiheit von der Sünde — haben sie nicht verstanden. Die Freiheit von der Sünde ist bei den Pfingstlern nicht geschehen und ich fragte mich, warum? Was war der Grund? Deshalb hatte ich ein großes Verlangen danach, alle neuen Lehren kennenzulernen. Denn vielleicht erfüllte sich ja die Schrift bei diesen? Vielleicht, so hoffte ich, würden sie mir erklären können, wie die Freiheit von der Sünde geschieht? Doch immer wieder war es nur eine Enttäuschung. Keine der Bewegungen hatte mir meine Frage, wie ein Mensch sündenfrei sein kann (Röm 6), anhand der Schrift beantworten können. So vergingen Jahre und mir wurde immer bewusster, dass die Pfingstler die Wahrheit nicht erkannt hatten. Ich begegnete immer mehr falschen Prophezeiungen und falschen Auslegungen der heiligen Schrift!

Und da ich mich ständig auf der Suche befand, redeten die Brüder bereits über mich: „Adolf findet einfach keine Ruhe, ständig steckt er seine Nase in verschiedene Lehren hinein und tut dann Buße!" Und genau so war es. Ich konnte nicht aufhören! Ich konnte nicht aufhören, nach der Wahrheit zu suchen, auch wenn ich mich dafür immer wieder mit neuen Bewegungen auseinandersetzen musste. Doch vielleicht hatten sie ja die Wahrheit? Aber das war nie der Fall und ich kam zu den Pfingstlern zurück. Ein Bruder sagte mir mal: „Beruhige dich, du bist doch nicht Martin Luther, um eine Reform zu machen!" Woraufhin ich ihm antwortete: „Ich bin zwar nicht Luther, aber eine Reform haben die Pfingstler dringend nötig!" Ich verstand damals nicht, dass keine Reform, sondern der Tod der alten Kreatur notwendig war, damit eine neue Kreatur in Jesus Christus geboren werden konnte.

Als ich in keiner der verschiedenen Gruppen das fand, wonach ich suchte, habe ich selbst versucht, durch Fasten die Freiheit von der Sünde zu erreichen. Denn, dass mir die Sünden verziehen sind, habe ich verstanden und so glaubte ich auch. Doch die Schrift sagt deutlich: Die Kinder Gottes können nicht sündigen (1 Joh 3:9 f.). Warum geschah dies bei keinem und in keiner der Bewegungen? Und nach einer langen Fastenzeit, völlig erschöpft, begriff ich auf einmal, dass ich sogar auf dem Sterbebett, während meines letzten Atemzuges, ein letztes Mal sündigen würde! Und das bedeutete für mich, dass ich weder jemanden finden würde, der das erlebt hat, noch würde ich mich selbst von der Sünde befreien können!

Als ich am Rande der völligen Erschöpfung und Enttäuschung war, dachte ich „Wofür denn noch leben? Vielleicht haben die Atheisten mit ihrer Behauptung recht, dass die Bibel von klugen Menschen geschrieben wurde, um andere in der Sklaverei zu halten? Denn damit wird den Menschen ja auch Angst gemacht, dass Gott sie bestrafen wird. Vielleicht gibt es gar keinen Gott?"

In diesem wirklich schlimmen Zustand schrie ich aus der Tiefe meines Herzens: „Gott! Ich wünsche mir so sehr, dass es dich wirklich gibt! Ich möchte doch nur von ganzem Herzen mit dir sein und dir dienen!" Ich wusste in mir selbst, dass ich ganz sicher keinen Ruhm, keine Karriere, keine Macht haben wollte. Es war nicht der Stolz! Ich wollte einfach und ehrlich Gott kennenlernen, um richtig an ihn zu **GLAUBEN** und ihm dienen zu können! Und in einem dieser sehr gefährlichen Momente meines Lebens hat Gott mich aufgesucht. Es war so klar und deutlich, dass ich es endgültig verstanden habe: „Gott gibt es!" Von diesem Zeitpunkt an waren alle meine Zweifel für immer weg. Ich hatte nie wieder Bedenken, dass es Gott gibt. **ER EXISTIERT** — ich habe die vollkommene Klarheit und Sicherheit darüber!

Nach diesem Erlebnis verging noch eine gewisse Zeit und ich habe noch Einiges erleben müssen, doch ich wusste in mir, dass

Gott mich erhört hatte. Und Gott hat sich mir offenbart — er hat mir die Möglichkeit gegeben, die Wahrheit zu verstehen, die mich von der Sünde befreit hat. So wie es auch in Johannes 8:31-36 steht. Jesus Christus hat tatsächlich Wohnung in mir genommen. Er ist zu meinem Verstand und meinem Gewissen geworden. Deshalb ist bei mir alles rein geworden (Tit 1:15; Mt 5:8) Und ich habe verstanden: Wer den wahren Gott und den, den er in diese Welt gesandt hat, den Herrn Jesus Christus, erkannt und verstanden hat, nur der kennt Gott (Joh 17:3). „[...] das Geheimnis, das verborgen war seit ewigen Zeiten und Geschlechtern, nun aber ist es offenbart seinen Heiligen, denen Gott kundtun wollte, was der herrliche Reichtum dieses Geheimnisses unter den Heiden ist, nämlich **CHRISTUS IN EUCH, DIE HOFFNUNG DER HERRLICHKEIT**" (Kol 1:26 f.). „Denn ihr seid gestorben, und euer Leben ist verborgen mit Christus in Gott. Wenn aber **CHRISTUS, EUER LEBEN**, sich offenbaren wird, dann werdet ihr auch offenbar werden mit ihm in Herrlichkeit" (Kol 3:3 f.).

Mir wurde ganz klar, was dieses Wort bedeutet: „[...] Ich bin der Weg und die Wahrheit und das Leben; niemand kommt zum Vater denn durch mich" (Joh 14:6); und es wurde noch klarer: „[...], dass wir den Wahrhaftigen erkennen. Und wir sind in dem Wahrhaftigen, in seinem Sohn Jesus Christus. Dieser ist der wahrhaftige Gott und das ewige Leben" (1 Joh 5:20); bis zur vollkommenen Klarheit: „Wer an den Sohn Gottes glaubt, der hat dieses Zeugnis in sich. Wer Gott nicht glaubt, der macht ihn zum Lügner; denn er glaubt nicht dem Zeugnis, das Gott gegeben hat von seinem Sohn. Und das ist das Zeugnis, dass uns Gott das ewige Leben gegeben hat, und dieses Leben ist in seinem Sohn. Wer den Sohn hat, der hat das Leben; wer den Sohn Gottes nicht hat, der hat das Leben nicht" (1 Joh 5:10-12).

Deshalb ist ja auch Jesus Christus in diese Welt erschienen, von Gott gesandt! Damit er uns das ewige Leben geben kann. Und dieses ewige Leben ist **ER SELBST**: „[...]. Dieser ist der wahrhaftige Gott und das ewige Leben" (1 Joh 5:20). Durch den Glauben nehmen wir dies an, so dass er in uns Wohnung nimmt und unser Leben wird: „Wenn aber Christus, euer Leben, sich offenbaren wird, dann werdet ihr auch offenbar werden mit ihm in Herrlichkeit" (Kol 3:4).

Und um sein Wort anzunehmen, müssen wir: „So lasst uns nun zu ihm hinausgehen aus dem Lager und seine Schmach tragen. Denn wir haben hier keine bleibende Stadt, sondern die zukünftige suchen wir" (Hebr 13:13 f.).

Was heißt es aber, aus dem Lager hinauszugehen? Es bedeutet, die Seite Christi anzunehmen, sein Schicksal als sein eigenes anzunehmen. „Wenn euch die Welt hasst, so wisst, dass sie mich vor euch gehasst hat. Wäret ihr von der Welt, so hätte die Welt das Ihre lieb. Weil ihr aber nicht von der Welt seid, sondern ich euch aus der Welt erwählt habe, darum hasst euch die Welt. [...]. Haben sie mich verfolgt, so werden sie euch auch verfolgen; [...]. Aber das alles werden sie euch tun um meines Namens willen; denn sie kennen den nicht, der mich gesandt hat" (Joh 15:18-21).

Diese Welt hat den Herrn aus ihrer Mitte ausgestoßen und ihn gekreuzigt — eine sehr grausame Hinrichtung! Apostel Paulus hat sich dieses Kreuzes gerühmt: „[...] des Kreuzes unseres HERRN Jesus Christus, durch den mir die Welt gekreuzigt ist und ich der Welt. Denn in Christus Jesus gilt weder Beschneidung noch Unbeschnittensein etwas, sondern eine neue Kreatur" (Gal 6:14 f.). „Wir wissen ja, dass unser alter Mensch mit ihm gekreuzigt ist, damit der Leib der Sünde vernichtet werde, sodass wir hinfort der Sünde nicht dienen. Denn wer gestorben ist, der ist frei geworden von der Sünde. Sind wir aber mit Christus gestorben, so glauben wir, dass wir auch mit ihm leben werden" (Röm 6:6-8).

Das Lager zu verlassen bedeutet also: genauso wie Christus gekreuzigt wurde, nehmen wir unseren Tod für diese Welt durch unseren Glauben an. Wie Christus, so sind auch wir mit ihm am Kreuz für diese Welt gestorben! Er ist durch den Heiligen Geist von den Toten auferstanden, genauso auch wir. Wir haben unsere Wiedergeburt, durch die Kraft seines Geistes in uns, mit ihm angenommen und leben nicht mehr nach dem Fleisch, sondern nach dem Geist in Jesus Christus: „[...]. Wer aber Christi Geist nicht hat, der ist nicht sein" (Röm 8:9).

Als ich auf die Seite von Christus getreten bin, sein Schicksal als das meine annahm und durch das Kreuz mit ihm für diese Welt gestorben bin, da war es vollbracht. Ich bin durch die enge Pforte gegangen und habe mich in einer anderen, einer himmlischen Welt mit und in Christus wiedergefunden. So wie es auch steht: „und er hat uns mit auferweckt und mit eingesetzt im Himmel in Christus Jesus" (Eph 2:6).

Dann fing Gott an, mir das richtige Verständnis für sein Wort zu geben. Ich habe eine Offenbarung über die zwei Bäume im Garten Eden bekommen. Ich war sehr, sehr froh und sehr überrascht, als mir klar wurde, dass in diesen zwei Bäumen die Geschichte der ganzen Menschheit von Anbeginn bis zum Ende verborgen ist! Die Offenbarung über die Sünde und was sie tatsächlich ist, hat mich noch mehr verblüfft. Es ging nicht um die Folgen der Sünde, das Leben nach dem Fleisch, sondern um den Kern der Sünde selbst, aus dem alles andere und auch der Tod folgt. Und es war so einfach! Mir wurde klar, die Sünde selbst ist der falsche Glaube! Der Sündenfall von Adam und Eva war, dass die beiden dem falschen Wort der Schlange geglaubt haben. Durch den Glauben an die Lüge hat sich der Sündenfall ereignet. Genauso ist es bis heute. „Und wenn er [der Geist der Wahrheit] kommt, wird er der Welt die Augen auftun über die Sünde und über die Gerechtigkeit und über das Gericht; **ÜBER DIE SÜNDE: DASS SIE NICHT AN MICH GLAUBEN**" (Joh 16:8 f.).

Wie ich bereits sagte, gibt es in allen christlichen Bewegungen, die sich durch ihre unterschiedlichen Auslegungen der Schrift unterscheiden, eine Abweichung von der Lehre Jesu Christi (2 Joh 1:9)! Das bedeutet, sie glauben an ein verfälschtes Wort. Und genau dieser Glaube an das falsche Wort ist die Sünde. Aus ihr kommen dann die Taten nach dem Fleisch, so wie sie im 5. Kapitel an die Galater beschrieben sind. Und als Gott mir diese Erkenntnis gab, war ich anfangs sogar etwas verwirrt — so einfach und so klar! In der ersten Zeit habe ich mich nicht einmal getraut, offen darüber zu reden. Erst als ich es in meinem eigenen Leben erfahren habe und ich mir sicher war, dass es so ist, habe ich offen darüber gesprochen.

So hat mir Gott, der seitdem in mir ist, eine Frage nach der anderen offenbart. Meine Erkenntnisse habe ich in meinen Briefen festgehalten, so wie auch in diesem Brief: „Das ist aber das ewige Leben, dass sie dich, der du allein wahrer Gott bist, und den du gesandt hast, Jesus Christus, erkennen" (Joh 17:3).

Gott und den Herrn Jesus Christus kennt nur der Mensch, der: „Geht hinein durch die enge Pforte. [...]. Wie eng ist die Pforte und wie schmal der Weg, der zum Leben führt; [...]" (Mt 7:13 f.), durch den Tod am Kreuz für seinen alten Menschen gestorben ist und als neue Kreatur in ein anderes, himmlisches Reich übergegangen ist (2 Kor 5:17); sodass Jesus Christus sein Leben, seine Heiligkeit, seine Gerechtigkeit und seine Weisheit geworden ist (Röm 14:17 f.; 1 Kor 1:30).

Es ist sehr unangenehm für mich, wenn ich höre, wie die Anhänger verschiedener christlicher Bewegungen, über die ich vorher schrieb, behaupten: „Gott hat mir gesagt; mir hat Gott offenbart; ich habe Gott erlebt, er ist mit mir". Besonders oft wird es von Pfarrern, Pastoren und Predigern behauptet. Doch es steht ganz deutlich geschrieben: „Wer [...] bleibt nicht in der Lehre Christi, der hat Gott nicht; [...]" (2 Joh 1:9).

In allen religiösen Bewegungen, in denen die Lehre Christi übertreten wird, in der sie nicht erfüllt wird, sind die Menschen in der Sünde. Sie sündigen und behaupten, dass es nach der Wahrheit ist. Und weil es eine falsche Lehre ist, drängt sich die Frage auf: „Wer offenbart ihnen denn all das?"

Apostel Paulus hat geschrieben: „Denn solche sind falsche Apostel, betrügerische Arbeiter und verstellen sich als Apostel Christi. Und das ist auch kein Wunder; denn er selbst, der Satan, verstellt sich als Engel des Lichts. Darum ist es nichts Großes, wenn sich auch seine Diener verstellen als Diener der Gerechtigkeit; deren Ende wird sein nach ihren Werken" (2 Kor 11:13-15).

So hat auch Apostel Petrus geschrieben: „Es waren aber auch falsche Propheten unter dem Volk, wie auch unter euch sein werden falsche Lehrer, die verderbliche Irrlehren einführen und verleugnen den HERRN, der sie erkauft hat; die werden über sich selbst herbeiführen ein schnelles Verderben. Und viele werden ihnen folgen in ihren Ausschweifungen [in der Lehre]; um ihretwillen wird der Weg der Wahrheit verlästert werden. [...]" (2 Petr 2:1 f.).

Es hat eine totale Abkehr von der Wahrheit stattgefunden! So wie Apostel Paulus auch zu den Thessalonichern (2 Thess 2:1-4) schrieb. Die Religion hat das Neue Testament unseres Herrn in einen toten Buchstaben des Gesetzes verwandelt.

Sie hat die zehn Gebote des Alten Testaments, die Jesus Christus wegen ihrer Unwirksamkeit und ihrer Erfolglosigkeit für ungültig erklärte (Hebr 10:9 f., 14; Hebr 7:18 f.), als Basis ihrer Lehre festgesetzt! Und wie früher das Gesetz keinen zur Vollkommenheit führen konnte, verbleiben auch die Religionen, die das Neue Testament in ein Gesetz verwandelt haben, in ihrer Sünde. Obwohl die Schrift ganz deutlich sagt: „[…]. Wer in ihm bleibt, der sündigt nicht; wer sündigt, der hat ihn nicht gesehen und nicht erkannt. […]. Wer Sünde tut, der ist vom Teufel; […]. Dazu ist erschienen der Sohn Gottes, dass er die Werke des Teufels zerstöre. Wer aus Gott geboren ist, der tut keine Sünde; denn Gottes Kinder bleiben in ihm und können nicht sündigen; denn sie sind von Gott geboren!" (1 Joh 3:6-9).

Damit beende ich nun meinen Brief, mit dem ich zeigen wollte, wie wichtig es ist, Gott und den Herrn Jesus Christus zu kennen. Denn darin ist das Geheimnis des ewigen Lebens!

In Frieden und in Liebe zu allen, die die wertvolle Wahrheit unseres Herrn Jesus Christus lieben.

Über Gott

01
KAPITEL

16 Gibt es Gott?

20 Die Herrlichkeit Gottes

23 Das Wesen Gottes

28 Gott ist Wahrheit

31 Das Geheimnis der Dreieinigkeit

Gibt es Gott?

Seit Anbeginn der Welt hat sich Gott den Menschen als einzig wahrer Gott offenbart. Von sich selbst bezeugt er: „[...] ich bin Gott, und sonst keiner mehr, ein Gott, dem nichts gleicht" (Jes 46:9). „[...] Ich bin der Erste und ich bin der Letzte, und außer mir ist kein Gott" (Jes 44:6). Was gibt ihm das Recht, sich selbst so zu nennen und zu sagen, dass es außer ihm keinen anderen Gott gibt?

„Alle Dinge sind durch dasselbe gemacht, und ohne dasselbe ist nichts gemacht, was gemacht ist" (Joh 1:3). „Durch den Glauben erkennen wir, dass die Welt durch Gottes Wort geschaffen ist, sodass alles, was man sieht, aus nichts geworden ist" (Hebr 11:3). „Du, HERR, hast am Anfang die Erde gegründet, und die Himmel sind deiner Hände Werk. Sie werden vergehen, du aber bleibst. Und sie werden alle veralten wie ein Kleid; und wie einen Mantel wirst du sie zusammenrollen, und sie werden verwandelt werden. Du aber bist derselbe, und deine Jahre werden nicht aufhören" (Hebr 1:10 ff.). Wer diese Bibelstellen liest, wird mit der Frage konfrontiert, ob es Gott tatsächlich gibt; den Gott, welcher der Schöpfer des Sichtbaren und Unsichtbaren ist. Wenn Gott real ist, wie töricht wäre es, nicht an ihn zu glauben? Das eine Wort sagt, dass es Gott gibt, das andere sagt das Gegenteil. Und zwischen diesen beiden mächtigen Strömen verzweifelt der Mensch. Welchem Wort soll er glauben? Diese Unklarheit währt seit Bestehen der Menschheit. Daher auch die unermüdliche Suche dieser Welt mit all ihren Wissenschaftlern nach dem Beweis für Gottes Nichtexistenz. Bis heute kann die Existenz Gottes weder wissenschaftlich bewiesen noch eindeutig verneint werden. Lässt sich so etwas überhaupt beweisen? „Kannst du das Geheimnis Gottes ergründen oder

ÜBER GOTT

zur Vollkommenheit des Allmächtigen gelangen?" (Hi 11:7). Wenn das möglich wäre, dann wäre sein Wort unwahr. Denn Gott zu finden würde bedeuten, zu wissen, wo er wohnt und wie er aussieht. Das Wort sagt jedoch: „Niemand hat Gott je gesehen; [...]" (Joh 1:18). „[...]; denn kein Mensch wird leben, der mich sieht" (2 Mose 33:20; 1 Joh 4:12; 1 Tim 6:16).

Niemand hat Gott je gesehen. Er wohnt in einem unzugänglichen Licht. Durch die Schöpfung werden jedoch seine Kraft und Gottheit sichtbar, sodass Gott wahrlich für alle erkennbar ist. Gott zeigt sich den Menschen zum Beispiel darin, dass die Sonne jeden Tag aufs Neue aufgeht, dass alle genug Luft zum Atmen haben und dass es Wasser gibt! Woher kommen diese unendlichen Massen an reinem Trinkwasser? Meere und Ozeane bestehen ja aus Salzwasser. Wie kann es sein, dass die Menschen seit Jahrhunderten immense Mengen an Wasser verbrauchen und sich dieses nicht dem Ende neigt? Im Buch des Predigers erklärt Salomo: „Alle Wasser laufen ins Meer, doch wird das Meer nicht voller; an den Ort, dahin sie fließen, fließen sie immer wieder" (Pred 1:7). Wer kann es im Lichte der Wahrheit erläutern?

Betrachtet man einen beliebigen Samen: In jedem Einzelnen ist Leben verborgen. Auch wenn die Wissenschaft den Aufbau genau erforscht hat und auch in der Lage ist, Ähnliches zu erschaffen, so bleibt das Leben ein Geheimnis der Schöpfung. Das Leben ist zwar unsichtbar und niemand kann es ausfindig machen, dennoch kommt es permanent und facettenreich zum Vorschein. Wie kann man zum Beispiel erklären, dass die Erde gleichzeitig rote, gelbe oder weiße Blumen, die alle nebeneinander wachsen, hervorbringt? In einem winzigen Samen verbirgt sich eine ganze „Fabrik", die dem jeweiligen Gemüse oder Obst sein Aussehen und seinen Geschmack verleiht. Dabei werden die Nährstoffe der Erde seit Jahrtausenden nicht aufgebraucht und die Erde dünnt sich auch nicht aus. Ein Geheimnis der Schöpfung Gottes, ein unfassbares Wunder, das für den Menschen weder begreiflich noch erklärbar ist.

Nehmen wir zum Beispiel eine Kuh. Sie frisst pro Tag ca. 30 bis 50 Kilogramm Gras. Danach legt sie sich hin und kaut das Gefressene wieder, und zwar solange bis schließlich Milch daraus entsteht. Die Milch und alles was aus ihr gemacht wird ist etwas Wunderbares! Kein Wissenschaftler schafft es trotz all dem Fortschritt und Wissen etwas Vergleichbares herzustellen!

Eines der größten Wunder der Schöpfung Gottes ist die Sonne. Jahrtausende lang strahlt sie mit schier unerschöpflicher Energie. „[...]; denn er lässt seine Sonne aufgehen über Böse und Gute und lässt regnen über Gerechte und Ungerechte" (Mt 5:45). Aus welcher Energie muss demnach Gott selbst bestehen, wenn er die Sonne und Milliarden von Sternen erschaffen hat?

Ein weiteres, unbeschreibliches Wunder ist der Mensch — wie wundersam funktionieren seine aufeinander abgestimmten Organe! David sagt dazu: „Denn du hast meine Nieren bereitet und hast mich gebildet im Mutterleibe. Ich danke dir dafür, dass ich wunderbar gemacht bin; wunderbar sind deine Werke; das erkennt meine Seele. Es war dir mein Gebein nicht verborgen, als ich im Verborgenen gemacht wurde, als ich gebildet wurde unten in der Erde. Deine Augen sahen mich, als ich noch nicht bereitet war, und alle Tage waren in dein Buch geschrieben, die noch werden sollten und von denen keiner da war. Aber wie schwer sind für mich, Gott, deine Gedanken! Wie ist ihre Summe so groß! Wollte ich sie zählen, so wären sie mehr als der Sand

ÜBER GOTT

[...]. Ich sitze oder stehe auf, so weißt du es; du verstehst meine Gedanken von ferne. Ich gehe oder liege, so bist du um mich und siehst alle meine Wege. Denn siehe, es ist kein Wort auf meiner Zunge, das du, HERR, nicht schon wüsstest. Von allen Seiten umgibst du mich und hältst deine Hand über mir. Diese Erkenntnis ist mir zu wunderbar und zu hoch, ich kann sie nicht begreifen" (Ps 139:13-18,2-6). Und Hiobs Worte: „Hast du mich nicht wie Milch hingegossen und wie Käse gerinnen lassen? Du hast mir Haut und Fleisch angezogen; mit Knochen und Sehnen hast du mich zusammengefügt; Leben und Wohltat hast du an mir getan, und deine Obhut hat meinen Odem bewahrt. [...] Deine Hände haben mich gebildet und bereitet [...]" (Hi 10:10 ff.,8).

Was für eine unbegreifliche Weisheit, die so ein Wunder — den Menschen — erschaffen hat! Jedes Organ im Menschen ruft doch förmlich die Ehre des Meisters aus. Zum Beispiel die Augen: Ist es nicht einmalig, wie sie unentwegt sehen? Und der menschliche Verstand: Er besteht aus Milliarden von Zellen, sollten die Wissenschaftler sie richtig gezählt haben. Diese Zellen harmonieren perfekt und sind alle miteinander verbunden. „Hebt eure Augen in die Höhe und seht! Wer hat dies geschaffen? [...] seine Macht und starke Kraft ist so groß, dass nicht eins von ihnen fehlt. [...] Mit wem wollt ihr mich also vergleichen, dem ich gleich sei? spricht der Heilige. [...] So spricht der HERR: Der Himmel ist mein Thron und die Erde der Schemel meiner Füße! Was ist denn das für ein Haus, das ihr mir bauen könntet, oder welches ist die Stätte, da ich ruhen sollte? Meine Hand hat alles gemacht, was da ist, spricht der HERR" (Jes 40:26,25; Jes 66:1 f.). Welche Weisheit, Macht und Kraft hat das nun alles erschaffen? Und das alles lebt und gedeiht direkt vor unseren Augen. „Frage doch das Vieh, das wird dich's lehren, und die Vögel unter dem Himmel, die werden dir's sagen, oder die Sträucher der Erde, die werden dich's lehren, und die Fische im Meer werden dir's erzählen. Wer erkennte nicht an dem allen, dass des HERRN Hand das gemacht hat, dass in seiner Hand ist die Seele von allem, was lebt, und der Lebensodem aller Menschen? [...] Bei Gott ist Weisheit und Gewalt, sein ist Rat und Verstand. [...] Bei ihm ist Kraft und Einsicht [...]" (Hi 12:7-16). Es ist allen Menschen gleichermaßen gegeben, allein durch das Betrachten der Natur zu erkennen, dass es Gott gibt. Vor allem aber durch die Bibel, die sein reines Wort ist. Glaubt man daran, dass es Gott gibt, dann sollte man danach streben, ihn zu verstehen. Man muss ihn kennenlernen und herausfinden, wie man ihn aufnehmen kann, um das ewige Leben zu erhalten. Dazu ist diese Verheißung gegeben: „[...]; denn wer zu Gott kommen will, der muss glauben, dass er ist und dass er denen, die ihn suchen, ihren Lohn gibt" (Hebr 11:6).

Die Herrlichkeit Gottes

„Hebt eure Augen in die Höhe und seht! Wer hat dies geschaffen? Er führt ihr Heer vollzählig heraus und ruft sie alle mit Namen [jeden Stern und alle Himmelskörper]; seine Macht und starke Kraft sind so groß, dass nicht eins von ihnen fehlt. [...] Der HERR, der ewige Gott, der die Enden der Erde geschaffen hat, wird nicht müde noch matt, sein Verstand ist unausforschlich" — „O welch eine Tiefe des Reichtums, beides, der Weisheit und der Erkenntnis Gottes! Wie unbegreiflich sind seine Gerichte und unerforschlich seine Wege!" — „Wer bestimmt den Geist des HERRN, und welcher Ratgeber unterweist ihn? Wen fragt er um Rat, der ihm Einsicht gebe und lehre ihn den Weg des

Rechts und lehre ihn Erkenntnis und weise ihm den Weg des Verstandes? Siehe, die Völker sind geachtet wie ein [...] Stäublein. [...] Alle Völker sind vor ihm wie nichts und gelten ihm als nichtig und eitel" — „Ich bin Gott, und sonst keiner mehr, ein Gott, dem nichts gleicht. Ich habe von Anfang an verkündigt, was hernach kommen soll, und vorzeiten, was noch nicht geschehen ist. Ich sage: Was ich beschlossen habe, geschieht, und alles, was ich mir vorgenommen habe, das tue ich!" (Jes 40:26 ff.; Röm 11:33; Jes 40:13 ff.,17; Jes 46:9 f.).

Gottes Macht und Größe ist mit dem menschlichen Verstand weder zu begreifen noch zu beschreiben. Was könnte beispielsweise Gottes Größe sein? Welche Breite, welche Höhe mag er wohl haben? Stellen wir uns einmal vor: es gab die Riesen auf der Welt, die Helden der Vorzeit (1 Mose 6:4). Und wenn für uns bereits ein Mensch, der drei bis vier Meter groß ist, gigantisch erscheint, wie verhält es sich dann wohl mit der Größe Gottes? Es steht geschrieben: „So spricht der HERR: Der Himmel ist mein Thron und die Erde der Schemel meiner Füße! Was ist denn das für ein Haus, das ihr mir bauen könntet, oder welches ist die Stätte, da ich ruhen sollte? Meine Hand hat alles gemacht" (Jes 66:1 f.).

„Der Himmel ist mein Thron und die Erde der Schemel meiner Füße" spricht der Herr. Was für ein Himmel ist das? Denn es gab einen Menschen, der wurde bis in den dritten Himmel entrückt, in das Paradies, und dennoch sah er den Thron Gottes dort nicht (2 Kor 12:1-4). Das Wort offenbart, dass es viele Himmel gibt: „der Himmel und aller Himmel Himmel" (5 Mose 10:14; 1 Kön 8:27; 2 Chr 6:18). Gott sagt: „Meinst du, dass sich jemand so heimlich verbergen könne, dass ich ihn nicht sehe?, spricht der HERR. Bin ich es nicht, der Himmel und Erde erfüllt?, spricht der HERR" (Jer 23:24). Wie ist die Größe Gottes, wenn er den Himmel und die Erde erfüllt? Dabei erfüllt er den Himmel und aller Himmel Himmel! Über Jesus Christus ist auch geschrieben: „Er ist aufgefahren zur Höhe und hat Gefangene mit sich geführt und hat den Menschen Gaben gegeben. Dass er aber aufgefahren ist, was heißt das anderes, als dass er auch hinabgefahren ist in die Tiefen der Erde? Der hinabgefahren ist, das ist derselbe, der aufgefahren ist über alle Himmel, damit er alles erfülle" (Eph 4:8 ff.). Über alle Himmel: „Er ist auch nicht durch das Blut von Böcken oder Kälbern, sondern durch sein eigenes Blut ein für alle Mal in das Heiligtum eingegangen und hat eine ewige Erlösung erworben" (Hebr 9:12). Daraus wird klar, dass sich das Heiligtum über allen Himmeln befindet. Christus ist an diesen Ort aufgefahren und setzte sich zur Rechten Gottes, an seinen Thron: „Setze dich zu meiner Rechten, bis ich deine Feinde zum Schemel deiner Füße mache" (Apg 2:32-35; Hebr 1:13). So hat Gott bereits durch den Propheten Jesaja verkündet: „Denn so spricht der Hohe und Erhabene, der ewig wohnt, dessen Name heilig ist: Ich wohne in der Höhe und im Heiligtum [...]" (Jes 57:15). „[...] der allein Unsterblichkeit hat, der da wohnt in einem Licht, zu dem niemand kommen kann, den kein Mensch gesehen hat noch sehen kann. Dem sei Ehre und ewige Macht! Amen" (1 Tim 6:16).

Das unzugängliche Licht, zu dem niemand kommen kann, ist gerade das Heiligtum, in dem Gott wohnt und welches sich über allen Himmeln befindet. Hier befindet sich auch der Thron Gottes, neben dem Jesus Christus, der Sohn Gottes, zu seiner Rechten sitzt. Wenn man dies alles liest, wird einem sehr schnell bewusst, dass es für den Menschen einfach unmöglich ist, sich die Größe Gottes auch nur annähernd vorzustellen. Sie ist unbegreiflich! Er sagt: „Hebt eure Augen in die Höhe und seht! Wer hat dies geschaffen?" (Jes 40:26). Wie groß ist die Sonne? Sie ist Millionen von Kilometern von der Erde entfernt und doch erleuchtet und wärmt sie die gesamte Erde! Die Sonne gibt innerhalb einer einzigen Sekunde so viel Energie frei, wie sie die gesamte Menschheit innerhalb eines ganzen Jahres nicht zu produzieren vermag. Welch eine Größe hat das Universum, das von Gott erschaffen ist? Kein Mensch wird es je erfassen können. Und doch ist Gott selbst unermesslich viel größer.

Wo lebt also Gott? Über allen Himmeln, im Heiligtum, in einem unzugänglichen Licht! Es gibt aber einen weiteren Ort, in dem Gott lebt: „Denn so spricht der Hohe und Erhabene, der ewig wohnt, dessen Name heilig ist: Ich wohne in der Höhe und im Heiligtum und bei denen, die zerschlagenen und demütigen Geistes sind, auf dass ich erquicke den Geist der Gedemütigten und das Herz der Zerschlagenen" — „Ich sehe aber auf den Elenden und auf den, der zerbrochenen Geistes ist und der erzittert vor meinem Wort" — „[...]. Selig sind, die da geistlich arm sind; denn ihrer ist das Himmelreich" — „Selig sind, die reinen Herzens sind; denn sie werden Gott schauen" (Jes 57:15; Jes 66:2; Ps 51:19; Mt 5:3-8).

Das Wesen Gottes

Die Bibel offenbart uns Gottes Wesen: „Gott ist Geist" (Joh 4:24). Gott hat sich außerdem durch viele Namen offenbart: „Denn der HERR, dein Gott, ist ein verzehrendes Feuer und ein eifernder Gott" (5 Mose 4:24; Jos 24:19; Hebr 12:29). „Gott ist Licht" (1 Joh 1:5). „Gott ist die Liebe" (1 Joh 4:8,16). „Gott des Friedens" — „der Gott der Liebe und des Friedens" (1 Kor

14:33; 2 Kor 13:11; 1 Thess 5:23). Gott nennt sich selbst: „Ich, der HERR, das ist mein Name, ich will meine Ehre keinem andern geben noch meinen Ruhm den Götzen" (Jes 42:8). Durch den Propheten Jesaja sagt er weiterhin: „Es ist sonst kein Gott außer mir, ein gerechter Gott und Heiland, und es ist keiner außer mir" (Jes 45:21). Er nennt sich gleichzeitig Herr und Gott. Deshalb ist sein Name: „Ich — Gott der HERR!" — „So spricht der HERR, dein Erlöser, der Heilige Israels: Ich bin der HERR, dein Gott, [...]" (Jes 48:17). Doch es ist noch nicht der vollständige Name Gottes. Denn als Gott Mose beauftragte, das Volk Israel aus der Knechtschaft Ägyptens herauszuführen, sagte Mose: „Siehe, wenn ich zu den Israeliten komme und spreche zu ihnen: Der Gott eurer Väter hat mich zu euch gesandt!, und sie mir sagen werden: Wie ist sein Name?, was soll ich ihnen sagen? Gott sprach zu Mose: Ich werde sein, der ich sein werde. Und sprach: So sollst du zu den Israeliten sagen: »Ich werde sein«, der hat mich zu euch gesandt. Und Gott sprach weiter zu Mose: So sollst du zu den Israeliten sagen: Der HERR, der Gott eurer Väter, der Gott Abrahams, der Gott Isaaks, der Gott Jakobs, hat mich zu euch gesandt. Das ist mein Name auf ewig, mit dem man mich anrufen soll von Geschlecht zu Geschlecht" (2 Mose 3:13 ff.).

Es gibt noch weitere Namen Gottes, welche gleichzeitig sein Wesen beschreiben: Gott ist die Wahrheit. „Deine Gerechtigkeit ist eine ewige Gerechtigkeit" (Ps 119:142; Sach 8:8; Ps 145:7; Spr 12:28). „Gott des Friedens" — „Gott der Geduld" — „Gott der Hoffnung" (Phil 4:9; Röm 15:5,13,33; 1 Tim 6:11). Das sind alles Namen Gottes und gleichzeitig sind sie der Ausdruck seines Wesens und der Wirkung des Heiligen Geistes. Denn Gott ist Geist und seine Wirkung ist geistlich, himmlisch und heilig!

Gott ist das Wort, welches am Anfang bei Gott und Gott selbst war. Dieses Wort ist zur gegebenen Zeit, nach dem Willen des

Vaters, Fleisch geworden und als Jesus Christus erschienen. Er war von Anfang an, ehe die Erde war, als Werkmeister und Geist der Weisheit bei Gott. Durch ihn hat Gott alles erschaffen (Spr 8:22-31; Hebr 1:2). Durch ihn hat Gott, der Vater, seine Gnade erwiesen und die Wahrheit, die Lehre Jesu Christi, in dieser Welt offenbart (Joh 1:1-18). Der Sohn Gottes hat den Menschen Gott, den Vater, den niemand je gesehen hat, offenbart (1 Joh 5:20; Joh 10:30; Joh 14:8 f.). Folglich muss ein Mensch, um Gott zu verstehen, den Herrn Jesus Christus verstehen: Wer war er? Wie war er? Denn in ihm wohnt die ganze Fülle der Gottheit leibhaftig (Kol 2,9). All das — was und wie er war, wie sich seine Vollkommenheit äußerte — war und ist Gott:

Alles ist durch ihn und zu ihm geschaffen; es besteht alles in ihm: Kol 1:15-17

Das Brot des Lebens — die wahre Speise und der wahre Trank: Joh 6:27; Joh 6:51-55

Das Haupt der Gemeinde: Kol 1:18

Das Lamm Gottes: Joh 1:29

Das Licht der Welt, das Licht des Lebens: Joh 8:12; Joh 12:46

Das verzehrende Feuer: Hebr 12:29

Der Bürge des neuen Bundes: Hebr 7:22

Der Eckstein: 1 Petr 2:6; Eph 2:20 ff.

Der Erbe über alles: Hebr 1:2

Der Erretter der Welt: Apg 4:12; 1 Joh 4:14

Der Erste und der Letzte: Offb 1:17

Der Erstgeborene von den Toten: Kol 1:18; Offb 1:5

Der gute Hirte: Joh 10:11; Joh 10:14

Der Heilige Geist. Die Freiheit: 2 Kor 3:17

Der helle Morgenstern: Offb 22:16

Der Hohepriester: Hebr 5:1-6

Der Mittler des neuen Bundes: Hebr 9:13 ff.

Der Richter der Welt: Apg 10:42; Apg 17:31

Der Schöpfer: Kol 1:16; Hebr 1:2; Joh 1:3

Der treue Zeuge: Offb 1:5; Offb 3:14

Der wahre Weinstock: Joh 15:1

Der Weg, die Wahrheit und das Leben: Joh 14:6; Spr 8:35; Joh 5:26; 1 Joh 1:2

Der Wunder-Rat, Gott-Held, Ewig-Vater, Friede-Fürst: Jes 9:5

Der zweite Mensch: 1 Kor 15:47

Die Auferstehung: Joh 11:25

Die Beschneidung: Kol 2:11; Röm 2:28 f.

Die Leuchte der neuen Stadt Jerusalem: Offb 21:23

Die Liebe: 1 Joh 4:15 f.

Die Tür: Joh 10:7

Die Wurzel und das Geschlecht Davids: Offb 22:16

Er ist vor allem: Kol 1:17

Gestern und heute und derselbe auch in Ewigkeit: Hebr 13:8

Jesus Christus — der HERR: 1 Kor 8:6; Apg 2:36

Unser Frieden: Eph 2:14

Weisheit, Gerechtigkeit, Heiligung, Erlösung: 1 Kor 1:30; 1 Petr 1:18 f.; Eph 1:7

Jesus Christus, der von Anbeginn das Wort bei Gott und Gott selbst war, ist auch heute das lebendige Wort. Vor ihm, vor seiner Lehre, wird sich nichts und niemand verbergen können, denn er hat alles mit sich erfüllt (Eph 4:10). „Denn das Wort Gottes ist lebendig und kräftig und schärfer als jedes zweischneidige

Schwert und dringt durch, bis es scheidet Seele und Geist, auch Mark und Bein, und ist ein Richter der Gedanken und Sinne des Herzens. Und kein Geschöpf ist vor ihm verborgen, sondern es ist alles bloß und aufgedeckt vor den Augen Gottes, dem wir Rechenschaft geben müssen" (Hebr 4:12 f.). „Schrecklich ist's, in die Hände des lebendigen Gottes zu fallen!" und als Sünder in der Unwahrheit zu bleiben (Hebr 10:31).

Gott ist Wahrheit

„Wen fragt er um Rat, der ihm Einsicht gebe und lehre ihn den Weg des Rechts und lehre ihn Erkenntnis und weise ihm den Weg des Verstandes?" — „Denn ich will den Namen des HERRN preisen. Gebt unserm Gott allein die Ehre! Er ist ein Fels. Seine Werke sind vollkommen; denn alles, was er tut, das ist recht. Treu ist Gott und kein Böses an ihm, gerecht und wahrhaftig ist er" (Jes 40:14; 5 Mose 32:3 f.).
Von Anbeginn der Schöpfung offenbarte sich Gott als Geist der Wahrheit (Ps 112:3,9). Das Neue Testament spricht vom Sohn Gottes so: „Gott, dein Thron währt von Ewigkeit zu Ewigkeit, und das Zepter der Gerechtigkeit [handeln gemäß der Wahrheit] ist das Zepter deines Reiches. Du hast geliebt die Gerechtigkeit und gehasst die Ungerechtigkeit; darum hat dich, o Gott, dein Gott gesalbt mit Freudenöl wie keinen deinesgleichen" (Hebr 1:8 f.). Die Bibel offenbart: Gott ist die Wahrheit, er liebt die Wahrheit. Diese Wahrheit Gottes ist ewig und unvergänglich. Sie ist das Leben und in ihr gibt es keinen Tod.

Gottes Wesen ist beständig (Hebr 13:8). Er allein hat die Unsterblichkeit und wohnt in einem unzugänglichen Licht (1 Tim 6:16). Durch das Wort der Wahrheit, welches Christus ist (Joh 1:14-18), hat Gott den Menschen in dieser Welt seine Unsterblichkeit gezeigt. Daraus wird deutlich, dass **NUR DAS WORT DER WAHRHEIT** — das Evangelium Gottes — die Unsterblichkeit, das ewige Leben in sich trägt. Die Verfälschung des Wortes bringt den Tod mit sich: „Auf dem Wege der Gerechtigkeit ist Leben, und auf ihrem gebahnten Pfad ist kein Tod" (Spr 12:28).

Über die Wahrheit und deren Unvergänglichkeit, welche Gott selbst ist, sprechen folgende Bibelverse:
- „Aber der HERR ist der wahrhaftige Gott, der lebendige Gott, der ewige König. [...]" (Jer 10:10).
- „Deine Gerechtigkeit ist eine ewige Gerechtigkeit, [...]" (Ps 119:142). „[...]. Aber mein Heil bleibt ewiglich, und meine Gerechtigkeit wird nicht zerbrechen" — „Die Werke seiner Hände sind Wahrheit und Recht; alle seine Ordnungen sind beständig. Sie stehen fest für immer und ewig [...]" (Jes 51:6; Ps 111:7 f.).
- „Denn du bist nicht ein Gott, dem gottloses Wesen gefällt; wer böse ist, bleibt nicht vor dir" (Ps 5:5).
- „Die Furcht des HERRN hasst das Arge; Hoffart und Hochmut, bösem Wandel und falschen Lippen bin ich feind. Mein ist beides, Rat und Tat, ich habe Verstand und Macht" (Spr 8:13 f.). „Ich wandle auf dem Wege der Gerechtigkeit, mitten auf der Straße des Rechts" (Spr 8:20).
- „Wohl dem Volk, dessen Gott der HERR ist, dem Volk, das er zum Erbe erwählt hat!" — „Der HERR ist nahe allen, die ihn anrufen, allen, die ihn ernstlich anrufen" — „Der HERR behütet alle, die ihn lieben, und wird vertilgen alle Gottlosen" — „Wir wissen aber, dass denen, die Gott lieben, alle Dinge zum Besten dienen, denen, die nach seinem Ratschluss berufen sind" — „Gott ist Geist, und die

ihn anbeten, die müssen ihn im Geist und in der Wahrheit anbeten" (Ps 33:12; Ps 145:18; Ps 145:20; Röm 8:28; Joh 4:24).

- „Die Gerechtigkeit der Frommen [die nicht listig sind, sondern aufrichtig] wird sie erretten; aber die Verächter werden gefangen durch ihre Gier" — „Wohl denen, die das Gebot halten und tun immerdar recht!" (Spr 11:6; Ps 106:3).

Im Alten Testament wurde die Wahrheit Gottes in Form des Gesetzes festgelegt. Dies war für den seelischen Menschen bestimmt, der nach dem Fleisch lebte. Das Gesetz war allerdings ein toter Buchstabe, das heißt kein Geist, der lebendig machen konnte. Dennoch wurde dadurch der Wille Gottes offenbart und der Mensch musste dieses Gesetz erfüllen, wenn er Gott wohlgefällig und mit ihm sein wollte. Mit der Erscheinung Jesu Christi kam etwas ganz anderes, nämlich die Wahrheit. Gott selbst erschien durch Jesus Christus: „Nun aber ist ohne Zutun des Gesetzes die Gerechtigkeit, die vor Gott gilt, offenbart, bezeugt durch das Gesetz und die Propheten. Ich rede aber von der Gerechtigkeit vor Gott, die da kommt durch den Glauben an Jesus Christus zu allen, die glauben" (Röm 3:21 f.).

Jesus Christus predigte das Wort der Wahrheit, welches die ganze Lehre des Neuen Testaments ist. Er sprach: „Selig sind, die da hungert und dürstet nach der Gerechtigkeit; denn sie sollen satt werden" (Mt 5:6). Das Evangelium Jesu Christi offenbart das Wesen Gottes, der die Liebe ist. In ihm gibt es keine Finsternis: „Gott ist Licht, und in ihm ist keine Finsternis" (1 Joh 1:5). Wer mit Gott sein möchte und in sein ewiges, heiliges Himmelreich eingehen möchte, muss Gott erkennen: Er ist die Wahrheit, die Reinheit und die Gerechtigkeit! Keine Lüge oder Unreinheit wird in Gottes Reich eingehen, das ist völlig unmöglich!

Auch gibt es nur eine Wahrheit, nicht zwei oder drei. Durch die Menschen hat der Teufel viele „Wahrheiten" geboren, doch sie alle sind nicht die Wahrheit! Die Wahrheit hat nur Gott allein. Diese Wahrheit Gottes hat einen Namen: Reinheit! „Und ein jeder, der solche Hoffnung auf ihn hat, der reinigt sich, wie auch jener rein ist" (1 Joh 3:3). „[...] ein Vorbild [...] in der Reinheit" (1 Tim 4:12), „zu einem unvergänglichen und unbefleckten [...] Erbe, das aufbewahrt wird im Himmel für euch" (1 Petr 1:4). „Die Hauptsumme aller Unterweisung aber ist Liebe aus reinem Herzen [...]" (1 Tim 1:5). „Den Reinen ist alles rein; [...]" (Tit 1:15)! „Selig sind, die reinen Herzens sind [...]" (Mt 5:8). „Seid begierig nach der vernünftigen lauteren Milch [...]" (1 Petr 2:2). Beispiele aus dem Alten Testament: Ps 119:140; Spr 30:5; Ps 18:31. „Die Worte des HERRN sind durchläutert!" Sein Wort ist immer die Wahrheit, Reinheit und die vollkommene Liebe!

Gott ist die absolute Wahrheit und wer Gott als sein Leben haben und in ihm ewig leben will, muss das begreifen. Er muss diese absolute Wahrheit annehmen, sie mehr als sein eigenes irdisches Leben lieben lernen und sich selbst ihr völlig hingeben!

Das Geheimnis der Dreieinigkeit

„Was verborgen ist, ist des HERRN, unseres Gottes; was aber offenbart ist, das gilt uns und unsern Kindern [...]" (5 Mose 29:28). „HERR, mein Herz ist nicht hoffärtig, und meine Augen sind nicht stolz. Ich gehe nicht um mit großen Dingen, die mir zu wunderbar sind", so betete David (Ps 131:1).

Apostel Paulus schreibt: „Wenn jemand meint, er habe etwas erkannt, der hat noch nicht erkannt, wie man erkennen soll. Wenn aber jemand Gott liebt, der ist von ihm erkannt"

(1 Kor 8:2 f.). Welche Erkenntnis ist ihm gegeben? Es ist definitiv nicht die Erkenntnis des Geheimnisses Gottes in der vollkommenen Fülle. Die Schrift sagt: Jetzt erkenne ich stückweise, dann aber, wenn kommen wird das Vollkommene, so wird das Stückwerk aufhören und ich werde erkennen, wie ich erkannt bin (1 Kor 13:10,12). Diese Worte zeigen, dass uns — solange wir uns im physischen Leib befinden — lediglich teilweise eine Erkenntnis gegeben ist. Die vollkommene, vollumfassende Erkenntnis werden wir erst bekommen, wenn wir uns im geistigen Leib befinden werden.

Das Wort der Schrift sagt, dass das, was man von Gott erkennen kann, uns offenbart ist. Das heißt dem Menschen ist es nicht gegeben, alles von Gott zu wissen, sondern lediglich das, was möglich und was notwendig ist. Deshalb sollte man sich in dieser Fragestellung keineswegs erheben und meinen, man hätte Gott bereits vollständig erkannt.

Was offenbart uns die Bibel über Gott? Gott ist nur einer, doch gleichzeitig ist er dreieinig: „Denn drei sind's, die da Zeugnis geben im Himmel: der Vater, das Wort und der Heilige Geist; und diese drei sind eins" (1 Joh 5:7-8). So ist auch der Mensch nach dem Ebenbild Gottes als dreieinig erschaffen: „[...] euren Geist samt Seele und Leib [...]" (1 Thess 5:23; 1 Mose 1:27). Das Wort wurde Fleisch, und es erschien Jesus Christus — der Sohn Gottes. Daher heißt es: „Darum gehet hin und machet zu Jüngern alle Völker: Taufet sie auf den Namen des Vaters und des Sohnes und des Heiligen Geistes und lehret sie halten alles, was ich euch befohlen habe. Und siehe, ich bin bei euch alle Tage bis an der Welt Ende" (Mt 28:19 f.). Der Vater, der Sohn und der Heilige Geist sind Gott, sie sind Eins — es gibt nicht zwei oder drei Götter (Gal 3:20). „Denn es ist ein Gott und ein Mittler zwischen Gott und den Menschen, nämlich der Mensch

Christus Jesus" (1 Tim 2:5). Es steht geschrieben: „damit ihre Herzen gestärkt und zusammengefügt werden in der Liebe und zu allem Reichtum an Gewissheit und Verständnis, zu erkennen das Geheimnis Gottes, das Christus ist" (Kol 2:2).

Über das Geheimnis Gottes sagt Jesus Christus: „Alles ist mir übergeben von meinem Vater. Und niemand weiß, wer der Sohn ist, als nur der Vater, noch, wer der Vater ist, als nur der Sohn und wem es der Sohn offenbaren will" (Lk 10:22).

Nicht nur einmal wird in der Heiligen Schrift gesagt, dass der Herr Jesus Christus der wahrhaftige Gott ist: „Dieser ist der wahrhaftige Gott [...], der da ist Gott über alles, gelobt in Ewigkeit" (1 Joh 5:20; Röm 9:5). Gott selbst nennt Jesus Christus Gott: „aber von dem Sohn: Gott, dein Thron währt von Ewigkeit zu Ewigkeit, und das Zepter der Gerechtigkeit ist das Zepter deines Reiches. Du hast geliebt die Gerechtigkeit und gehasst die Ungerechtigkeit; darum hat dich, o Gott, dein Gott gesalbt mit Freudenöl wie keinen deinesgleichen" (Hebr 1:8 f.). In diesen Versen wird Jesus Christus zweimal Gott genannt. Der Herr hat selbst auch bezeugt: „Ich und der Vater sind eins" (Joh 10:30). Trotz all dieser Bibelstellen bleiben Gott und seine Göttlichkeit im Ganzen — Christus eingeschlossen — ein großes Geheimnis, welches kein Mensch entschlüsseln und vollkommen deuten kann!

Das religiöse Christentum predigt heutzutage, dass Christus von den Toten auferstanden, zum Himmel aufgefahren ist und zur Rechten des Vaters sitzt. Das heißt Christus thront mit Gott und der Heilige Geist — die dritte Persönlichkeit Gottes — ist zur Erde hinab gesandt, um zu wirken. Demnach wirkt nicht Christus in den Gläubigen (denn er ist im Himmel, zu ihm betet man), sondern der Heilige Geist wirkt selbstständig in den sogenannten „Christen". Ist denn so eine Lehre richtig?

Die Schrift bezeugt, dass die früheren Propheten den Heiligen Geist innehatten (1 Petr 1:11). Der Herr sagte ebenfalls über sich selbst: „Da fragten sie ihn: Wer bist du denn? Und Jesus sprach zu ihnen: Erstlich der, der ich mit euch rede [*Kommentar: in der russischen Bibel steht: Ich werde sein, der von Anbeginn da war, der ich mit euch rede*]" (Joh 8:25). Vergleichen wir, was Gott zu Mose sagte: „Ich werde sein, der ich sein werde. Und sprach: So sollst du zu den Israeliten sagen: »Ich werde sein«, der hat mich zu euch gesandt" (2 Mose 3:14). Demnach gibt es Gott — den Vater, Gott — den Sohn und den Menschen Jesus Christus und Gott — den Heiligen Geist. Doch wer ist der Heilige Geist? Gott ist Geist (Joh 4:24); Jesus Christus ist auch Geist (2 Kor 3:17); der Geist Christi (Röm 8:9). Sind es etwa drei unterschiedliche Geister? Natürlich nicht! Gott ist der Heilige Geist und dieser Heilige Geist ist sowohl der Vater als auch der Sohn — das ist Eins! Den Vater gibt es nicht ohne den Sohn und den Sohn nicht ohne den Vater — beide sind der Heilige Geist und der Geist der Wahrheit. Darüber spricht der Herr ausdrücklich und klar: „Wenn ihr mich erkannt habt, so werdet ihr auch meinen Vater erkennen. Und von nun an kennt ihr ihn [den Vater] und habt ihn gesehen. Spricht zu ihm Philippus: HERR, zeige uns den Vater und es genügt uns. Jesus spricht zu ihm: So lange bin ich bei euch und du kennst mich nicht, Philippus? Wer mich sieht, der sieht den Vater! Wie sprichst du dann: Zeige uns den Vater? Glaubst du nicht, dass ich im Vater bin und der Vater in mir? Die Worte, die ich zu euch rede, die rede ich nicht von mir selbst aus. Und der Vater, der in mir wohnt, der tut seine Werke" (Joh 14:7-10).

Wie ist es nun zu verstehen: wer lebt in dem Menschen, der wahrhaftig gläubig geworden ist? Die Bibelstelle Römer 8,9 gibt darauf eine eindeutige Antwort: „Ihr aber seid nicht fleischlich, sondern geistlich, wenn denn Gottes Geist in euch wohnt. Wer aber Christi Geist nicht hat, der ist nicht sein." Daraus ist klar ersichtlich, dass der Geist Gottes und der Geist Christi ein und derselbe Geist sind. Der Geist Gottes, der im Menschen lebt, ist der Geist Christi!

Der Herr sagte auch: „Und ich will den Vater bitten und er wird euch einen andern Tröster geben, dass er bei euch sei in Ewigkeit [...]. Ich will euch nicht als Waisen zurücklassen; ich komme zu euch" (Joh 14:16,18). Als Christus über „einen anderen Tröster" redete, sprach er über sich selbst. Er erschien seinen Jüngern nach der Auferstehung. Warum sprach er dann von einem anderen Tröster? Weil er als Mensch im Fleisch auf der Erde war. Und nach seiner Auferstehung war er nicht mehr im Fleisch, welches am Kreuz gekreuzigt wurde und starb, sondern er wurde zum Geist, der lebendig macht. „Wie geschrieben steht: Der erste Mensch, Adam, wurde zu einem lebendigen Wesen, und der letzte Adam zum Geist, der lebendig macht" (1 Kor 15:45). Auch heute kommt der Herr als Geist, der lebendig macht, zu dem Menschen, der ihn annimmt. Er nimmt im Menschen Platz ein und wird zu seinem Gewissen, seinem Verstand, zu seinem Leben. „Wenn aber Christus, euer Leben, sich offenbaren wird, dann werdet ihr auch offenbar werden mit ihm in Herrlichkeit" (Kol 3:4).

Deshalb stimmt diese Lehre nicht, dass in der Welt der Heilige Geist und nicht Christus wirkt. Gott wirkt in der Welt: „ein Gott und Vater aller, der da ist über allen und durch alle und in allen" (Eph 4:6).

Und dennoch, es sind zwei, sagte Christus: „Ihr richtet nach dem Fleisch, ich richte niemand. Wenn ich aber richte, so ist mein Richten wahr; denn ich bin's nicht allein, sondern ich und der Vater, der mich gesandt hat. Auch steht in eurem

Gesetz geschrieben, dass zweier Menschen Zeugnis wahr sei. Ich bin's, der von sich selbst zeugt; und der Vater, der mich gesandt hat, zeugt auch von mir. Da fragten sie ihn: Wo ist dein Vater? Jesus antwortete: Ihr kennt weder mich noch meinen Vater; [...]" (Joh 8:15-19). Der Herr sagte nicht: „Wir sind drei: ich und der Vater und der Heilige Geist". Warum sprach er an dieser Stelle nur von zweien: Ich und der Vater? Das bleibt ein Geheimnis! Wieso sind Jesus Christus und der Vater zwei geworden? Weil das Wort der Wahrheit, der Geist der Weisheit, einen Leib bekommen hat — zunächst einen physischen Leib, damit es etwas zum Opfern gäbe (Hebr 8:1-4) — und nach der Auferstehung einen geistlichen Leib. Deshalb sind es zwei: der Vater und der Sohn, dabei sind sie aber auch eins und unzerteilbar! Das heißt Gott selbst, seine ewige, unvergängliche Göttlichkeit und das Geheimnis des ewigen Lebens, bleibt **IN VERBORGENHEIT UND IST EIN GEHEIMNIS** (Mt 6:6). Und bis zum heutigen Tage ist es den Menschen gegeben, daran zu glauben, oder eben nicht!

Die Erschaffung der Welt und des Menschen

02
KAPITEL

40 Woraus besteht der Mensch?

42 Über die Seele

45 Über das Gewissen

50 Über den Leib

„Wenn ich sehe die Himmel, deiner Finger Werk, den Mond und die Sterne, die du bereitet hast: was ist der Mensch, dass du seiner gedenkst, und des Menschen Kind, dass du dich seiner annimmst? Du hast ihn wenig niedriger gemacht als Gott, mit Ehre und Herrlichkeit hast du ihn gekrönt. Du hast ihn zum Herrn gemacht über deiner Hände Werk, alles hast du unter seine Füße getan: Schafe und Rinder allzumal, dazu auch die wilden Tiere, die Vögel unter dem Himmel und die Fische im Meer und alles, was die Meere durchzieht. HERR, unser Herrscher, wie herrlich ist dein Name in allen Landen!" (Ps 8:4-10).

Wie viel Weisheit und Verstand muss Gott haben, um ein solch komplexes Geschöpf wie den Menschen zu erschaffen? Zunächst allerdings schuf er das Universum (1 Mose 1:26-28; Ps 115:16; Ps 8). Doch auch dieses ist zeitlich (Hebr 12:25-27) und so stellt sich die Frage: Wenn die Schöpfung vergänglich ist, wozu hat Gott sie erschaffen? Was hat er davon? Zweifelsohne, mit der Erschaffung des Menschen hat Gott ein bestimmtes Ziel verfolgt, welches in der Apostelgeschichte 17,25-27 zum Ausdruck gebracht wird: „[...]. Und er hat aus einem Menschen das ganze Menschengeschlecht gemacht, damit sie auf dem ganzen Erdboden wohnen, und er hat festgesetzt, wie lange sie bestehen und in welchen Grenzen sie wohnen sollen, dass sie Gott suchen sollen, ob sie ihn wohl fühlen und finden könnten; und fürwahr, er ist nicht ferne von einem jeden unter uns."

Die Erschaffung des Menschen wird in der Bibel sehr einfach beschrieben: „Und Gott sprach: Lasset uns Menschen machen, ein Bild, das uns gleich sei [...]. Da machte Gott der HERR den Menschen aus Staub von der Erde und blies ihm den Odem des Lebens in seine Nase. Und so ward der Mensch ein lebendiges Wesen" (1 Mose 1:26; 2:7). Doch tatsächlich reicht unser begrenztes Vorstellungsvermögen nicht im Geringsten dafür aus, sich diesen Schöpfungsprozess vorzustellen: Gott nahm einen Erdenkloß, Ton oder Lehm (Jes 64:7; Hi 10:9) und „knetete" einen Menschen daraus. Er schuf einen Kopf mit Augen, Ohren, Nase und Mund. Organe, die einzeln betrachtet ein Wunderwerk darstellen und die an Komplexität kaum zu übertreffen sind. Allein das menschliche Gehirn besteht aus Milliarden von Hirnzellen! Und welch ein Geheimnis stellen die Gefäße dar, in denen sich die Seele befindet! Das alles hat Gott aus Staub erschaffen. Um wie viel geheimnisvoller ist es, dass Gott dem Menschen den Atem des Lebens einhauchte und alle Organe plötzlich zu arbeiten anfingen? Welchen Anteil hat der Mensch an seiner Schöpfung und was konnte er dazu beitragen, um leben, atmen, denken und fühlen zu können? Rein gar nichts! Die Erschaffung des Menschen ist allein Gottes Hände Werk. Sie zeugt von einem göttlichen Verstand, der unsere Vorstellungskraft übersteigt. Sowohl die Erschaffung des sichtbaren physischen Leibes, als auch der inwendige geistliche Mensch, zeugt von dieser Kraft und Weisheit (1 Kor 15:44-46). Doch wozu das alles? Die Bibel gibt eine klare Antwort darauf. Sie beginnt mit der Schöpfung des Menschen (1 Mose 1:26) und endet mit der Beschreibung der heiligen Stadt Jerusalem: „[...] das neue Jerusalem, von Gott aus dem Himmel herabfahren, bereitet als eine geschmückte Braut ihrem Mann [...]" (Offb 21:1-5).

Gott erbaut sich aus Menschen sein Haus (Eph 2:19-22; 3:1-12). Durch Jesus Christus werden die Gläubigen zu lebendigen Steinen in der heiligen Stadt Jerusalem (1 Petr 2:5), in welcher Gott zusammen mit den Menschen in voller Harmonie und Liebe ewig leben möchte (2 Kor 6:16-18; 1 Kor 3:16 f.). „Was kein Auge gesehen hat und kein Ohr gehört hat und in keines Menschen Herz gekommen ist, was Gott bereitet hat denen, die ihn lieben" (1 Kor 2:9).

Welcher Mensch versteht, dass er nur ein Gefäß ist? **„SEIN HAUS SIND WIR"** — darin liegt die Bestimmung des Menschen. Er ist dafür geschaffen, **UM GOTT IN SICH AUFZUNEHMEN**. Nur so erfüllt er seine Bestimmung. „Denn jedes Haus wird von jemandem erbaut; der aber alles erbaut hat, das ist Gott. Mose zwar war treu in Gottes ganzem Hause als Diener, [...] Christus aber war treu als Sohn über Gottes Haus. Sein Haus sind wir, wenn wir den Freimut und den Ruhm der Hoffnung festhalten" (Hebr 3:4 f.).

Das ist auch der Grund, warum wir leben: ein neuer Mensch, eine geistliche und heilige Kreatur soll entstehen. Diese neue Kreatur verkündigt der ganzen Welt Gottes Vollkommenheit. Sie zieht als göttliche Herrlichkeit zum Wohlgeruch Gottes in sein Haus ein, um dort ewig mit Gott zu leben. Ein solcher Mensch wird auf ewig selig sein.

Woraus besteht der Mensch?

Wie kann man wahrhaftig Gottes Gefäß werden? Wo vollzieht sich dieses Geheimnis im Menschen? Um diese Frage zu beantworten, ist es zunächst wichtig zu verstehen, wie ein Mensch funktioniert und wie er aufgebaut ist.

So wie Gott dreieinig ist (1 Joh 5:7), so ist auch jeder Mensch dreieinig. Gott hat den Menschen nach seinem Bilde geschaffen (1 Mose 1:26). Dies bezeugt die Bibel: „Er aber, der Gott des Friedens, heilige euch durch und durch und bewahre euren **GEIST** samt **SEELE** und **LEIB** unversehrt, untadelig für das Kommen unseres **HERRN** Jesus Christus" (1 Thess 5:23). Der Mensch besteht aus dem sichtbaren Teil, dem Leib, sowie der Seele und dem Geist. Der Körper alleine kann ohne Seele und Geist nicht existieren. Ebenso benötigt auch der Geist des Menschen einen Körper, denn dieser bringt das Inwendige zum Ausdruck. Dies alles bildet eine harmonische Einheit und macht den Menschen als Ganzes aus.

Als Gott den Menschen erschuf und ihm den Odem des Lebens in die Nase blies, wurde der Mensch eine lebendige Seele (1 Mose 2:7), eine Persönlichkeit, ein „Ich". Dass die Seele die Persönlichkeit selbst ist, lässt sich an folgendem Beispiel erklären. Wenn sich eine Person mit jemandem unterhält oder eine Frage stellt, zu welchem der drei „Teile" seines Gegenübers spricht dann diese Person: zum Geist, zur Seele oder zum Körper? Natürlich richtet er seine Frage an die Persönlichkeit des Menschen, die fähig ist zuzuhören, das Gesagte anzunehmen und dem Glauben zu schenken oder es abzulehnen. Dies zeigt, dass die Seele die Persönlichkeit des Menschen darstellt, die verantwortlich ist für sein Hier und Jetzt — für seine eigene Errettung. Doch was genau im Menschen muss sich retten? Der Herr antwortete darauf: „Seid standhaft und ihr werdet euer Leben gewinnen" (Lk 21:19). „Geduld aber habt ihr nötig, damit ihr den Willen Gottes tut und das Verheißene empfangt" (Hebr 10:36). Wer bringt Geduld auf? Wer soll den Willen Gottes erfüllen, um das Verheißene zu erlangen? Ist es die Seele — also die Persönlichkeit, der Geist — also das Gewissen, oder der Körper?

Über die Seele

Der Mensch ist eine eigenständige **PERSÖNLICHKEIT**, ein Individuum. Diese Persönlichkeit besteht aus dem **VERSTAND**, dem **WILLEN** und den **GEFÜHLEN**.

Jeder Mensch verfügt über einen **VERSTAND**. Dieser hat die Fähigkeit zu denken, zu überlegen und auszuwählen. Wenn man zum Beispiel mit einer Lehre in Berührung kommt, so nimmt man das Gehörte zunächst mit dem Verstand auf, indem man es hört. Ohne Verstand ist man nicht einmal in der Lage, etwas zu erfassen. Und schließlich nimmt der Mensch das an ihn gerichtete Wort an oder er lehnt es ab. Wenn im Gewissen des Menschen nicht Gott lebt, so hat der Mensch einen fleischlichen, seelischen Verstand/Sinn (1 Kor 2:14; Kol 2:18). Seine Gedanken sind fleischlich, denn es dreht sich alles nur um den eigenen Körper (Röm 8:5-8). Nimmt der Mensch den teuren Glauben nach Gottes Wahrheit auf, geschieht die Geburt durch das Wort der Wahrheit! Durch den Glauben an dieses Wort geschieht die Erneuerung der Sinne (Röm 12:2; Eph 4:23) und die Gedanken werden geistlich, der Mensch bekommt Christi Sinn (1 Kor 2:15 f.).

DER WILLE des Menschen hängt unmittelbar von seinem Glauben ab und dieser Wille bestimmt seine Handlungen. Als im Garten Eden zu Adam und Eva das Wort Gottes kam, dass sie nicht vom Baum der Erkenntnis des Guten und des Bösen essen sollten, zeigte sich sofort die Fähigkeit der Seele zu glauben. Und sogleich äußerte sich auch der Wille, nämlich nicht davon zu essen! Doch dann kam ein anderes Wort, das der Schlange: „Ihr werdet keineswegs des Todes sterben, sondern [...] ihr werdet sein wie Gott und wissen, was gut und böse ist" (1 Mose 3:4 f.). So kam der Glaube an dieses Wort: „Und die Frau sah, dass von dem Baum gut zu essen wäre und dass er eine Lust für die Augen wäre und verlockend, weil er klug machte." Der Glaube wurde in die Tat umgesetzt, der Wille äußerte sich: „Und sie nahm von der Frucht und aß und gab ihrem Mann, der bei ihr war, auch davon und er aß" (1 Mose 3:6).

Somit können der Glaube und der Wille nicht ohne einander wirken. Der Glaube und der Wille werden zunächst immer durch ein Wort hervorgerufen, entweder durch das Wort der Wahrheit oder durch das Wort der Lüge. Je nachdem welches Wort der Mensch hört, offenbart sich sein Glaube und schließlich auch der Wille, nämlich das Wort anzunehmen oder auch nicht. Das heißt, der Glaube ist gewissermaßen das Triebwerk, der Motor, und der Wille führt das aus, was der Mensch glaubt. Der Wille des Menschen agiert also nicht selbstständig, sondern hängt immer vom Wort des Glaubens ab.

Die Frage, die sich jeder Mensch beantworten sollte, ist: Welchen, oder besser gesagt, wessen Willen erfülle ich?

Mit dem Verstand bemüht sich fast jeder Mensch, dem Guten nachzukommen. Doch der Wille des Menschen ist der Sünde untertan, denn die Bibel sagt klar: Jeder, der die Lehre Christi nicht annimmt, sündigt und ist der Sünde Knecht (Joh 8:32-36; Röm 6:16 f.,20). Folglich hat der Teufel die Macht, den Menschen durch das Gewissen zu bösen Taten und Lügen zu verleiten. Ein Beispiel hierfür ist die Geschichte Israels: So sehr sie auch das ihnen von Gott gegebene Gesetz erfüllen wollten, sie konnten es nicht und sind immer wieder aufs Neue vom wahrhaftigen Gott abgefallen. Dies ist auch heute nicht anders: der Teufel macht sich im Menschen die Fleischeslust und den Stolz zunutze und macht sich den Menschen zum Knecht. Nur durch die Erkenntnis Christi, die ohne Zwang stattfindet, kann der Mensch wirklich zu einer freien Persönlichkeit werden, denn nur „wo [...] der Geist des HERRN ist, da ist Freiheit" (2 Kor 3:17). Ein solcher ist immer darauf bedacht, sich dem Geist des Herrn hinzugeben, sodass eine vollständige „Verschmelzung" geschieht. Der Mensch wird durch den Heiligen Geist getrieben, bis er schließlich „ein vollkommener Mann [wird], der da sei im Maße des vollkommenen Alters Christi, [...]" (Eph 4:13-16). Denn genau hierfür ist er auserwählt und berufen, nämlich den Willen Gottes zu erfüllen (1 Kor 6:17; Röm 8:9,14-17).

DIE GEFÜHLE des Menschen können ebenso einen rein fleischlichen Ursprung haben, wie zum Beispiel das Gefühl von Hunger, Wärme oder Kälte: „er [...] sättigt sich, wärmt sich auch und spricht: Ah! Ich bin warm geworden, ich spüre das Feuer" (Jes 44:16). Doch Gefühle können auch geistlicher Natur sein, denn auch Gott hat Gefühle. Gott ist Geist und seine Gefühle sind geistlich, wie zum Beispiel seine Liebe zum Volk: „Und der HERR, der Gott ihrer Väter, ließ immer wieder gegen sie reden durch seine Boten; denn er hatte Mitleid mit seinem Volk und seiner Wohnung" (2 Chr 36:15). Auch sieht man Gottes Kompromisslosigkeit gegenüber Unwahrheit, Stolz und Bosheit: „Mein Auge soll ohne Mitleid auf dich blicken, und ich will nicht gnädig sein, sondern ich will dir geben, wie du verdient hast [...]" (Hes 7:9; Jer 13:13 f.).

„Ein jeglicher sei gesinnt, wie Jesus Christus auch war [...]" (Phil 2:5). Je nachdem wie sehr der Mensch von Christus erfüllt ist, werden auch dessen Gefühle sein: geistlich, himmlisch, gerecht, frei von Bosheit und Lüge und die Sinne werden geübt, Gutes und Böses voneinander zu unterscheiden (Hebr 5:14; Röm 14:17).

Über das Gewissen

In den Büchern des Alten Testaments wird das Gewissen nicht erwähnt, so als ob es dieses nicht gäbe. Das Alte Testament spricht von der Seele, dem Herzen und dem Geist (1 Mose 45:27 f.). Damit ist die Persönlichkeit, also die Seele eines Menschen gemeint. Vor dem Erscheinen Christi in dieser Welt war das Gewissen vor Gott tot (Röm 5:12). So wird das Gewissen erst im Neuen Testament erwähnt.

Heutzutage ist die Ansicht weitverbreitet, dass das Gewissen die „gute Instanz" eines Menschen darstellt. Dieses Verständnis lehnt sich an folgende Bibelstelle an: „Aber die Schriftgelehrten und Pharisäer brachten eine Frau, beim Ehebruch ergriffen, und stellten sie in die Mitte und sprachen zu ihm: Meister, diese Frau ist auf frischer Tat beim Ehebruch ergriffen worden. Mose aber hat uns im Gesetz geboten, solche Frauen zu steinigen. Was sagst du? Das sagten sie aber, ihn zu versuchen, damit sie ihn verklagen könnten. [...]. Als sie nun fortfuhren, ihn zu fragen, richtete er sich auf und sprach zu ihnen: Wer unter euch ohne Sünde ist, der werfe den ersten Stein auf sie. Und er bückte sich wieder und schrieb auf die Erde. Als sie aber das hörten, gingen sie weg (von ihrem Gewissen überführt), einer nach dem andern, die Ältesten zuerst; und Jesus blieb allein mit der Frau, die in der Mitte stand. [...]" (Joh 8:3-11). In vielen christlichen Religionen wird diese Bibelstelle so gedeutet, dass die Schriftgelehrten und Pharisäer, die vom Gesetz Mose gelehrt waren, von ihrem Gewissen überführt wurden. Genauer gesagt, das Gute vom Gesetz richtete sie aus dem Gewissen heraus. Wer oder was richtete sie tatsächlich? Wer waren die Schriftgelehrten und Pharisäer überhaupt?

Sie waren die Feinde des Herrn und suchten nach dem richtigen Moment, Christus zu vernichten. Christus nennt sie „ihr Heuchler", „übertünchte Gräber" und „ihr Schlangen, ihr Otterngezüchte!", ebenso „ihr verblendeten Leiter" (Mt 23). Schlussendlich verurteilten und kreuzigten sie einen Unschuldigen: Jesus Christus! Die Pharisäer waren vollkommen vom Teufel getrieben. Wo befand sich der Teufel in diesen Menschen? Saß er auf der linken Schulter und flüsterte in das linke Ohr? Solche oder ähnliche Theorien existieren heutzutage in Fülle. Die Frage, wo der Teufel im Menschen wohnt, wird nicht beleuchtet. Es wird nicht einmal der Gedanke zugelassen, dass der Teufel im Gewissen eines Menschen lebt.

Doch was sagt das Wort Gottes dazu? Der Herr spricht deutlich: „Denn aus dem Herzen kommen böse Gedanken, Mord, Ehebruch, Unzucht, Diebstahl, falsches Zeugnis, Lästerung. Das sind die Dinge, die den Menschen unrein machen. [...]" (Mt 15:19 f.). Das Herz beinhaltet die Seele und das Gewissen. Mit der Seele ist der Mensch meist bemüht, Gutes zu tun, doch er tut letztendlich das, was in seinem Gewissen lebt. Denn die Kraft, die das Gewissen ausmacht, ist stärker als die Seele. Sie fesselt die Seele, nimmt sie gefangen, besiegt sie, so dass die Seele schlussendlich etwas tut, was sie eigentlich nicht machen will. Im Römerbrief sagt Paulus über den Menschen: „Ich elender Mensch! [...]. So diene ich nun mit dem Verstand dem Gesetz Gottes, aber mit dem Fleisch dem Gesetz der Sünde" (Röm 7:24-25). Wie ist es möglich, dass ein Mensch Gutes und Böses aus seinem Herzen hervorbringt? Dieser Zwiespalt im Menschen offenbart **DAS GEHEIMNIS DES GEWISSENS**, nämlich dass das Böse im Gewissen lebt und der Mensch genau davon frei werden muss: „[...], besprengt in unsern Herzen und **LOS**

VON DEM BÖSEN GEWISSEN [...]" (Hebr 10:22). Welche Funktion im Menschen hat nun das Gewissen? Die Seele eines Menschen bedarf immer einer inneren Stimme, die sie führt; genau das macht das Gewissen. Das Gewissen lenkt von innen, gibt Ratschläge, fordert auf — doch die Entscheidung für oder gegen etwas trifft immer die Seele. Das Gewissen ist somit der Kern der Seele, der Geist des Menschen. Es ist die Kraft, das Feuer des Lebens. Dieses Feuer hat Gott in den Menschen eingehaucht, nachdem er ihn aus Staub erschaffen hatte? (1 Mose 2:7; 1:26-28).

Das Gewissen kann mit anderen Worten auch als **GEWISSHEIT** bezeichnet werden, als „sicheres Wissen". Wissen ist immer ein Wort und das Wort ist Geist. Christus ist das Wort der Wahrheit, wie geschrieben steht: „und [ihr] werdet die Wahrheit erkennen [...]" (Joh 8:32). Löst man das Wort der Wahrheit durch den Glauben auf, so wird es zum Gewissen. Christus wird also zum Gewissen des Menschen — zum sicheren Wissen. Und da die Seele auf dem Gewissen ruht, ruht sie auf Christus, der das Fundament dieser Seele ausmacht. Genau das ist das Gewissen eines wahrhaftig gläubigen Christen.

Das Gewissen ungläubiger Menschen ist ebenso ein sicheres Wissen — das Wort der Lüge, der Teufel selbst oder wie geschrieben steht: das Gesetz der Sünde und des Todes. Dieses Wort ist immer am Wirken, es verführt den Menschen, treibt ihn an, redet auf die Seele ein. Doch insbesondere in unserer Gesellschaft ist der Mensch dahingehend (seelisch) erzogen, dass er weiß, was Gut und Böse ist. Er ist von klein auf darin geübt, den Teufel in seinem Gewissen aus eigener Kraft zu unterdrücken. Solange der Mensch bei Kräften ist und einen starken Willen hat, kann er dem inneren Drang widerstehen. Doch wenn man ihn verärgert, verliert der Mensch seine Selbstbeherrschung und der Teufel kommt direkt aus dem Gewissen heraus. Wenn der Mensch wieder „zur Besinnung kommt", unterdrückt er den Teufel erneut mit seiner Willenskraft und beruhigt sich bis zum nächsten Mal. So ist es im Leben bis ins hohe Alter, bis der Mensch schließlich die Willenskraft verliert und der Teufel sich unmittelbar äußert, so wie der Mensch schon immer gelebt hat. „[...] nach dem Geist, der [...] sein Werk hat in den Kindern des Unglaubens" (Eph 2:1 f.). Diesen Geist erkennt man immer daran, dass wenn die Wahrheit nach der Lehre des Herrn Jesus Christus gesagt wird, der Zuhörer sich zu widersetzen beginnt, sein Innerstes findet keine Zustimmung. So wirkt der Fürst dieser Welt in ihm, der Geist, der in der Luft und in den Kindern des Unglaubens herrscht.

Hier sieht man deutlich, dass sich die Seele immer auf dieses sichere Wissen, auf das Gewissen, stützt. Daher sagt der Mensch auch: „Ich bin mir sicher!". Das spricht die Persönlichkeit, die Seele des Menschen, wenn die Seele auf dem Gewissen ruht. Die Seele bleibt aber verantwortlich dafür, wer im Gewissen lebt: Gottes Geist oder der Geist des Teufels.

Wenn Jesus Christus zum Gewissen des Menschen geworden ist, offenbart sich das Geheimnis des ewigen Lebens im Gewissen. Nun kann die Seele dem Gewissen vertrauen und sich leiten lassen. Anstelle des soeben beschriebenen inneren Kampfes und den Konfrontationen kommt die Seele zur völligen Ruhe. Die Früchte des Heiligen Geistes kommen zum Vorschein (Gal 5:22 f.). Dieser Zustand lässt sich wie folgt beschreiben: „[...]. Denn das Gesetz des Geistes, der lebendig macht in Christus Jesus, hat dich frei gemacht von dem Gesetz der Sünde und des Todes" (Röm 8:1 f.) und „wer aber dem HERRN anhangt, der ist ein Geist mit ihm" (1 Kor 6:17).

Jetzt kehren wir zu der Frage über die Schriftgelehrten und Pharisäer zurück. Das Gesetz, also das Gute, kann nicht im Gewissen leben, sondern die Seele hält sich mit dem Verstand an dem Guten fest. Die Schriftgelehrten hatten ein böses Gewissen, denn sie waren nicht treu, sie waren dem Herrn feind: „[...] hütet euch vor dem Sauerteig der Pharisäer [...]" (Lk 12:1). Der böse Geist ist der Geist des Teufels, das heißt in ihrem Gewissen herrschte das Gesetz der Sünde und des Todes. So stellt sich die Frage, wer verurteilte sie aus dem Gewissen heraus? Natürlich der Teufel, der auf der Grundlage des Gesetzes einzig und allein damit beschäftigt war, sie zu verurteilen, dass sie Sünder seien. Sie verstanden, dass der Herr ihr Inneres kennt und wenn auch nur einer von ihnen einen Stein aufgehoben und die Frau damit beworfen hätte, so wäre er sofort vom Herrn aufgedeckt worden.

Des Weiteren könnte noch folgende Frage bezüglich Apostel Paulus aufkommen, der Gott (von seinen Vorvätern her) mit einem reinen Gewissen diente: Er war nach dem Gesetz unsträflich; doch wie wandelte er, als er Saulus war? „[...], wie ich über die Maßen die Gemeinde Gottes verfolgte und sie zu zerstören suchte [...] und eiferte über die Maßen für die Satzungen der Väter" (Gal 1:13 f.). „Und ich habe diesen Weg verfolgt bis an den Tod. Ich band sie und überantwortete sie ins Gefängnis, Männer und Weiber; [...] und reiste nach Damaskus; um auch die, die dort waren, gefesselt nach Jerusalem zu führen, damit sie bestraft würden" (Apg 22:4 f.). Wessen Geist wirkte in ihm? Nach dem Gesetz war er unsträflich, er konnte sich sogar des Fleisches rühmen (Phil 3:4-6). Das Gewissen konnte ihn nicht richten, da er so eifrig das Gesetz erfüllte, dass der Teufel nicht die Möglichkeit hatte, ihn zu verurteilen und zu richten.

Dennoch wirkte in seinem Geist (in seinem Gewissen) die Kraft zu töten und die Gemeinde zu zerstören. Doch er tat dies alles in Unwissenheit. Daher lehnte er die Gerechtigkeit nach dem Gesetz ab (hat es für Schaden gerechnet); er achtete es für Kot, um Christus zu gewinnen (Phil 3:8).

Über den Leib

„Denn »alles Fleisch ist wie Gras und alle seine Herrlichkeit wie des Grases Blume. Das Gras ist verdorrt und die Blume abgefallen; aber des HERRN Wort bleibt in Ewigkeit« (Jes 40:6-8). Das ist das Wort, welches euch verkündigt ist" (1 Petr 1:24 f.).

„Denn der Staub muss wieder zur Erde kommen, wie er gewesen ist, und der Geist wieder zu Gott, der ihn gegeben hat. Es ist alles ganz eitel, sprach der Prediger, ganz eitel" (Pred 12:7 f.). „Im Schweiße deines Angesichts sollst du dein Brot essen, bis du wieder zu Erde wirst, davon du genommen bist. Denn Staub bist du und zum Staub kehrst du zurück" (1 Mose 3:19).

Der physische Leib spielt eine zentrale Rolle im Leben aller Menschen. Während er für den seelischen Menschen höchste Priorität hat, ist im Leben eines Gläubigen Christus der Mittelpunkt, weil in ihm das Geheimnis des Lebens verborgen ist. Trotzdem sollte die Rolle des Leibes, ohne den kein Mensch existieren kann, nicht unterschätzt werden. Denn damit ein geistlicher Mensch nach dem Ebenbild Gottes erschaffen werden kann, ist der seelische Mensch, der sich dann in einen geistlichen verwandeln kann, notwendig. „Es wird gesät ein natürlicher Leib und wird auferstehen ein geistlicher Leib. Gibt es einen natürlichen Leib, so gibt es auch einen geistlichen Leib. Wie geschrieben steht: Der erste Mensch, Adam, »wurde zu einem lebendigen Wesen« (1 Mose 2:7) und der letzte Adam zum Geist, der lebendig macht. Aber nicht der geistliche Leib ist der erste, sondern der natürliche — danach der geistliche. Der erste Mensch ist von der Erde und irdisch, der zweite Mensch ist vom Himmel. Wie der irdische ist, so sind auch die irdischen; und wie der himmlische ist, so sind auch die himmlischen" (1 Kor 15:44-48).

Zu Beginn der Menschheit „[...] machte Gott der HERR den Menschen aus Staub von der Erde und blies ihm den Odem des Lebens in seine Nase. Und so ward der Mensch ein lebendiges Wesen" (1 Mose 2:7). Dieser Mensch war seelisch und konnte nur das wissen und erleben, was seinen Körper betraf: Wärme, Kälte, Hunger, Durst, Müdigkeit, körperliche Nähe. Sein Leben unterschied sich vom Leben eines Tieres nur in einem Punkt: Der Mensch verfügte über die geistige Fähigkeit, überlegen, vergleichen, abwägen und sich entscheiden zu können.

So lebten die Menschen im Garten Eden bis zu dem Zeitpunkt, als Gott der Herr ihnen ein Gebot gab. Sie glaubten dem Wort und befolgten es. Sie hielten sich an das Wort bis zu dem Moment, als eine irdische Versuchung kam, ein anderes Wort, dass das Gegenteil behauptete. Dieser Lüge glaubten sie, vollzogen die Handlung — indem sie von der Frucht aßen — und starben somit für Gott. Das Leben nach dem Fleisch hielt Einzug im Menschen.

Das Leben nach dem Fleisch ist nicht mit dem physischen Leben im Leib gleichzusetzen. Der physische Leib hat seine natürlichen Bedürfnisse, die befriedigt werden müssen, um existieren zu können. „Sorgt für den Leib nicht so, dass ihr den Begierden verfallt" (Röm 13:14) — hier sind nicht die natürlichen Bedürfnisse des Körpers gemeint. Das Leben nach dem Fleisch ist der Glaube im Menschen, dass sich alles nur um den Leib, die eigenen Lüste und Begierden dreht. Dieser Glaube hat das Wesen des alten Adam (das Leben dieser Welt) gebildet. Es ist das, was heute alle Menschen antreibt. Ein Leben, das sich nur um den Körper dreht und über welches Johannes schreibt: „Habt nicht lieb die Welt noch was in der Welt ist. Wenn jemand die Welt lieb hat, in dem ist nicht die Liebe des Vaters. Denn alles, was in der Welt ist, des Fleisches Lust und der Augen Lust und hoffärtiges Leben, ist nicht vom Vater, sondern von der Welt" (1 Joh 2:15 f.). So hat sich der menschliche Leib, der ursprünglich und frei von Stolz und Begierden geschaffen wurde, zum Leib des Todes verwandelt. In den Gliedern begann das Gesetz der Sünde und des Todes zu wirken. Paulus schreibt darüber: „Ich elender Mensch! Wer wird mich erlösen von diesem Leib des Todes?" (Röm 7:24).

Die irdische Welt — ein Leben für den Körper

Die irdische Welt entwickelte sich sehr stark in dem Glauben, dass sich alles nur um den Leib drehe, so dass ein regelrechter Körperkult entstand: nur wenn der Körper befriedigt wird, ist die Seele zufrieden. Die Menschen beten ihn an, und sobald ihm etwas fehlt, verlieren sie die Ruhe und quälen sich solange, bis ihr Körper das bekommt, was er sich wünscht. Doch der Körper ist immer von Lust geprägt, sodass manche mit dem Essen oder Trinken übertreiben und andere wiederum ständig der neuesten Mode oder den neuesten Errungenschaften der Technik nachjagen. Einige sind von exzessivem Sport eingenommen, andere wiederum setzen alles daran, alle Arten von Entspannung und Urlaub zu erleben. Doch darin kommt der Mensch nie zur Ruhe, denn die Lust und die Begierden des

Körpers sind unersättlich: „Aber die Gottlosen sind wie das ungestüme Meer, das nicht still sein kann und dessen Wellen Schlamm und Unrat auswerfen. Die Gottlosen haben keinen Frieden, spricht mein Gott" (Jes 57:20 f.). Die Fleischeslust ist einfach maßlos: „Sie sind abgestumpft und haben sich der Ausschweifung ergeben, um allerlei unreine Dinge zu treiben in Habgier" (Eph 4:19).

Dieser Glaube, dass es nur dieses eine Leben nach dem Fleisch gibt, mit dem physischen Körper im Mittelpunkt, prägt die Menschen in der Welt. Daher klingt es absurd, wenn man die Lehre Christi hört, die dazu aufruft, das Leben nach dem Fleisch abzulegen. „Der natürliche Mensch aber vernimmt nichts vom Geist Gottes, es ist ihm eine Torheit und er kann es nicht erkennen; denn es muss geistlich beurteilt werden" (1 Kor 2:14).

Diese Lehre klingt wie eine Torheit, weil alles, was die Menschen in dieser Welt kennen, nur die irdischen Gefühle anspricht. Ob Leid oder Trost, Geduld oder Demut, Freude oder Trauer, Liebe oder Hass — alles hängt unbedingt mit dem Körper zusammen. Das alles ist: „Fleisches Lust und der Augen Lust und hoffärtiges Leben [...]" (1 Joh 2:16). Der Körper wurde aus Erde erschaffen, er wird deshalb immer vom Irdischen angezogen, das Irdische ist naheliegend und verständlich. Auch die Seele wurde vom Irdischen verführt und hat sich dem Körper unterworfen. Deshalb sind die Menschen dieser Welt absolut irdisch, ihre Gedanken, ihre Sehnsüchte, ihr Verhalten — alles ist irdisch und betrifft nur den physischen Menschen. Das muss man sehr gut verstehen, um das Wesen dieser Welt, den Kern des Lebens in dieser Welt zu sehen!

Die himmlische Welt — ein Leben nach dem Geist

Während das Leben nach dem Fleisch den Körper in den Mittelpunkt stellt, ist es im Leben nach dem Geist genau umgekehrt. Nichts dreht sich mehr um die Begierden des Leibes, ganz im Gegenteil — man muss für das Leben nach dem Fleisch sterben: „So sind wir nun, liebe Brüder und Schwestern, nicht dem Fleisch schuldig, dass wir nach dem Fleisch leben. Denn wenn ihr nach dem Fleisch lebt, so werdet ihr sterben müssen; wenn ihr aber durch den Geist die Taten des Leibes tötet, so werdet ihr leben. [...] Die aber fleischlich sind, können Gott nicht gefallen" (Röm 8:12 f.,8).

Christus gibt jedem Menschen die Möglichkeit, ein völlig anderes Leben zu leben — ein Leben nach dem Geist. Es ist das Leben des inwendigen Menschen, der von Gott geboren ist und bei dem sich der Leib dem neuen Lebenswandel unterordnet. Im Gewissen des Menschen lebt Gott und seine Seele ist, genauso wie der Leib, Gott untertan. In solch einem Leben dreht sich alles nur um Gott und für Gott. Der Mensch wird von Gott geleitet und lebt für ihn und durch ihn! Der Leib ist wieder rein und frei von Begierden und wird nur nach seinen natürlichen Bedürfnissen gepflegt. Nicht mehr die Seele wird vom Leib, sondern der Leib wird von der Seele geführt!

Gebt eure Leiber Gott als Opfer hin

„Weh euch, Schriftgelehrte und Pharisäer, ihr Heuchler, die ihr die Becher und Schüsseln außen reinigt, innen aber sind sie voller Raub und Gier! Du blinder Pharisäer, reinige zuerst das Innere des Bechers, damit auch das Äußere rein werde!" (Mt 23:25 f.).

Die Lehre unseres Herrn offenbart, dass man sich zuerst mit dem inwendigen Menschen, mit dem eigenen Gewissen, beschäftigen soll. Erst wenn das Gewissen rein ist, wird auch unser Äußeres, das heißt unser Leib, rein sein. Dann gilt: „Den Reinen ist alles rein; den Unreinen aber und Ungläubigen ist nichts rein, sondern unrein ist beides, ihr Sinn und ihr Gewissen" (Tit 1:15). Die Unreinheit des Gewissens und des Verstandes rührt immer von einem unreinen Wort, einer falschen Lehre her: „[...] und nicht achten auf die jüdischen Fabeln und die Gebote von Menschen, die sich von der Wahrheit abwenden" (Tit 1:14). Wenn man sein Herz vom unreinen Gewissen (Hebr 10:22) und den toten Werken (Hebr 9:14) gereinigt hat, wird für den Menschen alles rein, auch sein Leib. „Selig sind, die reinen Herzens sind [...]" (Mt 5:8). Die Vollkommenheit oder auch Reinheit wird nur im Gewissen erreicht (Hebr 9:9; 10:1-10,14). Und nur einen solchen reinen Leib bringt man Gott zum Opfer, nur das ist ein vernünftiger Gottesdienst: „[...], dass ihr euren Leib hingebt als ein Opfer, das lebendig, heilig und Gott wohlgefällig sei" (Röm 12:1). Ein unreiner Leib ist nicht lebendig und ist Gott nicht wohlgefällig, ein solches Opfer wird von Gott nicht angenommen.

Damit man von Gott geleitet wird, ist es notwendig, nicht nur sein Gewissen und seine Seele als Opfer hinzugeben, sondern auch seinen Leib. Dazu ist es notwendig, seinen Leib zu lenken, was Paulus so beschreibt: „Ich aber laufe nicht wie aufs Ungewisse; ich kämpfe mit der Faust nicht wie einer, der in die Luft schlägt, sondern ich bezwinge meinen Leib und zähme ihn, damit ich nicht andern predige und selbst verwerflich werde" (1 Kor 9:26 f.). Das Leben von Apostel Paulus war Christus, er konnte sich nichts vorwerfen lassen (1 Kor 4:4), und trotzdem war es für ihn notwendig, seinen Leib zu bezwingen und zu lenken. Er hatte ein reines Herz, ein gutes Gewissen und folglich war auch sein Leib rein. Doch Paulus hat sich nicht ausgeruht, sondern hat stetig seinen Leib bezwungen und sich auf den Weg gemacht, seinen Dienst zu vollbringen. Obwohl er gesteinigt und geschlagen wurde, hat er immer weiter gemacht und gedient. Er suchte danach, sich opfern zu können. „[...]; ich jage ihm aber nach, ob ich's wohl ergreifen könnte, weil ich von Christus Jesus ergriffen bin" (Phil 3:9-16).

Was für ein seliges Schicksal, sich für Christus zu opfern! „Und ich sah Throne und sie setzten sich darauf, und ihnen wurde das Gericht übergeben. Und ich sah die Seelen derer, die enthauptet waren um des Zeugnisses von Jesus und um des Wortes Gottes willen und die nicht angebetet hatten das Tier und sein Bild und die sein Zeichen nicht angenommen hatten an ihre Stirn und auf ihre Hand; diese wurden lebendig und regierten mit Christus tausend Jahre" (Offb 20:4). Ein ähnliches Schicksal erwartet alle, die Christus treu bleiben! Und natürlich wird es notwendig sein, im Leib zu leiden! Den Leib wird man führen müssen, weil er nicht von sich aus leiden, hungern oder sterben will!

Wozu ist uns ein Leib gegeben?

„Wisst ihr nicht, dass ihr Gottes Tempel seid und der Geist Gottes in euch wohnt? [...]; denn der Tempel [...] seid ihr" (1 Kor 3:16 f.). „Oder wisst ihr nicht, dass euer Leib ein Tempel des Heiligen Geistes ist, der in euch ist und den ihr von Gott habt, und dass ihr nicht euch selbst gehört? Denn ihr seid teuer erkauft; darum preist Gott mit eurem Leibe" (1 Kor 6:19 f.).

Ist mein Gewissen Christus und meine Seele dem Gewissen untertan, dann ist auch mein Leib ihm unterworfen und ist rein und heilig. Denn der Leib ist ohne den Geist tot. Der Leib trägt immer die Früchte des Geistes und macht das, was die Seele möchte (Jak 2:26).

Warum wird ausdrücklich betont: „preist Gott mit eurem Leibe"? Kann der Leib etwa unabhängig von der Seele etwas machen? Wäre es nicht ausreichend, zu sagen „preist Gott mit euren Seelen"? Ist etwa die Seele selbstständig und kann unabhängig vom Leib etwas machen? Sie sind doch eins, zusammen machen sie den Menschen aus! Doch es ist ausdrücklich gesagt: „Er aber, der Gott des Friedens, heilige euch durch und durch und bewahre euren Geist samt Seele und Leib unversehrt, untadelig für das Kommen unseres HERRN Jesus Christus. Treu ist er, der euch ruft; er wird's auch tun" (1 Thess 5:23 f.). Wenn wir den richtigen Glauben bewahren und den Lauf vollenden, wird Gott uns für sein Reich untadelig erhalten (1 Petr 1:3-9). Deshalb steht geschrieben: „Seid nüchtern und wacht; denn euer Widersacher, der Teufel, geht umher wie ein brüllender Löwe und sucht, wen er verschlinge. Dem widersteht, fest im Glauben, und wisst, dass ebendieselben Leiden über eure Brüder und Schwestern in der Welt kommen" (1 Petr 5:8 f.).

Auch wenn der Teufel keinen Raum im Menschen mehr hat, wird er um ihn herum gehen. Er weiß eben sehr gut, dass der Leib des Menschen aus Staub erschaffen ist und vom Irdischen angezogen wird. Deshalb wird der Teufel immer wieder versuchen, den Leib (und durch den Leib auch die Seele) dazu zu bringen, sich dem Irdischen hinzugeben. Das äußert sich zum Beispiel darin, dass man etwas Irdischem, wie Kleidung, Urlaub, Freizeit oder Familie eine besondere Bedeutung zumisst, oder es äußert sich in einer zu starken Konzentration auf den eigenen Körper und das eigene Wohlbefinden. Oft beginnt es mit Kleinigkeiten, für den Menschen ganz unbemerkt. Doch wenn der Teufel auch nur einen kleinen Raum gefunden hat, wird er umso mehr versuchen, seinen Einfluss zu vergrößern. Und genau deshalb haben die Apostel und der Herr selbst immer wieder davon gesprochen, dass wir wachen und nüchtern sein sollen. Denn unser Leib ist irdisch und es ist sehr leicht, ihn zum Irdischen zu verführen. Dass der Teufel nie müde wird und immer umhergeht und den Menschen versucht und lockt — das ist auch an Jesus Christus selbst gezeigt. Der Teufel hat ihn nicht verlassen, bis sein Ziel erreicht war und Christus gekreuzigt wurde. Bis zum Schluss hat er versucht, Christus zu verführen und zu besiegen, ob er nicht doch noch sündigen würde. Und so war es auch mit vielen Heiligen, die sich selbst geopfert haben. Sie wurden verbrannt, geköpft, den Tieren zum Fraß vorgeworfen. „Andere haben Spott und Geißelung erlitten, dazu Fesseln und Gefängnis. Sie sind gesteinigt, zersägt, durchs Schwert getötet worden; sie sind umhergezogen in Schafpelzen und Ziegenfellen; sie haben Mangel, Bedrängnis, Misshandlung erduldet" (Hebr 11:36 f.). Und das alles, weil der Teufel versuchte, ihren Glauben zu zerstören, um sie vernichten zu können! Apostel Paulus hat über sich gesagt: „Denn ich werde schon geopfert, und die Zeit meines Hinscheidens ist gekommen" (2 Tim 4:6). Und was wurde geopfert? Der Leib von Paulus! Was haben die Getöteten und die Verbrannten geopfert? Ihren Leib! Als der Herr, der Geist der Weisheit, bei Gott war, sagte er: „[...] Opfer und Gaben hast du nicht gewollt; einen Leib aber hast du mir bereitet. [...] Siehe, ich komme [...], dass ich tue, Gott, deinen Willen" (Hebr 10:5-7). Warum hat Gott Jesus Christus einen Leib gegeben?

Damit er etwas hatte, um es zu opfern (Hebr 8:3). „Nach diesem Willen sind wir geheiligt ein für alle Mal durch das Opfer des Leibes Jesu Christi" (Hebr 10:10).

Auch wir haben einen Leib, damit wir ihn Gott zum Opfer bringen können! Und wer wird dazu in der Lage sein? Das hängt nur von uns ab, davon, wie wir mit unserem Leib umgehen.

Wenn die Rede davon ist, sich selbst als Opfer darzubringen, dann denken viele an große Heldentaten. Dabei beginnt alles im Kleinen. Es ist vergleichbar mit den Schritten im physischen Leben: Wer die erste Klasse nicht besucht, wird die fünfte auch nicht schaffen. Wenn man nicht lernt, sich in kleinen Dingen zu opfern, wird man nicht fähig sein, sich im Großen opfern zu können. Das Opfern beginnt in alltäglichen Dingen: in der Beziehung zwischen Mann und Frau, zwischen Eltern und ihren Kindern, in der Schule, auf der Arbeit. Treue und Opferbereitschaft beginnen im Kleinen. Über mögliche Heldentaten lässt sich gut sprechen, doch wie ist es im Alltag? Sind wir bereit, unseren Leib zu opfern? Ist es der Herr, der uns immer führt oder übertönt die Stimme unseres Leibes alles andere? Die Seele denkt über Höheres nach: „Ich bin bereit zu sterben! Ich bin bereit zu leiden!" Doch wenn der Ehepartner einen darum bittet, den Müll raus zu bringen oder etwas zu holen, wie sieht es dann aus? Wie verhalten wir uns im Alltag? Haben Widerstände, Ungehorsam und Faulheit noch Platz? Nur wer sich im Kleinen opfern kann, wird den Willen Gottes verstehen. Nur so kann man seine Stimme hören und sich von ihm führen lassen!

Deshalb, damit wir treue, gehorsame und geistliche Kinder Gottes sein können, hat uns der Herr unseren physischen Leib gegeben. Durch ihn lehrt, prüft, bestraft und begnadigt der Herr. Und das so lange, bis wir zu allen guten Werken fähig sind.

„Nun aber schauen wir alle mit aufgedecktem Angesicht die Herrlichkeit des HERRN wie in einem Spiegel, und wir werden verklärt in sein Bild von einer Herrlichkeit zur andern von dem HERRN, der der Geist ist" (2 Kor 3:18).

Begreifen wir, dass uns der physische Leib nur einmal gegeben ist?! Wie wir ihn lenken, hängt von unserem Eifer und Streben ab, dem Herrn und Gott wohlgefällig zu sein.

„So sind wir denn allezeit getrost und wissen: Solange wir im Leibe wohnen, weilen wir fern von dem HERRN; denn wir wandeln im Glauben und nicht im Schauen. Wir sind aber getrost [demütigen uns] und begehren sehr, den Leib zu verlassen und daheim zu sein bei dem HERRN. Darum setzen wir auch unsre Ehre darein, ob wir daheim sind oder in der Fremde, dass wir ihm wohlgefallen" (2 Kor 5:6-9).

Die Finsternis. Über den Teufel

03
KAPITEL

63 Ist der physische Tod das wirkliche Ende?

67 Über den Teufel, die alte Schlange

72 Die Geister dieser Welt

„Und er hat aus einem Menschen das ganze Menschengeschlecht gemacht, damit sie auf dem ganzen Erdboden wohnen, und er hat festgesetzt, wie lange sie bestehen und in welchen Grenzen sie wohnen sollen, damit sie Gott suchen sollen, ob sie ihn wohl fühlen und finden könnten; und fürwahr, er ist nicht ferne von einem jeden unter uns. Denn in ihm leben, weben und sind wir; [...]" (Apg 17:26 ff.).

In seiner Weisheit hat Gott den Menschen eine Aufgabe gegeben: nach ihm zu suchen und ihn kennenzulernen, um zu verstehen, dass er allein Leben gibt. Würden die Menschen danach streben, Gott zu erkennen, so würden sie sich nicht um das belanglose, irdische Leben sorgen: „Darum sollt ihr nicht sorgen und sagen: Was werden wir essen? Was werden wir trinken? Womit werden wir uns kleiden? Nach dem allen trachten die Heiden. Denn euer himmlischer Vater weiß, dass ihr all dessen bedürft" (Mt 6:31 f.). Doch die Menschen haben sich dem Aufbau ihres irdischen Lebens hingegeben, den Alltagssorgen, die sie weder tags noch nachts Ruhe finden lassen! Salomo hat das Leben dieser Welt gut beschrieben: „Allein schaue das: ich habe gefunden, daß Gott den Menschen hat aufrichtig gemacht; aber sie suchen viele Künste" (Pred 7:29). „Ich sah an alles Tun, das unter der Sonne geschieht, und siehe, es war alles eitel und Haschen nach Wind" (Pred 1:14). „Alles Mühen des Menschen ist für seinen Mund, aber sein Verlangen bleibt ungestillt" (Pred 6:7).

Wenn es nur bei den Sorgen um das fleischliche Leben geblieben wäre! Doch neben der Hektik und der Eitelkeit hat eine schreckliche Lüge im Menschen Platz gefunden — nämlich, dass Gott nicht existiert! Der Mensch ist sich selbst Gott geworden. „[...]. Die Toren sprechen in ihrem Herzen: Es ist kein Gott. Sie taugen nichts; ihr Treiben ist ein Gräuel; da ist keiner, der Gutes tut. Der HERR schaut vom Himmel auf die Menschenkinder, dass er sehe, ob jemand klug sei und nach Gott frage. Aber sie sind alle abgewichen und allesamt verdorben; da ist keiner, der Gutes tut, auch nicht einer" (Ps 14:1 ff.). Und wenn es für die Menschen keinen Gott gibt, so gibt es für sie auch keinen Teufel. Doch er existiert, so wie die Schrift sagt: „Ihr habt den Teufel zum Vater, und nach eures Vaters Begierden wollt ihr tun. [...]. Wenn er die Lüge redet, so redet er aus dem Eigenen; denn er ist ein Lügner und der Vater der Lüge" (Joh 8:44). Dass die Menschen lügen, ist sicherlich kein großes Geheimnis. Doch kaum jemand möchte sich eingestehen, dass es den Teufel gibt, der das im Menschen bewirkt. In diesem Fall müsste man ebenso anerkennen, dass es auch Gott gibt, was wiederum für die Existenz von Himmel und Hölle sprechen würde. Für die Menschen scheint es einfacher zu sein, Gott und den Teufel zu verneinen. Es lässt sich eben ruhiger leben, wenn man den Gedanken verdrängt, in der ewigen Verdammnis landen zu können. Deshalb möchten sich die meisten nicht damit beschäftigen, obwohl alle wissen, dass unser Leben auf dieser Erde früher oder später ein Ende hat.

Ist der physische Tod das wirkliche Ende?

Wenn ein Mensch mit dem Tod in Berührung kommt oder Todesgefahr verspürt, werden sein Körper und seine Seele von Furcht ergriffen; als ob ihm jemand in diesem Moment zuflüstern würde, dass der Tod etwas Unumkehrbares und Schreckliches sei. Ein solcher Augenblick stellt alles andere in den Schatten. Was passiert danach? Wohin geht die Seele? Um dem Tod zu entrinnen, kann ein Mensch unglaubliche Dinge vollbringen: Reaktionen und Kräfte, die man für unwahrscheinlich gehalten hätte und die nicht mehr wiederholt werden können. Viele haben eine solche Erfahrung gemacht, doch die wenigsten wissen, dass nicht die plötzliche Begegnung mit dem physischen Tod die eigentliche Gefahr ist. Denn auch wenn manche dem Tod ein paar Mal entrinnen konnten, besiegen können sie ihn doch nicht. Früher oder später kommt der Zeitpunkt für jeden. „Der Mensch hat keine Macht, den Wind aufzuhalten, und hat keine Macht über den Tag des Todes, und keiner bleibt verschont im Krieg, und das gottlose Treiben rettet den Gottlosen nicht" (Pred 8:8).

Die Trennung vom physischen Körper ist aber nicht der eigentliche Tod. Diese Lüge wurde vom Teufel sehr überzeugend verbreitet. Der eigentliche Tod bleibt ein Geheimnis. Die Menschen erkennen nicht, dass das Ende des Lebens im physischen Leib nur eine Bestimmung von Gott ist, eine Folge des Ungehorsams (1 Mose 3:19; Pred 12:7). Wenn das Leben hier auf dieser Erde endet, so geht der Mensch lediglich in eine andere Form der Existenz über. Das ist entweder der Tod in der Finsternis oder das ewige Leben im Licht.

Der eigentliche Tod ist eine geistliche Dimension des Daseins. Dieses Geheimnis wird durch die Bibel enthüllt: Er ist die ewige Finsternis, in der Heulen und Zähneklappern sein wird. Dort ist der feurige Pfuhl, wo der Wurm nicht stirbt und das Feuer niemals erlischt (Mt 13:42; Mk 9:43-48). Es ist ein Zustand außerhalb von Gott, die Finsternis, die sich schon jetzt in Bosheit, List, Hass, Lüge und Heuchelei äußert. Es ist das Wesen des Teufels, der ein Geist der Finsternis ist.

Als Christus zu einem seiner Jünger sagte: „[...] Folge du mir und lass die Toten ihre Toten begraben" (Mt 8:22), äußerte er damit den Zustand eines Menschen ohne Gott, ein Zustand im Tod und in der Sünde: „[...], so ist der Tod zu allen Menschen [durch Adam] durchgedrungen, weil sie alle gesündigt haben" (Röm 5:12). Die Sünde ist der Stachel des Todes, sie vollbringt ihre Arbeit und bringt das Verderben (1 Kor 15:56). Somit ist das eigentlich Schreckliche nicht der Abschied vom physischen Leib, sondern der innere Zustand des Menschen, der nach dem Übergang in die andere Welt nicht mehr verändert werden kann (Lk 16:22-26). Genau daher verspürt die Seele Todesangst. Sie ahnt es und setzt alles daran, dem Tod zu entrinnen.

Obwohl Gott jeden Menschen als ein freies Wesen mit einem fähigen Verstand erschaffen hat, hat niemand die Möglichkeit, sich selbst vom Tod zu befreien. Der Mensch ist zwar fähig, sein physisches Leben in dieser Welt zu gestalten, doch was seinen inneren Zustand angeht, so ist er nicht in der Lage, selbstbestimmt zu leben. In diesem Punkt ist er nicht frei. Er ist so erschaffen, dass er immer einen Geist in sich trägt, der ihn leitet. Dieser bestimmt den geistlichen Zustand des Menschen.

Natürlich will Gott den Menschen dazu gewinnen, seine eigentliche Bestimmung zu erfüllen: den Geist Gottes aufzunehmen und mit ihm vereint zu leben. Gott hat den Menschen für sich selbst erschaffen und will sich durch ihn äußern. Aber auch der Teufel will durch den Menschen wirken und macht alles dafür, damit dieser ihm glaubt und nach seinem Willen handelt. Mit seinen Verführungen lockt er und malt aus, wie schön und begehrenswert das Leben hier auf der Erde ist. Dabei richtet der Teufel den Fokus des Menschen auf den Körper, so dass sich alle Gedanken und Bemühungen um das Wohlbefinden des eigenen Leibes drehen. All die vermeintlichen Freuden des Lebens scheinen so vielversprechend zu sein, dass der Mensch glaubt, sein Glück darin zu finden und dass das Leben nur aus diesen Dingen bestehen würde. Der Mensch setzt alles daran, diese Gelüste zu befriedigen und das solange, bis sie überhandnehmen und er ohne sie nicht mehr leben kann. Der Mensch lebt in der Sünde und wird von ihr getrieben. Durch all die Lüste führt der Teufel den Menschen so weit, bis sich die Finsternis in ihrer ganzen Abscheulichkeit in ihm abbildet: „Sie sind abgestumpft und haben sich der Ausschweifung ergeben, um allerlei unreine Dinge zu treiben in Habgier" (Eph 4:19 f.). Er liebt die Lüge anstelle der Wahrheit, tut Böses statt Gutes; zählt das Süße für bitter und das Bittere für süß; betrachtet die Finsternis als Licht und das Licht als Finsternis (Jes 5:20). Dieser geistliche Zustand äußert sich in allen Handlungen und Taten des Menschen. Die Folge ist das Erbe der ewigen Finsternis, wo Heulen und Zähneklappern ist, ein Los der Feiglinge und Ungläubigen, der Frevler und der Mörder, der Unzüchtigen und der Götzendiener (Offb 21:8).

Wenn sich schon beim Gedanken an ein Gefängnis Angst breit macht, wie ist es dann in der Ewigkeit? Von dort gibt es kein Zurück, es ist eine ewige Haft im hoffnungslosen Dasein. Die gesamte Bibel warnt uns davor, indem sie den Ernst der Sache darlegt und den richtigen Weg offenbart. Dieser Weg ist Christus — er ist die Wahrheit und das Leben (Joh 14:6). Solange wir noch auf der Erde sind, haben wir Zeit, das reine Wort des Glaubens anzunehmen. Doch es gibt eine Kraft, die sehr daran interessiert ist, uns davon abzubringen und das reine Wort zu verdrehen. Diese Kraft hat viele Namen, einer davon ist „Teufel".

Über den Teufel, die alte Schlange

Über den Ursprung des Teufels wird immer wieder gestritten. Manche behaupten, der Teufel wäre ein heiliger Erzengel Gottes, der stolz wurde und Gott gleich sein wollte. Daraufhin habe ihn Gott verworfen und er verwandelte sich in den Teufel. Um diese Behauptung zu belegen, wird das Buch Hesekiel zitiert, in dem der Heilige Geist den Fürsten von Tyrus ermahnt: „Durch deinen großen Handel wurdest du voll Frevels und hast dich versündigt. Da verstieß ich dich vom Berge Gottes und tilgte dich, du schirmender Cherub [...]. Weil sich dein Herz erhob, dass du so schön warst, und du deine Weisheit verdorben hast [...], darum habe ich ein Feuer aus dir hervorbrechen lassen, das dich verzehrte und zu Asche gemacht hat auf der Erde vor aller Augen. Alle, die dich kannten unter den Völkern, haben sich über dich entsetzt, dass du so plötzlich untergegangen bist und nicht mehr aufkommen kannst" (Hes 28:16-19). Was in diesen Versen beschrieben ist, ereilte den König von Tyrus und ereignete sich in seinem Reich auf dieser Erde. Dass der Teufel von diesem König Besitz ergriffen und ihn völlig eingenommen hat, ist unumstritten. Aber der König war ein Mensch, von Gott erschaffen als: „[...] Du warst das Abbild der Vollkommenheit, voller Weisheit und über die Maßen schön. [...]. Du warst ein glänzender, schirmender Cherub und auf den heiligen Berg hatte ich dich gesetzt; [...]. Du warst ohne Tadel in deinem Tun von dem Tage an, als du geschaffen wurdest, bis an dir Missetat gefunden wurde" (Hes 28:12,14 f.). Der König wird mit einem Cherub verglichen — die Cherubim sind die heiligen, dienstbaren Geister Gottes. Doch dem Teufel wird zugeschrieben, dass er ein Erzengel, ein Engel des Lichts gewesen sei. Bereits deshalb passt die Bibelstelle in Hesekiel nicht als Erklärung zum Ursprung des Teufels.

Eine weitere Bibelstelle, die zur Erklärung der Herkunft des Teufels gern herangezogen wird, spricht vom König von Babel. Er war auch dem Stolz des Teufels verfallen und träumte davon, Gott ebenbürtig zu sein. „[...]. Wie bist du vom Himmel gefallen, du schöner Morgenstern! Wie wurdest du zu Boden geschlagen, der du alle Völker niederschlugst. [...]" (Jes 14:12-20).

Im Reich Gottes herrscht ein unzugängliches Licht der Wahrheit und der Heiligkeit. Da ist keine Finsternis! Wie soll also ein Erzengel als ein heiliger Diener Gottes, der von Gott im Licht und in der Wahrheit erschaffen wurde, stolz geworden sein? Woher sollte der Stolz, der Geist des Teufels, in den Erzengel gekommen sein? Der Erzengel Gottes konnte doch unmöglich eigenständig zum Geist der Lüge, zum Teufel, geworden sein! Die Bibelverse, die gerne zur Erklärung über den Ursprung des Teufels herangezogen werden, beziehen sich auf die irdischen Herrscher, die beide von Stolz, vom Teufel selbst, erfüllt wurden. Doch der Teufel existierte bereits viele Jahrtausende vor den Lebzeiten der Könige. Schon die erste Welt wurde vom Teufel so weit getrieben, dass sie durch die Sintflut vernichtet werden musste. Deshalb bleibt die Frage: Woher stammt die Finsternis und was ist sie? Wie ist der Teufel entstanden? Denn im Reich Gottes gibt es keine Finsternis, da herrscht ausschließlich ein unzugängliches Licht (1 Joh 1:5; 1 Tim 6:16). Außerhalb von Gott herrschte hingegen immer die Finsternis: „[...] werft ihn in die Finsternis hinaus! [...]" (Mt 22:13). Aus ihr heraus befahl Gott dem Licht, hervorzuleuchten: „Und Gott sprach: Es werde Licht! Und es ward Licht. [...]" (2 Kor 4:6; 1 Mose 1:3).

Das Universum, innerhalb dessen Grenzen das physische und seelische Leben der Menschen stattfindet, wurde von Gott außerhalb seines Reichs erschaffen. Durch die Kraft seines Willens hat er die gesamte Schöpfung aus der Finsternis entstehen lassen (1 Mose 1:1 f.). Die Finsternis ist also dort, wo es kein Licht und kein Leben gibt, sie ist das vollkommene Nichts. Sie war, ist und wird für immer der Tod sein. Aus diesem Grund ist die gesamte Schöpfung vor Gott einfach nichts! „Alle Völker sind vor ihm wie nichts und gelten ihm als nichtig und eitel" (Jes 40:17). Wenn schon alle Völker vor ihm nichtig sind, um wie viel mehr dann das ganze Tierreich und die Natur? Vor Gott ist das alles nichts und nichtig! „[...]. Denn das Wesen dieser Welt vergeht" (1 Kor 7:31). Das Feuer Gottes wird alles wieder zu seinem Anfang und somit zu Gott zurückführen: „Denn von ihm und durch ihn und zu ihm sind alle Dinge. [...]" — „[...]. Denn in ihm ist alles geschaffen, was im Himmel und auf Erden ist, [...]; es ist alles durch ihn und zu ihm geschaffen. Und er ist vor allem, und es besteht alles in ihm" (Röm 11:36; Kol 1:15 ff.).

Die Schlange war listiger als alle Tiere

Wie bereits gesagt, erschuf Gott alles Sichtbare aus dem Nichts, aus der Finsternis: „Am Anfang schuf Gott Himmel und Erde. [...]" (1 Mose 1:1). Später befahl Gott der Erde Tiere hervorzubringen, was sie auch tat, und zwar in solch einer Vielfalt, dass es kaum möglich ist, die Arten zu zählen. Eine besondere Bedeutung hatte dabei die Schlange: „Aber die Schlange war listiger als alle Tiere auf dem Felde, die Gott der HERR gemacht hatte, [...]" (1 Mose 3:1). Hier kommen wir wieder zu der grundlegenden Frage nach dem Ursprung: Wie konnte die Schlange listig sein?

Hat Gott sie etwa listig erschaffen? Natürlich nicht, denn „[...] Gott sah an alles, was er gemacht hatte, und siehe, es war sehr gut. [...]" (1 Mose 1:31). Es gab nichts Böses, keinen Tod, keine Lüge, keine Listigkeit in all dem, was Gott erschaffen hatte. Auch die Schlange wurde in der Wahrheit erschaffen. Wie also kam die Schlange zu ihrer List?

Dabei ist zu beachten, dass die Schlange das Gebot Gottes an Adam und Eva mitgehört und verstanden hatte (1 Mose 3:1). Und als sie mit Eva sprach, war Eva nicht verwundert. Die Situation war für sie scheinbar nicht befremdlich. Das heißt, Adam und Eva konnten vor dem Sündenfall die Sprache der Tiere verstehen, zumindest konnten sie sich mit der Schlange verständigen. Die Schlange hörte also das Gebot Gottes an die Menschen und gebar die Verführung. Sie hatte verstanden, dass das Wort Gottes auch anders gesagt werden konnte. Und so gebar sie die List und die Lüge, indem sie das Wort Gottes verdrehte. Gott sagte: „Ihr habt den Teufel zum Vater, [...]. Der ist ein Mörder von Anfang an und steht nicht in der Wahrheit, [...]" (Joh 8:44). Wie konnte die Schlange eine Lüge gebären, wenn doch sie selbst eine Schöpfung Gottes war? Wenn wir über die Erschaffung der Erde lesen, sehen wir, dass die Erde nach dem Befehl Gottes lebendige Tiere, ein jegliches nach seiner Art, hervorgebracht hatte: Vieh, Gewürm und Tiere auf Erden, darunter auch die Schlange. Deshalb gab es für die kluge Schlange nichts anderes, als das Irdische. Sie kannte nichts anderes und konnte auch nichts anderes kennen. Als Gott dem Menschen das erste Gebot gab, hörte es auch die Schlange und hat mit ihrem Verstand eine Lüge in sich geboren. Die Schlange begriff, dass es möglich ist ein Wort zu sagen, das nicht dem

Wort Gottes entspricht, sondern im Gegensatz dazu steht. Die Schlange verfälschte die Worte Gottes „ihr werdet des Todes sterben" und sprach ihre eigenen Worte der Lüge aus: „Ihr werdet nicht sterben, [...] sondern werdet wie Götter sein." Und so ist es auch heute: Der Teufel ist damit beschäftigt, die Lehre Christi, das Wort Gottes, zu verfälschen und anstelle der Wahrheit seine Lüge zu platzieren. Und Massen von Menschen folgen seiner Lüge: „und werden die Ohren von der Wahrheit abwenden und sich den Fabeln zukehren" (2 Tim 4:4 f.). Die allergrößte Lüge des Teufels heutzutage ist, dass das Opfer Christi den Menschen nicht von der Sünde befreit.

Alles, was mit dem geistlichen Tod in Verbindung steht, hat einen direkten Bezug zum Teufel, der alten Schlange. In der Offenbarung wird es so beschrieben: „Und es wurde hinausgeworfen der große Drache, die alte Schlange, die da heißt: Teufel und Satan, der die ganze Welt verführt, und er wurde auf die Erde geworfen, und seine Engel wurden mit ihm dahin geworfen. [...]. Weh aber der Erde und dem Meer! Denn der Teufel kommt zu euch hinab und hat einen großen Zorn [...]" (Offb 12:9-12).

Der große Drache, die alte Schlange ist „der Mörder von Anfang an". Die Lüge, die die Schlange geboren hatte, tötete Adam und Eva. Damit war der Geist der Lüge und des Todes geboren, der den Namen Teufel oder Satan erhielt. Das Wort „Teufel" bedeutet übersetzt „Lästerer" oder „Verkläger", was seine Wirkung in dieser Welt gut beschreibt. Unentwegt ist er damit beschäftigt, das Wort Gottes und die Auserwählten Gottes zu beschuldigen und zu verspotten.

Die Geister dieser Welt

Die Bibel spricht zu uns: „[...] euer Widersacher, der Teufel, geht umher wie ein brüllender Löwe und sucht, wen er verschlinge" (1 Petr 5:8). Der Teufel geht umher und sucht, das zeigt deutlich, dass er lebendig ist. Er ist zwar der Tod, doch er wirkt und agiert. Er ist ein Geist, der in der Luft herrscht und er erfüllt die gesamte Atmosphäre unter dem Himmel. Wenn wir zum Beispiel das Radio oder den Fernseher einschalten, gibt es dort etwa einen Moment der Ruhe, einen Augenblick, in dem kein Wort gesprochen wird? Tag und Nacht, 24 Stunden lang ist die Luft erfüllt vom Wort des Teufels. „[...], der zu dieser Zeit am Werk ist in den Kindern des Ungehorsams" (Eph 2:2). Sein Wirken kann sehr einfach erkannt werden: Wenn das Wort Gottes gesprochen wird, äußert er sogleich seinen Widerstand.

„Zieht an die Waffenrüstung Gottes, damit ihr bestehen könnt gegen die listigen Anschläge des Teufels. Denn wir haben nicht mit Fleisch und Blut zu kämpfen, sondern mit Mächtigen und Gewaltigen, nämlich mit den Herren der Welt, die in dieser Finsternis herrschen, mit den bösen Geistern unter dem Himmel. Deshalb ergreift die Waffenrüstung Gottes, damit ihr an dem bösen Tag Widerstand leisten und alles überwinden und das Feld behalten könnt" (Eph 6:11-18). In diesen Worten liegt die Frage von Leben und Tod verborgen. Wenn man die Waffenrüstung Gottes angezogen hat und so fest darin steht, dass einen nichts erschüttern und man allem widerstehen kann und den Sieg davon trägt, dann hat man das ewige Leben. Den Tod bedeutet es aber für den, der die Waffenrüstung Gottes nicht hat, sodass die Pfeile des Teufels ihn ungehindert durchdringen und so lange verwunden, bis er stirbt.

Unser Kampf ist nicht gegen Fleisch und Blut — wir kämpfen nicht gegen die Menschen. Sie sind nicht die Feinde, ganz gleich welcher Nationalität oder welchen Geschlechts, denn „er hat aus einem Menschen das ganze Menschengeschlecht gemacht, [...]" (Apg 17:26 f.). Unser Kampf ist gegen die bösen Geister unter dem Himmel. Doch wer sind diese Geister und woher kommen sie? Es sind alle Lehren dieser Welt, die der heilsamen Lehre Christi widerstreben und entgegenwirken. Diese Geister besitzen die Fähigkeit, als Engel des Lichts aufzutreten (2 Kor 11). Sie passen sich an, wirken durch die Menschen, vor allem durch Gläubige, und tun alles, damit ihnen geglaubt wird. Wenn sie ihr Ziel erreicht haben, fangen sie an, sich zu äußern und nehmen immer mehr Raum ein. Dabei geben sie sich nicht sofort mit einer groben Lüge, wie zum Beispiel Totschlag, Mord oder Diebstahl zu erkennen, sondern erwecken den Anschein von Liebe und Güte. Listig und fein passen sie sich an und versuchen sich als Gottes Wahrheit darzustellen. Doch das ist ein Trugschluss — ein Beispiel dafür sind die Galater.

Das Geheimnis der Kraft dieser Geister liegt darin, dass man an sie glaubt. Wenn ihnen nicht geglaubt wird, können sie nichts tun. Und deshalb sind sie immer darauf bedacht, die Menschen für sich zu gewinnen und sie zu überzeugen. Fakt ist, dass der Teufel ohne den Menschen nicht wirken kann. In der Funktion eines Gefäßes bietet der Mensch dem Teufel die Möglichkeit, in ihm zu wohnen und sich durch ihn zu äußern.

Deshalb sind die bösen Geister unter dem Himmel (Eph 6:12), deren Wesen der Tod ist, auch nur damit beschäftigt, jede Seele zu besetzen, damit sie durch sie wirken können. Darin liegt ihre Freude und Lebenskraft. Sie sind auf die Menschen als Träger der Geister angewiesen: „Wenn der unreine Geist von einem Menschen ausgefahren ist, so durchstreift er dürre Stätten, sucht Ruhe und findet sie nicht; dann spricht er: Ich will wieder zurückkehren in mein Haus, aus dem ich fortgegangen bin" (Lk 11:24). Sobald diese Geister ihren Platz im Menschen gefunden haben, fangen sie an, sich zu äußern. Und zwar durch Streit, Stolz, Hass, Aggressionen, bis hin zu Mord und Krieg.

Um den Menschen zu beherrschen und unter seiner Führung zu behalten, hat der Teufel eine unzählbare Menge an Lehren hervorgebracht, die das Evangelium verfälschen. Wie bereits beschrieben, kann der Teufel ohne den Menschen nichts tun. Auch eine falsche Lehre kann er nur mithilfe der menschlichen Seele hervorbringen und verbreiten. Dabei gibt er dem Menschen Gedanken zu einem Thema der Schrift und den Eifer, darüber nachzudenken. Die Seele beginnt zu überlegen, etwas Neues hervorzubringen. Es folgen solche Gedanken wie: „Es ist sicher richtiger, es so zu verstehen, wie ich denke. So wie man es jetzt versteht, ist es absolut falsch!" Der Mensch teilt seine Gedanken mit anderen und findet Gleichgesinnte, die ihn bei seinem Vorhaben unterstützen. Eine neue Lehre und Interpretation des Evangeliums wird geboren. In der Absicht, es richtiger machen zu wollen, wird eine Teilung von der bisherigen Gruppe vollzogen. Doch wer hat dabei diese neue teuflische Lehre geboren? Der Mensch, als eine Persönlichkeit mit seinem Verstand und seinem Willen, unter der Führung des Teufels. Die Gedanken, die dem Menschen eingeflößt wurden, sein Streben nach etwas Besserem, die neue Sicht und das neue Verständnis — das alles war durch den Teufel initiiert, doch die neue Lehre hat der Mensch selbst erschaffen.

Und so wie es früher zu Spaltungen kam, so wurde von den Menschen in letzter Zeit ein neuer Trend ins Leben gerufen — die Ökumene. Eine Bewegung, die versucht, alle Christen zusammen zu führen und „Frieden zu schaffen". Dass dabei eine starke Abweichung von der Schrift in Kauf genommen wird, scheint nicht mehr wichtig zu sein. Hauptsache man verständigt sich und findet irgendwo den kleinsten gemeinsamen Nenner. Auch das ist nichts anderes als eine neue Lehre, die sehr fein ist, da sie scheinbar keine Spaltungen hervorruft, sondern die Christen „vereint".

Doch obwohl der Teufel nicht ohne den Menschen wirken kann, ist er eine mächtige Kraft. Wie ein brüllender Löwe geht er ständig umher und sucht, wen er verschlingen kann. Für uns ist es heute ganz leicht, sich von einem Löwen fernzuhalten und diese Gefahr zu meiden. Doch wie können wir uns vom Teufel fernhalten? Er ist viel gefährlicher als ein Löwe, denn der Tod, den er bringt, ist die ewige Finsternis im feurigen Pfuhl.

Der Teufel besitzt und gebraucht in seinem Kampf auch physische Kräfte, um sein Ziel zu erreichen, z. B. die kriminelle Welt und ihre Macht. Doch die größte Gefahr ist, dass er sich wie ein Löwe auf weichen Pfoten still und unbemerkt anschleicht. Er streichelt einen nahezu, verspricht einem nur das Beste und fängt so Massen von Menschen in sein Netz. Seine Taktik und seine Waffen sind sehr raffiniert und heimtückisch. Zum Beispiel wird jegliche Religion als eine liebevolle Lehre nach der Wahrheit vorgestellt. Den Menschen wird vorgeheuchelt: „Kommt und ihr findet Ruhe und Frieden für eure Seelen!" Darauf fallen unzählige Menschen rein, indem sie diesen Lügen glauben, doch am Ende finden sie nur Leid und befinden sich in einem inneren Kampf. Vielen fällt es schwer, das zuzugeben. Manche versuchen, in einer anderen Bewegung einen Ausweg zu finden. Das Ziel ist die Suche nach Ruhe und Frieden für die Seele, doch der Betrug ist allgegenwärtig! Das Wort der Wahrheit klingt für die Menschen so unverständlich und absurd, es wird wie eine Torheit wahrgenommen, so wie die Schrift es auch vorhersagt (1 Kor 1:18,21).

Für die meisten Menschen wiederum ist die Religion gar nicht mehr aktuell. Die Menschen beschäftigen sich mit irdischen Themen, sind völlig eingenommen damit, das Leben im Hier und Jetzt zu genießen und zu gestalten. Es fühlt sich so richtig und zufriedenstellend an. Genau das ist das Heimtückische an der Lüge des Teufels. Durch sie wird suggeriert, dass das Sichtbare und Gegenwärtige die Essenz des Daseins darstellt. Die Menschheit versteht nicht, dass sie von den Geistern unter dem Himmel bewegt und gelenkt wird. Und darüber hinaus leugnet sie sogar die Existenz dieser Geister. Ihrem Verständnis nach gibt es überhaupt keine Geister, sondern alles ist das Produkt der Menschen selbst und die Menschen sind von Natur aus böse. Sie ähneln der Tierwelt, aus welcher der Mensch — so behaupten sie — entstanden ist und sich entwickelt hat. Dies ist die größte Errungenschaft des Teufels: Er hat die Menschen so blenden können, dass sie nicht an seine Existenz glauben. Sie erklären sich die Bosheit dieser Welt anhand der Theorie des Überlebenskampfes, nach dem Motto „der Stärkere überlebt". Doch wenn das die richtige Erklärung wäre, hätten die Stärkeren doch längst die Schwächeren vernichten müssen! Aber es gab schon immer Schwache und Starke und so ist es bis heute. Die Menschen werden mit den Jahrhunderten auch nicht weiser und schlauer. Die von vielen erhoffte Entwicklung, dass das Böse verschwindet und die Menschen sich zu einer friedlichen und harmonischen Gesellschaft entwickeln, ist nur eine von vielen teuflischen Lehren dieser Welt. In Wirklichkeit werden die Menschen immer böser und gereizter, die Gesetze haben immer weniger Macht und Einfluss, die Kontrollmächte der Regierungen müssen immer weiter ausgebaut werden. Hass und Aggression sind nicht zu bändigen, so wie es der Herr prophezeit hat: „Wahrlich, ich sage euch: Dieses Geschlecht wird nicht vergehen, bis dies alles geschieht. Himmel und Erde werden vergehen; aber meine Worte werden nicht vergehen" (Mt 24:34 f.).

Der Teufel hat den kompletten Raum unter dem Himmel mit seinen Geistern gefüllt und führt einen erbitterten Kampf um jede menschliche Seele. Der Erfolg seiner Waffen ist offensichtlich: Die Menschen sind durch seine List bereits gefühlstaub geworden; sie führen ein scheinheiliges Leben. Die Heilige Schrift offenbart die Waffen des Teufels: „Habt nicht lieb die Welt noch was in der Welt ist. Wenn jemand die Welt liebhat, in dem ist nicht die Liebe des Vaters. Denn alles, was in der Welt ist, des Fleisches Lust und der Augen Lust und hoffärtiges Leben, ist nicht vom Vater, sondern von der Welt. Und die Welt vergeht mit ihrer Lust; wer aber den Willen Gottes tut, der bleibt in Ewigkeit. Kinder, es ist die letzte Stunde! [...] Und wie ihr gehört habt, dass der Antichrist kommt, so sind nun schon viele Antichristen gekommen; daran erkennen wir, dass es die letzte Stunde ist" (1 Joh 2:15-18). Der Antichrist kommt — das ist die letzte und stärkste Anstrengung des Teufels, der in der letzten Zeit voller Zorn ist. Er bemüht sich, so viele zu vernichten wie nur möglich

(Offb 12:12; 2 Thess 2). Seine stärkste Waffe ist der Stolz: „Gott widersteht den Hochmütigen, aber den Demütigen gibt er Gnade" (Jak 4:6; 1 Petr 5:5). Die Fronten in diesem Kampf sind sehr klar gesetzt: „[...] Wer der Welt Freund sein will, der wird Gottes Feind sein" (Jak 4:4).

Der Mensch und sein Wandel im alten Testament

04
KAPITEL

80 Die zwei Bäume im Garten Eden

88 Die erste Welt

90 Die Geschichte des hebräischen Volkes

Die zwei Bäume im Garten Eden

„Und Gott sah an alles, was er gemacht hatte, und siehe, es war sehr gut. [...]. Da machte Gott der HERR den Menschen aus Staub von der Erde und blies ihm den Odem des Lebens in seine Nase. Und so ward der Mensch ein lebendiges Wesen. Und Gott der HERR pflanzte einen Garten in Eden gegen Osten hin und setzte den Menschen hinein, den er gemacht hatte" (1 Mose 1:31; 2:7 f.). Und er ließ aufwachsen aus der Erde allerlei Bäume, verlockend anzusehen und gut zu essen, und den Baum des Lebens mitten im Garten und den Baum der Erkenntnis des Guten und Bösen (vgl. 1 Mose 2:9). Und Gott richtete die ersten Worte des Glaubens an den Menschen. Worte, denen der Mensch glauben konnte oder auch nicht. Und er sprach: „[...] Du darfst essen von allen Bäumen im Garten, aber von dem Baum der Erkenntnis des Guten und Bösen sollst du nicht essen; denn an dem Tage, da du von ihm isst, musst du des Todes sterben" (1 Mose 2:16 f.). Diese Worte nutzte die Schlange. Sie verdrehte die Worte Gottes und sprach stattdessen ihre eigenen Worte (1 Mose 3:1-5). So begann das Leben des Menschen in dieser Welt — mit der freien Wahl zwischen dem Glauben an das Wort Gottes und einem Leben nach dem Geist oder dem Glauben an das Wort der Schlange und einem Leben in der Erkenntnis von Gut und Böse.

Der Baum des Lebens und der Baum der Erkenntnis des Guten und des Bösen — in diesen zwei Bäumen ist der Beginn und das Ende der Menschheitsgeschichte verborgen. Hier haben die beiden Testamente ihren Ursprung: Das Alte Testament, das kein Leben geben konnte, denn der Buchstabe tötet (2 Kor 3:6) und das Neue Testament, das in sich das Leben trägt. Dieses Leben wird dem Menschen durch den Glauben an Jesus Christus geschenkt. Jesus Christus ist das Leben selbst und wer ihn aufnimmt, hat das Leben (Joh 14:6). Ganz unabhängig davon, was die Menschen tun und welche Wege sie gehen — alles spielt sich immer innerhalb dieser beiden Bäume ab: Entweder isst und lebt der Mensch vom Baum der Erkenntnis, oder er isst und lebt vom Baum des Lebens. Alles, was die Menschen heute haben — insbesondere ihr umfangreiches Wissen und den unersättlichen Wissensdurst — haben sie dem Baum der Erkenntnis zu verdanken.

Die Menschen können jetzt Gott beschuldigen, was viele auch tun, dass er mitten im Garten Eden den Baum der Erkenntnis des Guten und des Bösen gepflanzt hat (1 Mose 2:9). Man könnte sagen: „Wenn Gott diesen Baum doch nicht gepflanzt hätte! Dann würde das Böse heute auch nicht existieren und alle wären glücklich!" Aber diese Worte sind nutzlos, denn die Geschichte lässt sich nicht verändern. Es ist viel wichtiger für uns zu erfahren, von welchem Baum wir uns heute ernähren. Denn der Baum der Erkenntnis des Guten und des Bösen bringt dem Menschen den Tod, der Baum des Lebens gibt das Leben. Es ist sogar eine große Notwendigkeit, das Geheimnis dieser zwei Bäume zu verstehen, denn sie spiegeln das ganze Leben der Menschheit wider.

Warum hat Gott diese zwei Bäume gepflanzt, die für den Menschen komplett unterschiedliche Folgen nach sich ziehen? Gott schuf den Menschen als eine freie Persönlichkeit. Er gab ihm einen Verstand, mit der Fähigkeit nachzudenken, zu erwägen und frei zu wählen. Der Mensch kann zuhören, etwas annehmen oder ablehnen. Andernfalls wäre er nicht nach Gottes Bilde erschaffen (1 Mose 1:26 f.), sondern wäre den Tieren gleich, die nach ihren Instinkten handeln, ohne Gewissen und freien Willen.

Ein Beispiel zum besseren Verständnis: Wenn es keine Nacht gäbe, dann würde der Mensch nicht verstehen, was der Tag ist. Er könnte weder den Tag noch die Nacht schätzen, da er den Unterschied nie gesehen hätte. Wenn es keinen Hass gäbe, könnten wir die Liebe nicht verstehen und wertschätzen. Wenn es keine Lüge gäbe, dann wüsste der Mensch nicht, was die Wahrheit ist und würde sie nicht schätzen. Gerade diese Gegensätze sind es, die dem Menschen die Möglichkeit geben, zu erkennen, nachzudenken, zu entscheiden und wertzuschätzen.

Zwei Bäume, die sich gegenseitig ausschließen — so hat es Gott bestimmt. Als der Mensch vom Baum der Erkenntnis aß (1 Mose 3:6), wurde ihm sogleich die Möglichkeit verwehrt, parallel vom Baum des Lebens zu essen (1 Mose 3:24). So auch heute: Wer sich vom Baum der Erkenntnis ernährt, kann nicht vom Baum des Lebens essen. Das bedeutet, ein ungläubiger Mensch, der nach dem Baum der Erkenntnis des Guten und des Bösen lebt, kann nicht gleichzeitig Jesus als sein Leben haben, denn Jesus ist der Baum des Lebens. Das Gleiche gilt für einen Christen, der sich unter dem Gesetz des Buchstabens befindet. Er kann nicht gleichzeitig nach dem Geist Jesu Christi leben, denn das Gesetz des Buchstabens richtet und tötet ihn (Gal 5:4).

Als der Mensch im Paradies vor diesen zwei Bäumen stand, überließ ihm Gott die Entscheidung, welches Leben er wählen würde. Er warnte Adam und Eva davor, vom Baum der Erkenntnis zu essen: Ihr werdet des Todes sterben! Ihr werdet gegen Gott sündigen, außerhalb von Gott bleiben und eure Bestimmung (1 Kor 6:13) nicht erfüllen. Aber es geschah das, was geschehen musste: Sie trafen ihre Wahl in voller Freiheit, nachdem die Schlange listig an Eva herangetreten war. Die Schlange verdrehte das Wort Gottes „ihr werdet sterben" und bot ihr das Wort der Lüge an „[...] ihr werdet keineswegs des Todes sterben, [...] ihr werdet sein wie Gott und wissen, was gut und böse ist" (1 Mose 3:4 f.). Die Worte der Schlange verführten Eva. Auf einmal sah sie, wie gut es wäre, von dem Baum zu essen, wie verlockend seine Früchte waren und noch dazu würden sie danach alles wissen (1 Mose 3:6). So übertrat sie das Wort Gottes und nahm das Wort der Schlange an, glaubte ihr und sündigte somit gegen Gott. Die Sünde — der Unglaube an Gott — kam dadurch in die Welt hinein und mit der Sünde auch der Tod. Dies ist das Erbe aller Menschen, die nach Adam geboren wurden: „Was vom Fleisch geboren ist, das ist Fleisch; [...]" (Joh 3:6).

Adam und Eva glaubten nicht an Gottes Wort, dass sie sterben würden (1 Mose 2:17). Wie ist es zu verstehen, dass sie gestorben sind, obwohl Adam nach dem Sündenfall weiterlebte und 930 Jahre alt wurde (1 Mose 5:5)? Sie starben nicht physisch, sondern sie starben für Gott. Ihr Gewissen starb, also der Ort, an dem Gott mit seinem Geist hätte Einzug halten sollen, damit sie ewig mit und in Gott leben würden. Stattdessen wurde ihr Gewissen von der Lüge des Teufels eingenommen, vom Gesetz der Sünde und des Todes. So kam es, dass sich der Mensch außerhalb von Gott wieder fand. Außerhalb von Gott bedeutet: im Tod. In Adam haben alle gesündigt und ermangeln des Ruhmes (Röm 3:23). „Deshalb, wie durch einen Menschen die Sünde in die Welt gekommen ist und der Tod durch die Sünde, so ist der Tod zu allen Menschen durchgedrungen, weil sie alle gesündigt haben" (Röm 5:12).

Mit dieser Verführung beginnt die Geschichte des seelischen Menschen — weitere folgten. Eine davon ist der Wunsch, stetig mehr Wissen zu erlangen. Es gibt nichts Neues unter der Sonne, der Mensch kann nicht aus der Begrenzung des Baumes der Erkenntnis ausbrechen. Er kann nichts Neues außerhalb der Vorstellung von Gut und Böse erfinden. Das zeigt sich deutlich, wenn man auf die Geschichte der Menschen zurückblickt.

Indem Adam und Eva nicht auf Gottes Worte hörten und nicht vom Baum des Lebens aßen, blieben sie ohne Gottes Leben. Der Mensch blieb seelisch und fleischlich, mit der Hoffnung auf den eigenen Verstand, die eigenen Kräfte und Fähigkeiten. Er neigte sich der Erkenntnis zu, und so gab ihm Gott das Gesetz. Vorschriften, die aufzeigen, was gut und böse ist, was Gott wohlgefällig ist und was nicht, wie man Gott anbeten soll (2 Mose 20; Mt 22:37-40). Alles, was die Menschen heute haben, hat seinen Ursprung im Baum der Erkenntnis des Guten und des Bösen. Alle Werke der großen und kleinen Dichter und Schriftsteller bewegen sich im Spannungsfeld von Gut und Böse. Philosophen, auf der Suche nach Weisheit und Wahrheit, bauen ihre Theorien innerhalb der Sphäre von Gut und Böse auf: Was ist besser? Was ist schlechter? Ebenso in der Wissenschaft. Alle Handlungen aus dem Leben des Menschen haben nur einen Ursprung: das Gute und das Böse. Es gibt für den Menschen, der sich außerhalb von Gott befindet, keine Erkenntnis die über diese Grenzen hinausgehen würde. Jede Religion hat, ganz unabhängig von ihrer Ausrichtung, das Gute und das Böse als Grundlage und ernährt sich vom Baum der Erkenntnis. Das wiederum schließt den Baum des Lebens aus und bringt den Tod.

Die Menschen haben sich dem Wissen hingegeben, so dass sie gänzlich dem Einfluss des Teufels verfallen sind. Sie haben sogar die Fähigkeit verloren, das Gute zu erkennen. Das Böse und dessen Früchte werden stattdessen für gut befunden, wie

z. B. Grausamkeit, Betrug, Heuchelei, Rache, Mord und Kriege. Das Böse wird in Kategorien von gut und schlecht aufgeteilt. Die Worte des Propheten Jesaja haben bis heute nicht an Kraft verloren: „Weh denen, die Böses gut und Gutes böse nennen, die aus Finsternis Licht und aus Licht Finsternis machen, die aus sauer süß und aus süß sauer machen. Weh denen die bei sich selbst weise sind und halten sich selbst für klug" (Jes 5:20 f.).

Der Baum der Erkenntnis brachte den Menschen tatsächlich den Tod, genauso, wie es Gott Adam zuvor gesagt hatte. In dieser Welt ist ein gutes Leben nicht möglich — es gibt keine anhaltende Freude, keinen Frieden, die Menschen sind im Kern böse und hassen einander.

Gott gab den Menschen die volle Freiheit, ihre eigenen Wege zu gehen (Apg 14:16). Doch sie haben sich selbst bewiesen, dass sie nicht imstande sind, ein glückliches Leben ohne Gott zu führen. Ihr Leben zeigt, dass es eine Kraft gibt, die alle in den Tod führt. Sie sind alle verdorben und der Sünde verfallen, davon zeugt auch das Wort Gottes (Röm 3:9-18; 1 Joh 5:19).

Der Baum des Lebens ist Christus

Es gibt nur ein wahres Leben und das ist Gott selbst. Im Garten Eden hat der Baum des Lebens Christus verkörpert. Warum haben Adam und Eva dem Baum des Lebens keinerlei Beachtung geschenkt? Das offenbart der Prophet Jesaja über Christus: „[...]. Er hatte keine Gestalt und Hoheit. Wir sahen ihn, aber da war keine Gestalt, die uns gefallen hätte" (Jes 53:2). Ebenso der Baum des Lebens — er war unscheinbar in seiner Gestalt und es wirkte auf Adam und Eva nicht anziehend, von seiner Frucht zu kosten. So verhielt es sich auch beim Erscheinen

Jesu Christi in dieser Welt: Er hatte weder „Gestalt" noch „Hoheit". Stattdessen wurde er in einem Stall geboren (Lk 2:6 ff.). Allein die Vorstellung: Der König aller Könige, der Schöpfer des ganzen Universums, der bis heute durch sein Wort dieses Universum hält (2 Petr 3:7; Hebr 1:1 ff.), wurde in einem Stall geboren und musste in einer Krippe liegen! Auf diese Weise ist das Leben, welches zuvor beim Vater war, den Menschen erneut erschienen. Genauso wie es am Anfang auch Adam und Eva erschienen war. Doch genau wie damals, als der Baum des Lebens keinerlei Anziehungskraft auf Adam und Eva hatte, so hat auch der Herr Jesus Christus kein großes Interesse bei den Menschen geweckt. Insbesondere seitens der Gelehrten und Vorsteher, also der gebildeten Menschen, wurde ihm keine Beachtung geschenkt — sie hatten für den Sohn eines einfachen Zimmermanns nichts übrig. Der Baum der Erkenntnis hingegen bestach durch seine Pracht, er lenkte das Augenmerk auf sich. Zumal auch die Schlange den Baum der Erkenntnis anpries, da er Wissen gab (1 Mose 3:6).

Mit dem Erscheinen von Jesu Christi in dieser Welt beginnt die Geschichte von neuem. Denn Gott, der selbst die Liebe ist, wollte den Menschen nicht im Tod lassen. Er hat ihn aus diesem Zustand erkauft, ihn freigesprochen und zurück zum Baum des Lebens geführt! „Und das Leben ist erschienen, und wir haben gesehen und bezeugen und verkündigen euch das Leben, das ewig ist, das beim Vater war und uns erschienen ist" (1 Joh 1:2).

Jesus Christus, der Sohn Gottes, nahm die Schuld eines jeden Menschen auf sich und starb an seiner statt (1 Joh 2:2). Als Christus gekreuzigt wurde, war in ihm die gesamte Menschheit nach dem Fleisch, nach Adam, gekreuzigt. Durch den Glauben daran, gibt Gott dem Menschen die Möglichkeit, zum Anfang zurückzukehren und vom Baum des Lebens zu essen. Jeder Mensch kann das göttliche Leben in sich aufnehmen und das tun, was Adam im Paradies nicht getan hat. So gebiert sich Gott einen neuen Menschen, der von seinem Samen, von Christus, stammt (1 Joh 5:1; Gal 3:16)! Von Gott geboren zu sein, bedeutet gerechtfertigt und von der Macht des Teufels befreit zu sein. Solch ein Mensch ist frei von der Sünde und vom Bösen und ernährt sich ausschließlich vom Baum des Lebens — von Christus. Christus ist dann die wahre Speise der neuen, von Gott geborenen Kreatur (Hebr 13:10-13; Joh 6:51,55). Der Mensch erlebt die Liebe Gottes, die Liebe zieht in sein Herz ein. Unweigerlich offenbart sich auch die Liebe des Menschen zu Gott — das ist das Neue Testament!

Wie damals im Paradies, genauso ist es auch heute. Der Mensch steht vor den zwei Bäumen — dem Baum des Lebens und dem Baum der Erkenntnis des Guten und des Bösen. Das Leben ist in dieser Welt erschienen und der Mensch kann frei wählen. Er kann dieses Leben annehmen, welches beim Vater war und uns erschienen ist (1 Joh 1), oder er lehnt das Leben ab und strebt weiterhin danach, sein eigener Gott zu werden, womit alle Menschen auf der Welt tagtäglich beschäftigt sind. Der Unterschied besteht lediglich darin, dass Adam und Eva sich damals für das eine oder das andere entscheiden mussten. Heute wird der Mensch bereits in die Sphäre des Baumes der Erkenntnis des Guten und des Bösen hineingeboren. Deshalb steht er vor der Wahl entweder darin zu verbleiben, oder sich für den Baum des Lebens zu entscheiden und sein altes Leben zu verwerfen. Diese Wahl trifft jeder Mensch für sich allein, er ist eine freie Persönlichkeit.

Die erste Welt

Vor dem Sündenfall war das Leben der Menschen und der Tiere frei von Bosheit und Lüge. Keiner hat sich gegenseitig aufgefressen oder getötet. Gras diente der gesamten Tierwelt als Nahrung (1 Mose 1:30) und auf der Welt herrschte Ruhe und Frieden. Nach dem Sündenfall verfluchte Gott die Erde aufgrund des Ungehorsams von Adam (1 Mose 3:17). Infolgedessen veränderte sich das Leben auf der Erde völlig: Lüge und Bosheit hielten Einzug und das Leben entwickelte sich nach dem Prinzip des Stärkeren. Der Stärkere herrscht, macht sich andere untertan und versklavt die Schwächeren. Entsprechend veränderte sich auch die Tierwelt: Ungleichmäßigkeit, Herrschertum, Bosheit — einholen, vernichten und auffressen. Der gleiche Mechanismus entfaltete sich auch unter den Menschen, welche sich nun außerhalb von Gott befanden. Die Menschen entfernten sich von Gott und lebten nach dem Gesetz der Sünde und des Todes.

Nachdem Adam und Eva gesündigt hatten, verbannte Gott sie aus dem Paradies. Er ließ sie die Erde bebauen und ihr eigenes Leben aufbauen, ganz nach ihren eigenen Wünschen (1 Mose 3:23). Auf diese Weise entwickelte sich das irdische Leben der Menschen, welches auch heute noch durch das Gesetz der Sünde und des Todes angetrieben wird. Und bereits der erste von Adam und Eva geborene Mensch, Kain, verübte die erste große Übeltat: Aus Neid tötete er seinen Bruder Abel (1 Mose 4:1-12).

Als Kain vom Angesicht des Herrn das Land gen Osten verlassen musste, vermehrten sich die Söhne und Töchter der Menschen (1 Mose 4:16-24). Adam und Eva zeugten Set.

Durch seine Nachkommen vermehrten sich die Söhne Gottes, denn zu der Zeit fing man an, den Namen des Herrn anzurufen (1 Mose 4:26). „Als aber die Menschen sich zu mehren begannen auf Erden", vermehrte sich auch das Geschlecht Kains. Als beide Geschlechter sich begegneten, breitete sich Frevel und Verdorbenheit aus. Der Geist Gottes wurde verachtet, Fleischeslust und die Verführung des Teufels gewannen Oberhand und die Erde verdarb. „[...]. Da sprach der HERR: Mein Geist soll nicht immerdar im Menschen walten, denn auch der Mensch ist Fleisch [...] — Aber die Erde war verderbt vor Gottes Augen und voller Frevel. Da sah Gott auf die Erde, und siehe, sie war verderbt; denn alles Fleisch hatte seinen Weg verderbt auf Erden" (1 Mose 6:1 ff.).

Die erste Welt ist so schnell verdorben, dass Gott sie durch die Sintflut vernichtete. Er bewahrte lediglich die Familie Noahs: „Aber Noah fand Gnade vor dem HERRN" (1 Mose 6:8). Daraufhin vermehrten sich die Menschen erneut auf der Erde (1 Mose 9:1) — aber wieder stand das Leben nach dem Fleisch im Mittelpunkt. Die Menschen lebten weiterhin im Gesetz der Sünde und des Todes, sodass die gesamte Menschheit von der Finsternis des Unglaubens in Besitz genommen wurde.

Das erste Kapitel des Römerbriefes beschreibt ausführlich, was aus den Menschen wurde (Röm 1:21-32). Doch der allmächtige Gott ließ die Menschheit nicht in Unkenntnis über seine Existenz, er brachte sich allezeit in Erinnerung: „Zwar hat er in den vergangenen Zeiten alle Heiden ihre eigenen Wege gehen lassen; und doch hat er sich selbst nicht unbezeugt gelassen, hat viel Gutes getan und euch vom Himmel Regen und fruchtbare Zeiten gegeben, hat euch ernährt und eure Herzen mit Freude erfüllt" (Apg 14:16 f.).

Die Geschichte des hebräischen Volkes

Immanuel — das ist der Name, den das hebräische Volk von Gott bekam. Mit diesem Namen wurde Jakob benannt, der Sohn Isaaks, der Sohn Abrahams; er bedeutet: Gott mit uns, oder Gott mit euch!

Warum aber wählte sich Gott ein Volk auf der Erde aus? Warum fiel die Wahl auf das hebräische Volk, das er sein Eigentum nannte (5 Mose 14:2; Ps 135:4)? Die Auserwählung Israels hat eine fundamentale Bedeutung für alle Völker und Nationen der Erde. Denn mit Israel, dem Volk Gottes, ist die Geschichte der gesamten Menschheit verknüpft, dessen Anfänge bis auf die Zeit nach der Sintflut zurückzuführen sind.

Als sich die Menschen nach der Sintflut erneut auf der Erde vermehrten, veränderten sie sich nicht. Das Gesetz der Sünde und des Todes entfaltete weiterhin seine Wirkung in ihnen. Davon zeugte Gott, als er nach seinem Willen beschloss, die Menschheit nicht mehr durch Wasserfluten zu vertilgen: „[...]; denn das Dichten und Trachten des menschlichen Herzens ist böse von Jugend auf. [...]" (1 Mose 8:21). Und so beschritt Gott durch seine Macht und Kraft einen neuen Weg; er wählte einen neuen Zugang, um den Menschen zu begegnen. Dieser ist bis heute gültig und wird bis an das Ende dieser Welt seine Kraft und Macht bewahren. Dieser neue Zugang ist die Erwählung Abrams. Für seine Treue und Ergebenheit gab Gott Abram einen neuen Namen — Abraham. „Als nun Abram neunundneunzig Jahre alt war, erschien ihm der HERR und sprach zu ihm: Ich bin der allmächtige Gott; wandle vor mir und sei fromm. Und ich will meinen Bund zwischen mir und dir schließen und will dich über alle Maße mehren. [...] Siehe, ich habe meinen Bund mit dir, und du sollst ein Vater vieler Völker werden. Darum sollst du nicht mehr Abram heißen, sondern Abraham soll dein Name sein; denn ich habe dich gemacht zum Vater vieler Völker" (1 Mose 17:1-5). Zu diesen Völkern zählen auch wir, denn „der ist unser aller Vater" (Röm 4:16). „Nun ist die Verheißung Abraham zugesagt und seinem Nachkommen. Es heißt nicht: und den Nachkommen, als gälte es vielen, sondern es gilt einem: und deinem Nachkommen, welcher ist Christus" (Gal 3:16).

Doch wie kam es, dass Gott sein Werk durch die Erwählung Abrahams begann? „Denn dazu habe ich ihn auserkoren, dass er seinen Kindern befehle und seinem Hause nach ihm, dass sie des HERRN Wege halten und tun, was recht und gut ist, auf dass der HERR auf Abraham kommen lasse, was er ihm verheißen hat" — „[...] In dir sollen alle Heiden gesegnet werden" (1 Mose 18:19; Gal 3:7 ff.). Abraham ist einer der ersten kostbaren Steine in Gottes Hausbau, und dieses Haus wird aus Menschen gebaut (1 Petr 2:4 f.). Er ist der Urvater des Volkes Gottes (Israel), ebenso wie der Urvater des Leibes Christi, der Gemeinde, denn Christus selbst ist der Same Abrahams. Gott offenbarte ihm die Heilige Stadt Jerusalem in seinem Reich: „Denn er wartete auf die Stadt, die einen festen Grund hat, deren Baumeister und Schöpfer Gott ist [...] — Sein Haus sind wir, wenn wir das Vertrauen und den Ruhm der Hoffnung festhalten" (Hebr 11:10; Hebr 3:6).

Abram hatte bereits die Verheißung, das Versprechen Gottes, dass er der Vater vieler Völker sein werde. Doch seine Frau Sara war unfruchtbar. Sie warteten lange, doch Sara gebar nicht. Dann sprach sie zu Abram: gehe doch zu meiner Magd, Hagar, dass ich durch sie zu Kindern komme (1 Mose 16). Und Hagar gebar Abraham einen Sohn, den nannte er Ismael. Von diesem stammt das vielzählige Volk der Araber ab.

Das Wort sagt uns über Abraham: „Er hat geglaubt auf Hoffnung, wo nichts zu hoffen war, dass er der Vater vieler Völker werde, [...]. Und er wurde nicht schwach im Glauben, als er auf seinen eigenen Leib sah, der schon erstorben war, weil er fast hundertjährig war, und auf den erstorbenen Leib der Sara. Denn er zweifelte nicht an der Verheißung Gottes durch Unglauben, sondern wurde stark im Glauben und gab Gott die Ehre und wusste aufs Allergewisseste: Was Gott verheißen hat, das kann er auch tun. Darum ist es ihm auch zur Gerechtigkeit gerechnet worden" (Röm 4:18-22) — Hier sieht man, was den wahren Glauben ausmacht. Abraham hat geglaubt, und wie er geglaubt hat! Das ist uns als Beispiel gegeben.

Und Sara wurde schwanger und gebar Isaak, den von Gott verheißenen Sohn. Dieser wurde am achten Tag von Abraham beschnitten, so wie Gott es geboten hatte (1 Mose 17:10-14; 21:1-5). Die Beschneidung war ein Gebot Gottes, das Abraham von Gott empfing, als Zeichen der Zugehörigkeit zu Gott. Ein unbeschnittener Mann konnte nicht im Hause Abrahams und später auch nicht im Hause Israels verweilen. Wenn er sich nicht beschneiden ließ, wurde er ausgerottet. Die Beschneidung ist und bleibt ein ewiger Bund, der bis ans Ende der Welt Bestand haben wird, denn sie steht für die ewige Zugehörigkeit zu Gott. Das Volk Israel war äußerlich nach dem Fleisch beschnitten. Die wahre Beschneidung allerdings ist die Beschneidung, die nicht mit Händen geschieht, sondern sie geschieht im Geist: „In ihm [in Christus] seid auch ihr beschnitten worden mit einer Beschneidung, die nicht mit Händen geschieht, [...] in der Beschneidung durch Christus. Mit ihm seid ihr begraben worden durch die Taufe [in den Tod mit Christus]; mit ihm seid ihr auch auferstanden durch den Glauben aus der Kraft Gottes, [...]" (Kol 2:11 f.). Die wahre Beschneidung ist der Tod für diese Welt — das Abgeschnittensein von dieser Welt für immer. Die fleischliche Beschneidung war lediglich der Schatten der wahren Beschneidung.

Vor Isaaks Geburt richtete Gott folgende Worte an Abraham: „Du sollst Sarai, deine Frau, nicht mehr Sarai nennen, sondern Sara soll ihr Name sein. Denn ich will sie segnen, [...] und Völker sollen aus ihr werden und Könige über viele Völker" (1 Mose 17:15 f.). Nach der Geburt Isaaks bemerkte Sara, dass der Sohn der Ägypterin, Ismael, über Isaak lachte. „Da sprach sie zu Abraham: Treibe diese Magd aus mit ihrem Sohn; denn der Sohn dieser Magd soll nicht erben mit meinem Sohn Isaak. Das Wort missfiel Abraham sehr um seines Sohnes willen. Aber Gott sprach zu ihm: Lass es dir nicht missfallen wegen des Knaben und der Magd. Alles, was Sara dir gesagt hat, dem gehorche; denn nur nach Isaak soll dein Geschlecht benannt werden. Aber auch den Sohn der Magd will ich zu einem Volk machen, weil er dein Sohn ist" (1 Mose 21:10-13).

„Nach diesen Geschehnissen versuchte Gott Abraham [...]. Und er sprach: Nimm Isaak, deinen einzigen Sohn, den du lieb hast, und geh hin in das Land Morija und opfere ihn dort zum Brandopfer auf einem Berge, den ich dir sagen werde" (1 Mose 22:1-2). Abraham war Gott gehorsam und als Isaak bereits gebunden auf dem Altar auf dem Holz lag und Abraham das Messer fasste, um seinen Sohn zu erstechen, hielt ihn der Engel des Herrn auf und zeigte ihm einen Widder im Gestrüpp. Für diese Ergebenheit und diesen Gehorsam Gott gegenüber, sogar seinen einzigen geliebten Sohn nicht zu verschonen „will ich dein Geschlecht segnen und mehren [...] — und durch dein

Geschlecht sollen alle Völker auf Erden gesegnet werden, weil du meiner Stimme gehorcht hast" (1 Mose 22:11-18).

Als Abraham alt war, sandte er seinen Knecht in seine Heimat, aus der er seinerzeit ausgezogen war, um von dort eine Frau für Isaak zu finden. Sein Knecht brachte Rebekka mit und sie wurde Isaaks Frau (1 Mose 24). Sie gebar ihm zwei Söhne: Esau, den Erstling und seinen Zwilling Jakob (1 Mose 25:21-26). Esau wurde ein Jäger und streifte auf dem Felde umher. Jakob aber wurde ein gesitteter Mann und blieb bei den Zelten.

Eines Tages kam Esau müde vom Feld nach Hause, als Jakob gerade ein Gericht zubereitet hatte. Esau sprach zu ihm: Lass mich essen! „Aber Jakob sprach: Verkaufe mir heute deine Erstgeburt." Und Esau schwor und verkaufte so Jakob seine Erstgeburt (1 Mose 25:27-34). Als Isaak alt und blind wurde und seinen Erstgeborenen Esau segnen wollte, richtete Rebekka alles so aus, dass Jakob den Segen erhielt und nicht Esau (1 Mose 27). Esau wollte Jakob daraufhin töten. Dieses Vorhaben offenbarte Gott Rebekka, woraufhin sie Jakob zu ihrem Bruder nach Kanaan schickte, um ihn dort eine Zeit lang wohnen zu lassen. Unterwegs legte er sich zum Übernachten hin, „und ihm träumte, und siehe, eine Leiter stand auf Erden, die rührte mit der Spitze an den Himmel, und siehe, die Engel Gottes stiegen daran auf und nieder. Und der HERR stand oben drauf und sprach: Ich bin der HERR, der Gott deines Vaters Abraham, und Isaaks Gott; das Land, darauf du liegst, will ich dir und deinen Nachkommen geben [...]. Und siehe, ich bin mit dir und will dich behüten, [...] und will dich wieder herbringen in dies Land. Denn ich will dich nicht verlassen, bis ich alles tue, was ich dir zugesagt habe" (1 Mose 28).

Jakob heiratete im Hause Labans, zunächst die Ältere — Lea. Später bekam er Rahel, die er liebhatte und für die er 14 Jahre im Hause Labans dienen musste (1 Mose 29). Auch die Mägde Leas und Rahels wurden zu seinen Ehefrauen und gebaren ihm Kinder. Alle vier Ehefrauen gebaren ihm zusammen zwölf Söhne und die Tochter Dina. Die Söhne Jakobs waren: Ruben — Leas Erstgeborener, Simeon — Leas zweiter Sohn, Levi — Leas dritter und Juda — ihr vierter Sohn. Rahel wurde zunächst nicht schwanger und gab Jakob ihre Magd Bilha, die Jakob den fünften Sohn Dan, und den sechsten Sohn Naftali gebar. Als Lea sah, dass sie nicht mehr schwanger wurde, gab sie Jakob auch ihre Magd Silpa. Diese gebar den siebten Sohn Gad und noch den achten Sohn Jakobs — Asser. Lea gebar Jakob dann noch den neunten Sohn Issachar und den zehnten Sohn Sebulon und anschließend noch die Tochter Dina. Und Gott gedachte an Rahel und sie wurde schwanger und gebar den elften Sohn für Jakob — Josef. Und noch einmal wurde Rahel schwanger und gebar Benjamin, den zwölften Sohn Jakobs, doch selbst verstarb sie bei der Geburt. Diese zwölf Söhne bildeten den Grundstein der zwölf Stämme Israels. Den Namen Israel bekam Jakob, als er auf dem Rückweg nach Kanaan mit Gott (einem Engel) rang (1 Mose 32:24-29; 35:9 f.).

Jakob wohnte im fremden Land seines Vaters, im Land Kanaan. Hier trug sich die Geschichte mit Josef zu, der von seinen Brüdern nach Ägypten verkauft wurde (1 Mose 37). Gott erhöhte Josef in Ägypten dermaßen, dass er zum zweiten Mann nach dem Pharao wurde. Hier traf er erneut auf seine Brüder und es folgte die Versöhnung. So zog die gesamte Familie Jakobs nach Ägypten zu Josef. Damals bestand das Haus Israel lediglich aus siebzig Seelen, doch sie vermehrten sich in Ägypten, sodass sie zum großen Volk Israel wurden (2 Mose 1:7).

In Ägypten wurde Mose geboren, den Gott zu einem großen Propheten und Anführer des israelischen Volkes bestimmte.

Er sollte Israel aus Ägypten in das Land Kanaan führen — in das Land, welches Abraham, Isaak und Jakob zum ewigen Erbe verheißen worden war. Josua führte Israel in das Land Kanaan und teilte es unter den Stämmen auf. Ausgenommen war das Geschlecht Levis, dessen Los es war, Gott an der Stiftshütte zu dienen. Von diesem Geschlecht stammen die Priester ab, angefangen vom Hause Aarons (2 Mose 28 ff.).

Auf diese Weise errichtete sich der allmächtige Gott ein ganzes Volk mit dem Namen Israel. Diesem Volk schenkte er das Land Kanaan zum ewigen Erbe. „Denn du bist ein heiliges Volk dem HERRN, deinem Gott. Dich hat der HERR, dein Gott, erwählt zum Volk des Eigentums aus allen Völkern, die auf Erden sind" (5 Mose 7:6 ff.; Ps 135).

Wofür benötigte Gott ein Volk zum Eigentum? Welches Ziel verfolgte er damit? Erstens, als Zeugnis vom lebendigen Gott, der wahrhaftig existiert. Durch das Volk Israel verbreitete sich das Wissen um die Existenz Gottes über den gesamten Erdkreis und über alle Völker hinweg. Gott verkündete dem Pharao durch Mose: „[...], aber dazu habe ich dich erhalten, dass meine Kraft an dir erscheine und dass mein Name verkündigt werde in allen Landen" (2 Mose 9:14 ff.). Zweitens, damit das Licht Gottes, die Kenntnis von Gott und die Anbetung des lebendigen Gottes auf der Welt bewahrt würden. Am wichtigsten jedoch, damit der Sohn Gottes ein Volk hatte, zu dem er kommen konnte, als er im Fleisch erschien.

Israel war das Kommen Jesu Christi ausführlich verkündigt worden: „Siehe, eine Jungfrau ist schwanger und wird einen Sohn gebären, den wird sie nennen Immanuel" (Jes 7:14). „Denn uns ist ein Kind geboren, ein Sohn ist uns gegeben, und die Herrschaft ruht auf seiner Schulter; und er heißt

Wunder-Rat, Gott-Held, Ewig-Vater, Friede-Fürst" (Jes 9:5 ff.). Weiter: Jes 11:1-10; 25:6-9. Alle Bibelstellen über Christus sind im Buch Jesaja zu finden: 2:1-4; 8:14 f; 9:1-7; 11:1-10; 28:16 f.; 33:5 f.; ebenso auch die Kapitel 42, 49 f., 52-55, 61, 63. Auch in vielen Psalmen wird die Erscheinung des Herrn prophezeit, seine Werke und seine Leiden: Ps 22; 89-98 sowie 110. Ebenso wie in den Sprüchen Salomos: 8:24-31. Weiterhin zeugen viele der großen und kleinen Propheten davon: Jeremia, Hesekiel, Daniel, Joel, Sacharja, Maleachi — überall deutete Gott durch seinen Geist auf Christus hin, auf seine Geburt und das Erscheinen in diese Welt. Deshalb hat Gott das Volk Israel gebraucht! Alle Prophezeiungen über Christus haben sich erfüllt: Der Sohn Gottes, das Wort des allmächtigen, unsterblichen Gottes, wurde Fleisch und erschien den Menschen als Erretter dieser verdorbenen, gottlosen Welt (Joh 1:14; Lk 1-2).

Doch es begab sich: „Er war in der Welt, und die Welt ist durch ihn gemacht; aber die Welt erkannte ihn nicht. Er kam in sein Eigentum; und die Seinen nahmen ihn nicht auf. Wie viele ihn aber aufnahmen, denen gab er Macht, Gottes Kinder zu werden, denen, die an seinen Namen glauben, die nicht aus dem Blut noch aus dem Willen des Fleisches noch aus dem Willen eines Mannes, sondern von Gott geboren sind" (Joh 1:10-13).

Das Gesetz

KAPITEL

100 Das Kleinkindalter und der Ursprung des Gesetzes

103 Die Kindheit und das Gesetz Mose

115 Die Reife und das Gesetz der Freiheit

Das Gesetz — was bedeutet es und wozu ist es gegeben? Eine Gesellschaft kann ohne funktionierende Gesetze nicht existieren. Gesetze sind seit Jahrhunderten ein notwendiges Instrument, um das Zusammenleben untereinander zu ermöglichen. Zweifelsohne wäre ein friedliches Miteinander ohne Gesetzgebung kaum möglich. Jahrtausende der Menschheitsgeschichte haben bewiesen, wozu das Nichteinhalten von Gesetzen führt — Kriege, Raub und Vernichtung sind die Folge.

In ihrem Kern ähneln sich die Gesetze der meisten Staaten. Warum ist das so? Haben diese Gesetze alle einen gemeinsamen Ursprung? Wäre dem nicht so, hätten sich völlig unterschiedliche Gesetze entwickelt.

Die Bibel beschreibt die Entstehung des Gesetzes. Betrachtet man die Entwicklung der Menschheitsgeschichte von Anbeginn, wird klar, welch signifikante Rolle das Gesetz von Anfang an für die Menschheit gespielt hat. Und es wird deutlich, warum das Gesetz bis heute nicht imstande ist, den Menschen inwendig zu ändern oder die Welt zu verbessern.

Die Geschichte der Menschheit kann in **DREI PHASEN** unterteilt werden: **DAS KLEINKINDALTER** — hier hat das Gesetz seinen Ursprung; **DIE KINDHEIT**, die mit dem Gesetz Mose einherging; **UND DIE REIFE (MÜNDIGKEIT)** — die Zeit der Gnade und das Gesetz der Freiheit.

Das Kleinkindalter und der Ursprung des Gesetzes

Das Gesetz kam von Gott und war unmittelbar mit der Erschaffung des Menschen verbunden. Gott schuf Adam und Eva und siedelte sie im Garten Eden an, wo es zunächst noch keinerlei Gesetze oder Gebote gab: „Ich lebte einst ohne Gesetz; […]"

(Röm 7:9). Da sich Gott aber den Gehorsam des Menschen wünschte (1 Sam 15:22), gab er Adam und Eva ein Gebot. Dieses erste Gebot war bereits ein Gesetz, denn es musste zwingend eingehalten werden, „[...]; denn an dem Tage, da du von ihm isst, musst du des Todes sterben" (1 Mose 2:17). Um ihre Treue zu prüfen, dem Menschen jedoch gleichzeitig die freie Entscheidungswahl zu lassen, ließ Gott zu, dass sich die Schlange Eva näherte. Die Schlange verdrehte das Wort Gottes und gebar die Lüge, mit der sie Eva verführte (1 Mose 3:1-6).

Adam und Eva verwarfen das Wort Gottes, indem sie dem Wort der Schlange Glauben schenkten, welches die Lüge ist. In diesem Moment zog das Gesetz der Sünde und des Todes in ihnen ein. Auf diese Weise begann das irdische, fleischliche Leben der Menschen außerhalb von Gott: „[...], wie durch einen Menschen die Sünde in die Welt gekommen ist und der Tod durch die Sünde, so ist der Tod zu allen Menschen durchgedrungen, weil sie alle gesündigt haben" (Röm 5:12).

Dass das Gebot Gottes eigentlich zum Leben gegeben war, jedoch im Menschen genau das Gegenteil bewirkte, wird in Römer Kapitel 7 sehr deutlich beschrieben: „Was sollen wir nun sagen? Ist das Gesetz [das Gebot] Sünde? Das sei ferne! Aber die Sünde erkannte ich nicht außer durchs Gesetz. Denn ich wusste nichts von der Begierde, wenn das Gesetz nicht gesagt hätte: »Du sollst nicht begehren!« Die Sünde [das falsche Wort] aber ergriff durch das Gebot die Gelegenheit und bewirkte jede Begierde in mir (1 Mose 3:6); denn ohne Gesetz ist die Sünde tot. Ich aber lebte einst ohne Gesetz [es ist klar, dass Gottes Gebot „esset nicht!" bereits ein Gesetz war]; als aber das Gebot kam, lebte die Sünde auf; ich aber starb. Und das Gebot, das zum Leben gegeben, gerade das erwies sich mir zum Tod. Denn die Sünde ergriff durch das

Gebot die Gelegenheit [die Schlange ergriff die Gelegenheit durch das Wort Gottes], täuschte mich und tötete mich durch dasselbe" (Röm 7:7-11). Das ist der Ursprung des Gesetzes für den Menschen, welches ihm zum Leben dienen sollte, ihn jedoch zum Tode führte. Deswegen bezeichnet das Neue Testament das Gesetz als „Buchstabe, der tötet" (2 Kor 3:6). Das Gesetz bringt dem Menschen offensichtlich kein Leben. Das Gesetz hatte jedoch eine wichtige Aufgabe...

Die Phase des Kleinkindalters begann mit dem Sündenfall von Adam und Eva und endete mit der Sintflut. Nach dem Sündenfall führten die Menschen ein Leben, das der Wahrheit und der Liebe Gottes widerstrebte. Doch in seiner großen Liebe verließ Gott die Menschen nicht und half ihnen weiterhin, indem er direkt zu den Menschen sprach und sie ermahnte. Genauso wie es die Eltern mit ihren Kindern zu tun pflegen. Von den Menschen erwartete Gott im Gegenzug Glauben und Gehorsam. Jedoch konnten sie Gottes Willen nicht verstehen. Da sie fleischlich waren, rutschten sie immer weiter in die Gesetzlosigkeit ab, lebten nach ihren Gelüsten und verwarfen den Geist Gottes. Und dabei waren sie sich keiner Schuld bewusst. Es gab ja auch kein Gesetz, das sie richtete. Schon der erste Sohn von Adam und Eva, Kain, erschlug Abel aus Eifersucht, obwohl Gott ihn warnte: „[...]. Bist du aber nicht fromm, so lauert die Sünde vor der Tür, und nach dir hat sie Verlangen; du aber herrsche über sie" (1 Mose 4:7). Und daran, wie Kain mit Gott nach dem Totschlag sprach, kann man erkennen, dass er keinerlei Schuldgefühle verspürte. Die Menschen handelten nach ihrem inneren Bedürfnis, getrieben vom Gesetz der Sünde und des Todes.

Dieser Zeitabschnitt hat gezeigt, dass der Mensch ohne Richtlinien und Anweisungen seinem inneren Antrieb nicht widerstehen kann. Die Bosheit der Menschen nahm sehr schnell zu, weil „[...] alles Dichten und Trachten ihres Herzens nur böse war immerdar, [...]" (1 Mose 6:5 f.). So wurde es immer notwendiger, das Gesetz des Buchstabens einzuführen, um den Menschen eine klare Grenze zwischen Gut und Böse aufzuzeigen.

Die Kindheit und das Gesetz Mose

Die zweite Phase der Menschheitsgeschichte ist die Kindheit (Gal 4:1-5). Das ist die Periode des Gesetzes, die durch Mose, den großen Propheten und Führer des israelischen Volkes, eingeleitet wurde. Zum besseren Verständnis des Gesetzes ist es hilfreich, zunächst einen Blick auf die Zeit nach der Sintflut zu werfen. Als Noah nach der Sintflut die Arche verließ, brachte er eine Opfergabe dar: „Noah aber baute dem HERRN einen Altar und nahm von allem reinen Vieh und von allen reinen Vögeln und opferte Brandopfer auf dem Altar. Und der HERR roch den lieblichen Geruch und sprach in seinem Herzen: Ich will hinfort nicht mehr die Erde verfluchen um der Menschen willen; denn das Dichten und Trachten des menschlichen Herzens ist böse von Jugend auf. Und ich will hinfort nicht mehr schlagen alles, was da lebt, wie ich getan habe. Solange die Erde steht, soll nicht aufhören Saat und Ernte, Frost und Hitze, Sommer und Winter, Tag und Nacht" (1 Mose 8:20 ff.).

Die Opfergaben

Wie ist dieses Opfern der Tiere zu verstehen? Schon die allerersten Menschen, die Söhne von Adam und Eva, brachten Opfergaben dar. Sie taten es, obwohl es weder ein Gesetz noch ein Gebot vom Herrn gab, das dies forderte. Daraus wird deutlich, dass die Menschen selbst damit angefangen haben, um so ihren Glauben und ihre Dankbarkeit zu Gott zum Ausdruck zu bringen. Später wurde die Opfergabe durch Gott in das Gesetz Moses aufgenommen und bekam eine vielseitige Bedeutung. Opfer wurden unter anderem als Ausdruck der Liebe und der Dankbarkeit zum Herrn gebracht, zur Vergebung von Sünden und Befreiung von der Schuld für begangene Verbrechen.

Die Opfer wurden Gott für die Sünden Israels dargebracht und deuteten bereits auf das Opfer Jesu Christi hin: „Darum spricht er, wenn er in die Welt kommt (Ps 40:7 ff.): „Opfer und Gaben hast du nicht gewollt; einen Leib aber hast du mir geschaffen" (Hebr 10:5). Wozu hat Gott seinem Sohn einen Leib bereitet? Damit er durch diesen Leib die Sünden der gesamten Menschheit am Kreuz vernichtet und den Preis für ihre Schuld bezahlt (Hebr 8:3). Indem die Menschen damals an die Opfer des Alten Testaments glaubten, glaubten sie unbewusst an **DAS OPFER JESU CHRISTI**. Das Blut von Böcken und Kälbern des Alten Testaments konnte die Sünden letztendlich nicht vernichten. Um den Menschen, die vor Christus lebten, dennoch die Möglichkeit zur Errettung zu geben, rechnete Gott ihnen den Glauben an und gab ihnen an dem Tag, an dem er die Seele zu sich in sein Reich nahm, seine Heiligkeit und Unsterblichkeit. Wie Gott dies vollbrachte, weiß er allein; Tatsache ist jedoch, dass er es tat!

Das Vorhaben Gottes

Kurz nach der Sintflut, als die Menschen sich bereits nach Westen bis zum Mittelmeer und bis in den Süden Afrikas ausgebreitet hatten, entstand Ägypten: ein organisierter Staat unter der Herrschaft des Pharaos. Der Pharao verschaffte sich grenzenlose Macht und rief sich selbst als Gott auf Erden aus.

DAS GESETZ

Die Menschen beteten ihn wie einen Gott an. Zu dieser Zeit begann Gott sein Ziel, wozu er das ganze Universum und die Menschheit erschaffen hatte, zu vollenden. Er erwählte Abraham, den ersten Israeliten, und offenbarte ihm sein Ziel und das künftige Ende: „Denn er wartete auf die Stadt, die einen festen Grund hat, deren Baumeister und Schöpfer Gott ist" (Hebr 11:10).

In Abraham finden beide Gesetze ihren Ursprung: das Gesetz Moses und das Gesetz des Geistes des Lebens nach dem Glauben. „Denn es steht geschrieben, dass Abraham zwei Söhne hatte, den einen von der Magd, den andern von der Freien. Aber der von der Magd ist nach dem Fleisch gezeugt worden, der von der Freien aber kraft der Verheißung. **DIESE WORTE HABEN TIEFERE BEDEUTUNG.** Denn die beiden Frauen stehen für zwei Bundesschlüsse: einen vom Berg Sinai, der zur Knechtschaft gebiert, [...]. Aber das Jerusalem, das droben ist, das ist die Freie; das ist unsre Mutter. [...]" (Gal 4:22-31).

In der Zeit von Abraham bis Mose gab es noch kein niedergeschriebenes Gesetz. Gott hat in dieser Zeit direkt mit den von ihm ausgewählten Menschen gesprochen und durch sie seinen Willen verkündet. Die Welt entwickelte sich wieder rasant in ihrer Ungerechtigkeit und Bosheit, so wie vor der Sintflut auch. Die Zeit war also reif, um das Gesetz einzuführen, welches die Menschen lehren sollte, das Gute vom Bösen zu unterscheiden. Um dieses Vorhaben umzusetzen, wählte Gott Moses aus.

Die Gesetzestafeln des Bundes

Gott hatte Mose vorherbestimmt, um die Israeliten aus der Knechtschaft der Ägypter herauszuführen. Mose gehorchte und tat, was Gott ihm befohlen hatte. Nachdem die Israeliten ausgezogen waren und den Berg Horeb erreicht hatten, verkündete Mose ihnen, nach dem Willen Gottes, das Gesetz. Gott sprach am Fuße des Berges mit Mose und das gesamte Volk hörte die Stimme Gottes. Das Neue Testament spricht über dieses große Ereignis: „Denn ihr [wir] seid nicht gekommen zu etwas, das betastet werden konnte, und zu einem angezündeten Feuer [Gott ist im Feuer niedergekommen] und dem Dunkel und der Finsternis und dem Sturm und zu dem Schall der Posaune und der Stimme der Worte, deren Hörer baten, dass das Wort nicht mehr an sie gerichtet werde, [...]. Und so furchtbar war die Erscheinung, dass Mose sagte: Ich bin voll Furcht und Zittern" (Hebr 12:18-21). Gott der Herr rief Mose zu sich, auf den Berg zu steigen. Das tat Mose und verbrachte dort vierzig Tage und vierzig Nächte mit Gott. Er aß und trank nichts. Und Gott gab ihm zwei steinerne Tafeln mit den zehn Geboten, beschrieben mit dem Finger Gottes: „Und er verkündigte euch seinen Bund, den er euch gebot zu halten, nämlich die Zehn Worte, und schrieb sie auf zwei steinerne Tafeln" (5 Mose 4:13).

Das Gesetz war zum Aufbau einer Ordnung und zum richtigen, Gott wohlgefälligen Leben gegeben. Somit sollte der Segen Gottes die Israeliten stets begleiten. Er versprach den Israeliten das Land Kanaan, eines der besten Länder der Erde, zum ewigen Erbe, wenn sie ihm gehorsam sein würden, das heißt, wenn sie ergeben und ohne abzuweichen die Gebote und Satzungen des Gesetzes befolgten. Ebenso hat Gott ihnen aber auch verkündigt, dass sie alles verlieren würden, sollten sie vom Gesetz abweichen. Die Folgen des Ungehorsams waren den Israeliten bekannt.

Wie sollte es dem Volk nun möglich sein, die zehn Gebote zu befolgen? Für das Volk war es unmöglich zu begreifen, was jedes einzelne Gebot beinhaltete, das durch den Finger Gottes geschrieben wurde. „Und der HERR gebot mir zur selben Zeit, euch Gebote und Rechte zu lehren, dass ihr danach tun sollt in dem Lande, in das ihr zieht, es einzunehmen" (5 Mose 4:14). Daher wurden die zehn Gebote bis ins allerkleinste Detail auf den Alltag der Menschen heruntergebrochen und das Volk wurde dementsprechend gelehrt. So entstanden die fünf Bücher Mose. Um das Gesetz richtig und hingebungsvoll zu erfüllen, musste es von klein auf erlernt werden: „Und lass das Buch dieses Gesetzes nicht von deinem Munde kommen, sondern betrachte es Tag und Nacht, dass du hältst und tust in allen Dingen nach dem, was darin geschrieben steht. Dann wird es dir auf deinen Wegen gelingen und du wirst es recht ausrichten. Sei nur getrost und ganz unverzagt, dass du hältst und tust in allen Dingen nach dem Gesetz, das dir Mose, mein Knecht, geboten hat. Weiche nicht davon, weder zur Rechten noch zur Linken, [...]" (Jos 1:7 f.).

Das Gesetz von Gott war gegeben, solange das Leben nach dem Fleisch und für das Fleisch existierte (3 Mose 16:34; 4 Mose 10:8; 2 Mose 12:14). Solange die Israeliten das Gesetz bewahrten und es erfüllten, galt für sie: „Wohl dir, Israel! Wer ist dir gleich? Du Volk, das sein Heil empfängt durch den HERRN, der deiner Hilfe Schild und das Schwert deines Sieges ist! Deine Feinde werden dir huldigen und du wirst auf ihren Höhen einherschreiten" — „Zuflucht ist bei dem alten Gott und unter den ewigen Armen. [...] Israel wohnt sicher, der Brunnquell Jakobs unbehelligt in dem Lande, da Korn und Wein ist, dessen Himmel von Tau trieft" (5 Mose 33:27 ff.). Im dritten und vierten Kapitel des ersten Buches der Könige ist beschrieben, wie es dem Volk Israel zur Zeit der Herrschaft Salomos erging. Es war eine herrliche Zeit. Doch die Israeliten sind gegenüber der Erfüllung des Gesetzes nicht standhaft geblieben. Sie begannen das Gesetz zu übertreten und fielen nieder, bis sie schließlich von Gott verworfen wurden und alles verloren haben! Davon zeugen die Schriften vieler kleiner und großer Propheten.

Warum konnte das israelische Volk nicht bestehen?

Was war der Grund dafür, dass sich die Israeliten ständig vom Gesetz des Herrn und von den Aufrufen der Propheten abwandten? „Vom dreizehnten Jahr des Josia an, des Sohnes Amons, des Königs von Juda, ist des HERRN Wort zu mir geschehen bis auf diesen Tag, und ich habe zu euch nun dreiundzwanzig Jahre lang immer wieder gepredigt, aber ihr habt nie hören wollen. Und der HERR hat zu euch immer wieder alle seine Knechte, die Propheten, gesandt; aber ihr habt nie hören wollen und eure Ohren mir nicht zugekehrt und mir nicht gehorcht, wenn er sprach: Bekehrt euch, ein jeder von seinem bösen Wege und von euren bösen Werken, so sollt ihr in dem Lande, das der HERR euch und euren Vätern gegeben hat, für immer und ewig bleiben. Folgt nicht andern Göttern, ihnen zu dienen und sie anzubeten, [...]. Aber ihr wolltet mir nicht gehorchen, spricht der HERR, auf dass ihr mich ja erzürntet durch eurer Hände Werk zu eurem eigenen Unheil" (Jer 25:3-7).

„Wider die Propheten. Mein Herz will mir in meinem Leibe brechen, alle meine Gebeine zittern; mir ist wie einem trunkenen Mann und wie einem, der vom Wein taumelt, vor dem HERRN und vor seinen heiligen Worten. Denn das Land ist voller Ehebrecher, und wegen des Fluches vertrocknet das Land und die Weideplätze in der Steppe verdorren. Böse ist, wonach sie streben, und ihre Stärke ist Unrecht. Denn Propheten wie Priester

DAS GESETZ

sind ruchlos; [...]. So spricht der HERR Zebaoth: Gehorchet nicht den Worten der Propheten, so euch weissagen. Sie betrügen euch; denn sie predigen ihres Herzens Gesicht und nicht aus des HERRN Munde. Sie sagen denen, die des HERRN Wort verachten: Es wird euch wohlgehen —, und allen, die nach ihrem verstockten Herzen wandeln, sagen sie: Es wird kein Unheil über euch kommen" (Jer 23:9-17).

Doch das Unheil, vor welchem die Propheten gewarnt hatten, kam über Israel. Im Buch des Propheten Jeremia und seinem Klagelied ist das ganze Ausmaß des Grauens, welches das Volk Israel ereilte, beschrieben. Die Israeliten wurden davon heimgesucht, weil sie Gott nicht gehorsam waren und sich ständig von der Wahrheit des lebendigen, wahrhaftigen Gottes abkehrten, um die Götzen der Heiden anzubeten. Der Götzendienst war, ist und bleibt bis ans Ende der Welt ein Gräuel vor Gott!

Doch woran lag es? Was hat Israel daran gehindert, ihrem Gott treu zu bleiben? Sie lebten getrennt von anderen Völkern, in ihrem eigenen Land und waren keinem äußerlichen Einfluss ausgesetzt. Die Grenzen Israels wurden sorgfältig bewacht. Und dennoch sind sie ständig dem Götzendienst verfallen, obwohl sie durch das Gesetz Moses und die Propheten vielfach darüber unterrichtet worden waren (Ps 115:4-8; Jes 44:9-21; Jer 10:1-5, Hes 8; Hes 14; 5 Mose 4:15-19). Das Wort der Wahrheit wird anhand der Geschichte Israels sehr eindrucksvoll bestätigt: „Wir wissen aber: was das Gesetz sagt, das sagt es denen, die unter dem Gesetz sind, damit allen der Mund gestopft werde und alle Welt vor Gott schuldig sei, weil kein Mensch durch die Werke des Gesetzes vor ihm gerecht sein kann. Denn durch das Gesetz kommt Erkenntnis der Sünde" (Röm 3:19 f.).

Der Grund für den ständigen Abfall war die sündige Natur des Menschen: „[...], wie durch einen Menschen die Sünde in die Welt gekommen ist und der Tod durch die Sünde, so ist der Tod zu allen Menschen durchgedrungen, weil sie alle [im ersten Menschen Adam] gesündigt haben" (Röm 5:12). Apostel Paulus beschreibt im 7. Kapitel des Römerbriefs, dass die Sünde — das Gesetz der Sünde und des Todes — welches im Menschen lebt, stärker als der Verstand, der Wille, ja als die Seele des Menschen ist. Dadurch ist der Mensch nicht imstande, sich aus eigener Kraft von dieser Gesetzmäßigkeit zu befreien: „Denn ich weiß nicht, was ich tue. Denn ich tue nicht, was ich will; sondern was ich hasse, das tue ich" (Röm 7:15). In diesem Zustand befindet sich heute jeder Mensch, der unter dem Gesetz ist: er sündigt, obwohl er es nicht will und es vergeht kaum ein Tag, an dem er nicht sündigt. Wer das so erlebt, der muss verstehen, dass es sich hierbei um eine religiöse Anbetung handelt — eine Anbetung nach dem Fleisch, aus dem eigenen Verstand heraus und basierend auf der eigenen Kraft. Ein solcher Mensch befindet sich unter dem Gesetz, und deshalb erfüllt sich an ihm das Geschriebene in Römer 7: „[...]. Denn ich tue nicht, was ich will; sondern was ich hasse, das tue ich [...]. So finde ich nun das Gesetz, dass mir, der ich das Gute tun will, das Böse anhängt. Denn ich habe Lust an Gottes Gesetz nach dem inwendigen Menschen [nach dem Verstand]. Ich sehe aber ein anderes Gesetz in meinen Gliedern [das Gesetz der Sünde und des Todes in meinem Gewissen: Röm 8:2], das widerstreitet dem Gesetz in meinem Gemüt [kämpft gegen meinen Verstand] und hält mich gefangen im Gesetz der Sünde, das in meinen Gliedern ist [im Herzen: Mt 15:18 ff.]. Ich elender Mensch! Wer wird mich erlösen von diesem todverfallenen Leibe?" (Röm 7:15-24).

Das Gesetz bleibt lediglich im Verstand des Menschen, es dringt nicht tiefer hindurch. Das Gewissen, in dem das Gesetz der Sünde und des Todes lebt, bleibt unberührt. Denn der fleischliche Mensch kann das Gesetz nur wortwörtlich, wie einen toten Buchstaben, verstehen; die geistliche Bedeutung dahinter bleibt verborgen (1 Kor 2:14), denn das Gesetz Gottes ist geistlich (Röm 7:14). Das Gesetz Moses war lediglich ein Abbild des Himmlischen. Es hatte die Aufgabe, den Menschen ihr sündhaftes Wesen zu zeigen, indem es das Gute einforderte (Hebr 8:5; 10:1 f.).

Das wahre Leben — das Gesetz des Geistes und der Freiheit — ist erst mit der Erscheinung Christi in diese Welt offenbar geworden. „Ehe denn aber der Glaube kam, wurden wir unter dem Gesetz verwahrt und verschlossen auf den Glauben, der da sollte offenbart werden. Also ist das Gesetz unser Zuchtmeister gewesen auf Christum, dass wir durch den Glauben gerecht würden. Nun aber der Glaube gekommen ist, sind wir nicht mehr unter dem Zuchtmeister" (Gal 3:23 ff.). Das Gesetz der Sünde und des Todes im Menschen und die daraus resultierenden Früchte können zwar durch das Gesetz eingedämmt, niemals aber vollständig unterdrückt werden.

Der Zweck des Gesetzes

Worin besteht nun der Zweck des Gesetzes? Wofür war es gegeben? Wenn man das Leben der ersten, vorsintflutlichen Welt ohne Gesetz mit dem Leben der Menschen nach der Sintflut, die unter dem Gesetz Moses lebten, vergleicht — wo ist hier der Unterschied? Letztendlich sind die Menschen unter dem Gesetz zum gleichen Ende gekommen, wie die Menschen der ersten Welt: zur völligen Untauglichkeit und zum Verfall.

Das Inwendige des Menschen konnte durch das Gesetz nicht verändert werden, da durch das Wirken des Fleisches die Kraft des Gesetzes geschwächt wurde. Die Menschen verloren die Furcht vor dem Gesetz und gaben sich der Begierde des Fleisches hin: der Fleisches Lust, Augen Lust und dem hoffärtigen Leben (Röm 8:3; Röm 3:10-18; 1 Joh 2:15 ff.).

Der Zweck des Gesetzes war folglich, das Wesen des seelischen und fleischlichen Menschen zu offenbaren: „Offenkundig sind aber die Werke des Fleisches, als da sind: Unzucht, Unreinheit, Ausschweifung, Götzendienst, Zauberei, Feindschaft, Hader, Eifersucht, Zorn, Zank, Zwietracht, Spaltungen, Neid, Saufen [dazu gehören auch Drogen], Fressen und dergleichen [und noch vieles mehr]. Davon habe ich euch vorausgesagt und sage noch einmal voraus: Die solches tun, werden das Reich Gottes nicht erben" (Gal 5:19 ff.).

Ausgerechnet Israel, das auserwählte Volk Gottes, dem das Gesetz Gottes gegeben war, um ein gesegnetes, wunderbares Leben auf der Erde im eigenen Staat zu führen, hat das Gesetz dermaßen übertreten, dass es schließlich umkommen musste und alles verlor. Es ist hierbei nicht notwendig, die anderen Völker, die weiterhin nach dem Fleisch lebten, zu erwähnen. Letztendlich offenbarte sich das völlige Unvermögen der Menschheit, ein gerechtes und vor Gott wohlgefälliges Leben zu führen, ob nun nach dem Fleisch oder nach dem Gesetz des Buchstabens! Diese Entwicklung lässt sich besonders am hebräischen Volk in der Phase des Gesetzes beobachten — aber sie ist auch heute an der gesamten Menschheit sichtbar. Im Laufe der Zeit wurde die Entfaltung der Sünde immer feiner und vielfältiger, so dass die Gesetzbücher der Staaten an Fülle stetig zunahmen.

Und gerade dafür hat der Herr Jesus Christus Fleisch und Blut angenommen, ist zum Menschensohn geworden und ist in diese Welt gekommen, um die scheinbar unbändige Macht des Teufels zu besiegen und den Menschen vom Gesetz der Sünde und des Todes zu befreien! „Denn das Gesetz des Geistes, der lebendig macht in Christus Jesus, hat dich frei gemacht von dem Gesetz der Sünde und des Todes" (Röm 8:2).

Die Verheißung: das Gesetz des Lebens

„Liebe Brüder, ich will nach menschlicher Weise reden: Man hebt doch das Testament eines Menschen nicht auf, wenn es bestätigt ist, und setzt auch nichts dazu. Nun ist die Verheißung Abraham zugesagt und seinem Nachkommen. Es heißt nicht: und den Nachkommen, als gälte es vielen, sondern es gilt einem: „und deinem Nachkommen" (1 Mose 22:18), welcher ist Christus. Ich meine aber dies: Das Testament, das von Gott zuvor bestätigt worden ist, wird nicht aufgehoben durch das Gesetz, das vierhundertdreißig Jahre danach gegeben worden ist, sodass die Verheißung zunichte würde. Denn wenn das Erbe durch das Gesetz erworben würde, so würde es nicht durch Verheißung gegeben; Gott aber hat es Abraham durch Verheißung frei geschenkt. Was soll dann das Gesetz? Es ist hinzugekommen um der Sünden willen, bis der Nachkomme da sei, dem die Verheißung gilt [...]. Wie? Ist dann das Gesetz gegen Gottes Verheißungen? Das sei ferne! Denn nur, wenn ein Gesetz gegeben wäre, das lebendig machen könnte, käme die Gerechtigkeit wirklich aus dem Gesetz. [...]" — „Denn damit wird das frühere Gebot aufgehoben — weil es zu schwach und nutzlos war; denn das Gesetz konnte nichts zur Vollendung bringen [...]" — „Denn es ist unmöglich, durch das Blut von Stieren und Böcken Sünden wegzunehmen" — „[...]. Nun aber, am Ende der Welt, ist er ein für alle Mal erschienen, durch sein eigenes Opfer die Sünde aufzuheben" — „Darum spricht er, wenn er in die Welt kommt [...]: „Siehe, ich komme, zu tun deinen Willen." Da hebt er das Erste auf, damit er das Zweite einsetze. Nach diesem Willen sind wir geheiligt ein für alle Mal durch das Opfer des Leibes Jesu Christi. [...] Denn mit einem Opfer hat er für immer die vollendet, die geheiligt werden" (Gal 3:15-24; Hebr 7:18 f.; Hebr 10:4; Hebr 9:26; Hebr 10:5,9,10,14).

„Was sollen wir nun hierzu sagen? Das wollen wir sagen: Die Heiden, die nicht nach der Gerechtigkeit trachteten, haben die Gerechtigkeit erlangt; ich rede aber von der Gerechtigkeit, die aus dem Glauben kommt. Israel aber hat nach dem Gesetz der Gerechtigkeit getrachtet und hat es doch nicht erreicht. Warum das? Weil es die Gerechtigkeit nicht aus dem Glauben sucht, sondern als komme sie aus den Werken. Sie haben sich gestoßen an dem Stein des Anstoßes [an Christus, an seiner Lehre!], wie geschrieben steht (Jes 8:14; 28:16): »Siehe, ich lege in Zion einen Stein des Anstoßes und einen Fels des Ärgernisses, und wer an ihn glaubt, der soll nicht zuschanden werden«. [...]. Denn ich bezeuge ihnen, dass sie Eifer für Gott haben, aber ohne Einsicht. Denn sie erkennen die Gerechtigkeit nicht, die vor Gott gilt [Christus ist unsere Gerechtigkeit vor Gott: 1 Kor 1,30], und suchen ihre eigene Gerechtigkeit aufzurichten und sind so der Gerechtigkeit Gottes nicht untertan. Denn Christus ist des Gesetzes Ende; wer an den glaubt, der ist gerecht" (Röm 9:30-33; Röm 10:1-4).

Die Israeliten haben versucht, die vom Gesetz geforderten Werke aus eigener Kraft zu erfüllen. Aber es war unmöglich, durch eigene Anstrengungen die Gerechtigkeit zu erlangen „weil kein Mensch durch die Werke des Gesetzes vor ihm gerecht sein kann. Denn durch das Gesetz kommt Erkenntnis der Sünde" (Röm 3:20). Apostel Paulus hat das ganz deutlich geäußert und schrieb an die Gemeinde, um sie zu lehren: „obwohl ich mich auch des Fleisches rühmen könnte. [...], der ich am achten Tag beschnitten bin, aus dem Volk Israel, vom Stamm Benjamin, ein Hebräer von Hebräern, nach dem Gesetz ein Pharisäer, nach dem Eifer ein Verfolger der Gemeinde, nach der Gerechtigkeit, die das Gesetz fordert, untadelig gewesen. Aber was mir Gewinn war, das habe ich um Christi willen für Schaden erachtet. Ja, ich erachte es noch alles für Schaden gegenüber der überschwänglichen Erkenntnis Christi Jesu, meines HERRN. Um seinetwillen ist mir das alles ein Schaden geworden, und ich erachte es für Dreck, damit ich Christus gewinne und in ihm gefunden werde, dass ich nicht habe meine Gerechtigkeit, die aus dem Gesetz kommt, sondern die durch den Glauben an Christus kommt, nämlich die Gerechtigkeit, die von Gott dem Glauben zugerechnet wird. Ihn möchte ich erkennen und die Kraft seiner Auferstehung und die Gemeinschaft seiner Leiden und so seinem Tode gleich gestaltet werden, damit ich gelange zur Auferstehung von den Toten" (Phil 3:4-11).

Die Reife und das Gesetz der Freiheit

Heute befinden wir uns in der dritten Periode und damit der letzten Zeit — heute ist der **TAG DER GNADE**. Der allmächtige, heilige Gott, der allein die Unsterblichkeit hat, hatte einen Plan, als er den Menschen erschuf: die Heilige Stadt Jerusalem zu erbauen. Dieses Geheimnis hatte er bereits Abraham offenbart

(Offb 21). Gott schuf den Menschen als eine freie Persönlichkeit. Er gab ihm die Fähigkeit, Neues zu erlernen, zu erkennen und das Gute vom Bösen zu unterscheiden. Der Wille Gottes für den Menschen ist, dass dieser Gottes Liebe und Wahrheit, Gott selbst, erkennt und das wahre Leben versteht.

Gott hat den Menschen seine eigenen Wege gehen lassen, damit der Mensch begreift, wie jämmerlich und nichtig er ist, und dass er sich durch eigene Anstrengungen nicht heilig und gerecht machen kann. Gott kann den Menschen nur dann heilig und gerecht machen, wenn dieser sich ihm vollkommen anvertraut, ihm glaubt und aus tiefstem Herzen Gottes bedürftig wird. Dann wird Gott aus ihm ein Gefäß machen, das ihm wohlgefällig und dienlich ist!

Durch die Lehre Jesu Christi wird uns offenbart: „Das sage ich aber, liebe Brüder, dass Fleisch und Blut das Reich Gottes nicht ererben können; auch wird das Verwesliche nicht erben die Unverweslichkeit" (1 Kor 15:50). Um sein Vorhaben zu vollenden, sandte Gott seinen eingeborenen Sohn als den Herrn und Retter, welcher Fleisch und Blut in der Gestalt des Menschen angenommen hat und dabei Gott geblieben ist (Hebr 2:14; Phil 2:5-11; Joh 1:29; Joh 3:16). Gott verkündet der gesamten Menschheit seine Gnade. Durch das Opfer Jesu Christi vergibt er alle Sünden und tilgt die Schuld der Menschen. Jesus Christus, der rein, heilig und vollkommen unschuldig ist, nimmt seinen eigenen Tod an und gibt somit allen Menschen die Möglichkeit, sich zu retten (2 Kor 5:18-21). „Wie geschrieben steht: der erste Mensch, Adam, „ward zu einer lebendigen Seele", und der letzte Adam zum Geist, der da lebendig macht" (1 Kor 15:45).

Wie äußert sich nun dieses Leben, das Gesetz des Geistes und der Freiheit? Es ist das Leben selbst und äußert sich völlig anders als das Gesetz des Buchstabens im Menschen, welches das Leben nicht geben konnte. „Wie? Ist denn das Gesetz gegen Gottes Verheißungen? Das sei ferne! Denn nur wenn ein Gesetz gegeben wäre, das lebendig machen könnte, käme die Gerechtigkeit wirklich aus dem Gesetz" (Gal 3:21). Es äußert sich zuallererst in der Freiheit von der Sünde, denn „Wer Sünde tut, der ist vom Teufel; denn der Teufel sündigt von Anfang an. Dazu ist erschienen der Sohn Gottes, dass er die Werke des Teufels zerstöre. Wer aus Gott geboren ist, der tut keine Sünde; denn sein Same bleibt in ihm; und kann nicht sündigen, denn er ist von Gott geboren" und „Wer in ihm bleibt, der sündigt nicht; wer sündigt, der hat ihn nicht gesehen und nicht erkannt" (1 Joh 3:8 f.; 1 Joh 3:6).

Das Erscheinen Christi

KAPITEL

121 Der Plan Gottes

126 Christi Lehre über das Himmelreich

129 Christus hat den Sieg vollbracht

134 Das Abendmahl

140 Er hat für immer die vollendet, die geheiligt werden

142 Christus — das Ende des Gesetzes

148 Die Gnade

153 In Christus ist die ganze Fülle der Gottheit

„Und das **LEBEN IST ERSCHIENEN**, und wir haben gesehen und bezeugen und verkündigen euch das Leben, das ewig ist, das beim Vater war und uns erschienen ist" (1 Joh 1:2).

Das einzig wahre Leben ist erschienen! Das, was die Menschen als Leben bezeichnen, ist in Wirklichkeit kein Leben, sondern der Tod. Das wahre Leben hat kein Ende, es ist ewig und unvergänglich; im Leben selbst gibt es keinen Tod!

Dass die Menschen sich im Tod befinden, zeigt ein Beispiel aus der Bibel: Ein Mann wollte Christus nachfolgen und fragte, ob er zuvor seinen Vater beerdigen könne. Der Herr antwortete: „Lass die Toten ihre Toten begraben; du aber geh hin und verkündige das Reich Gottes!" (Lk 9:59 f.). In dieser Welt, außerhalb von Gott, gibt es kein wahres Leben. Alle Menschen nach dem Wesen Adams sind tot, denn in ihrem Gewissen lebt das Gesetz der Sünde und des Todes (Röm 5:12). Doch das Leben ist erschienen — es kam in der Gestalt von Jesus Christus auf diese Erde, damit die Menschen es annehmen und ewig leben können (Gal 4:4 f.). „Er hat uns selig gemacht und berufen mit einem heiligen Ruf, nicht nach unsern Werken, sondern nach seinem Ratschluss und nach der Gnade, die uns gegeben ist in Christus Jesus vor der Zeit der Welt, jetzt aber offenbart ist [uns auch] durch die Erscheinung unseres Heilands Christus Jesus [in uns], der dem Tode [in uns] die Macht genommen und das Leben und ein unvergängliches Wesen ans Licht gebracht hat durch das Evangelium" (2 Tim 1:9 f.).

Wie ist uns das Leben, das bei Gott verborgen war, erschienen? Es geschah **DURCH DAS WORT**! Das Geheimnis des ewigen, wahren Lebens liegt einzig und allein im Wort Gottes und dieses Wort offenbart sich uns durch die Bibel: „Im Anfang war das Wort, und das Wort war bei Gott, und Gott war das Wort. Dasselbe war im Anfang bei Gott. Alle Dinge sind durch dasselbe gemacht, und ohne dasselbe ist nichts gemacht, was gemacht ist" (Joh 1:1 ff.). Das Wort ist Gott und Gott hat sich in Christus und durch Christus offenbart. Denn Gott ist so groß und mächtig, dass die Erde ihn unmöglich fassen kann. Denn „[...] Der Himmel ist mein Thron und die Erde der Schemel meiner Füße! [...]" (Jes 66:1). Wie hätte er dann auf die Erde kommen können? Er ist viel zu groß dafür, er erfüllt alles, er sieht, hört und weiß alles: „Denn meine Gedanken sind nicht eure Gedanken, und eure Wege sind nicht meine Wege, spricht der HERR, sondern so viel der Himmel höher ist als die Erde, so sind auch meine Wege höher als eure Wege und meine Gedanken als eure Gedanken" (Jes 55:8 f.). Deshalb hat Gott dem Wort einen Leib verliehen und ist der Menschheit in der Gestalt seines Sohnes erschienen: „[...]. Und **DAS WORT WARD FLEISCH** und wohnte unter uns, und wir sahen seine Herrlichkeit, eine Herrlichkeit als des eingeborenen Sohnes vom Vater, voller Gnade und Wahrheit. [...]" (Joh 1:1-5,14-18). „Er ist der Abglanz seiner Herrlichkeit und das Ebenbild seines Wesens und trägt alle Dinge mit seinem kräftigen Wort [...]" (Hebr 1:3).

Der Plan Gottes

„Er ist das Ebenbild des unsichtbaren Gottes, der Erstgeborene vor aller Schöpfung. Denn in ihm ist alles geschaffen, was im Himmel und auf Erden ist, das Sichtbare und das Unsichtbare, es seien Throne oder Herrschaften oder Mächte oder Gewalten; es ist alles durch ihn und zu ihm geschaffen. Und er ist vor allem, und es besteht alles in ihm" (Kol 1:15 ff.). „[...] und für alle ans Licht zu bringen, wie Gott seinen geheimen Ratschluss ausführt, der von Ewigkeit her verborgen war in ihm, der alles geschaffen hat; damit jetzt kundwerde die mannigfaltige Weisheit Gottes den Mächten und Gewalten im Himmel durch die Gemeinde" (Eph 3:9 f.).

Bevor Gott seinen Wunsch umsetzte, das himmlische Jerusalem aus Menschen zu erschaffen, war in der Tiefe seines Herzens bereits der gesamte Plan fertig. Auch Christus war Bestandteil des Vorhabens und obwohl er noch nicht offenbart war, befand er sich schon im Innersten Gottes, **„IM SCHOSS DES VATERS**" (Joh 1:18). Gott sprach seinen Wunsch aus, und so wurde das Wort der Weisheit und des Lichts geboren: „Im Anfang war das Wort, [...]. Dasselbe war im Anfang bei Gott" (Joh 1:1 f.), „Ich bin vom Vater ausgegangen und in die Welt gekommen; [...]" (Joh 16:28). Damit begann Gott, seinen Plan umzusetzen: „Alle Dinge sind durch dasselbe gemacht, und ohne dasselbe ist nichts gemacht, was gemacht ist" (Joh 1:3).

Das Wort Gottes wird im Alten Testament als Weisheit, Kraft, Licht und Leben beschrieben. An keiner einzigen Stelle wird das Wort als Sohn bezeichnet, denn ihn gab es noch nicht, obwohl folgendes über ihn geschrieben steht: „Ruft nicht die Weisheit, [...] euch rufe ich und erhebe meine Stimme zu den Menschenkindern! [...] Hört, [...] alle Reden meines Mundes sind gerecht, [...]. Denn mein Mund redet die Weisheit, und meine Lippen hassen, was gottlos ist. [...] Als die Meere noch nicht waren, ward ich geboren [...]. Der HERR hat mich schon gehabt im Anfang seiner Wege, ehe er etwas schuf, von Anbeginn her. Ehe denn die Berge eingesenkt waren, vor den Hügeln ward ich geboren, als er die Erde noch nicht gemacht hatte noch die Fluren darauf noch die Schollen des Erdbodens. [...]" (Spr 8:1-8,24,22,25-31). Wer ist damit gemeint: „ward ich geboren"? Die Antwort finden wir in diesen Bibelstellen: „Er ist das Ebenbild des unsichtbaren Gottes, der Erstgeborene vor aller Schöpfung" (Kol 1:15). „Denn in ihm ist alles geschaffen, was im Himmel und auf Erden ist, das Sichtbare und das Unsichtbare, [...]; es ist alles durch ihn und zu ihm geschaffen. Und er ist vor allem, und es besteht alles in ihm" (Kol 1:16 f.).

„Im Anfang war das Wort, [...] und Gott war das Wort. [...]. Alle Dinge sind durch dasselbe gemacht, und ohne dasselbe ist nichts gemacht, was gemacht ist" (Joh 1:1 ff.). Noch bevor es die Erde oder die Schöpfung gab, wurde das Wort Gottes geboren. Dieses Wort war Christus, durch dieses Wort wurde alles erschaffen: „[...], dass der Himmel vorzeiten auch war, dazu die Erde, die aus Wasser und durch Wasser Bestand hatte durch Gottes Wort; [...] Denn wenn er spricht, so geschieht's; wenn er gebietet, so steht's da" (2 Petr 3:5; Ps 33:6,9).

Als dann die Zeit erfüllt war, kam dieses Wort als Mensch auf die Welt: „Und das Wort ward Fleisch und wohnte unter uns, und wir sahen seine Herrlichkeit, eine Herrlichkeit als des eingeborenen Sohnes vom Vater, voller Gnade und Wahrheit" (Joh 1:14). Davor konnte das Wort, welches der Geist der Weisheit ist, von keinem gesehen werden. Nur seine Früchte waren durch die Schöpfung sichtbar. Jetzt aber konnten die Menschen es sehen und die Apostel erkannten den eingeborenen Sohn vom Vater. Dieses einmalige Wunder, die Geburt von Gottes Sohn, wurde Jahrhunderte zuvor prophezeit: „Denn uns ist ein Kind geboren, **EIN SOHN IST UNS GEGEBEN**, und die Herrschaft ruht auf seiner Schulter; und er heißt Wunder-Rat, Gott-Held, Ewig-Vater, Friede-Fürst [Gottes]; auf dass seine Herrschaft groß werde und des Friedens kein Ende auf dem Thron Davids und in seinem Königreich, [...]" (Jes 9:5). „Siehe, du wirst schwanger werden und einen Sohn gebären [...]. Der wird groß sein und Sohn des Höchsten genannt werden; [...]. Darum wird auch das Heilige, was geboren wird, Gottes Sohn genannt werden" (Lk 1:30-35; Jes 7:14; 9:6 f.). Er wird wachsen wie alle Menschen: „Das Kind aber wuchs und wurde stark, voller Weisheit, und Gottes Gnade war bei ihm [...]. Und er ging mit ihnen hinab [...] und war ihnen [seinen Eltern] untertan [...]. Und Jesus nahm zu an Weisheit, Alter und Gnade bei Gott und den Menschen" (Lk 2:40-52).

Als Christus dreißig Jahre alt wurde, verkündete er öffentlich seine Lehre und zeigte Gottes ewiges und unveränderliches Wesen. Denn Gott selbst ist als Mensch erschienen und bewies es durch seine Werke und Handlungen. Er bedrohte den Wind und das Meer; und es ward eine große Stille (Mt 8:24 ff.). Lazarus war bereits vier Tage tot, sein Leib hat bereits gestunken, doch Christus rief ihn und er kam lebendig und heil aus seinem Grab heraus (Joh 11:39-44). Er ging auf dem Meer, wie auf einem Fußpfad (Mt 14:25). Aus wenigen Broten und Fischen machte er so viel, dass Tausende satt wurden und die verbliebenen Reste die anfänglich vorhandene Menge sogar übertrafen (Mt 15:32-38). Es gab keine Krankheit, die Christus nicht hätte heilen können (Lk 4:33-36; Mt 9:35). Durch diese und viele andere Zeichen und Wunder bewies er seine Göttlichkeit. „Er, der in göttlicher Gestalt war, hielt es nicht für einen Raub, Gott gleich zu sein, [...]" (Phil 2:6). „Dieser ist der wahrhaftige Gott [...]!" (1 Joh 5:20). Und wie war die Reaktion der Menschen darauf? Sie haben ihn nur dreieinhalb Jahre ertragen können. Sie haben ihn verworfen und seinen Worten nicht geglaubt (Joh 8:41-47); haben ihn als Lügner dargestellt (Mt 27:63); ihn dem Tod hingegeben und durch die Hände der Ungerechten eine grausame Hinrichtung an ihm vollstreckt (Apg 2:23 f.; 3:14 f.; 4:11 f.). Christus musste als Sohn Gottes und zugleich als Menschensohn die allerschwersten Versuchungen durch Qualen erleiden. „Und er hat in den Tagen seines irdischen Lebens Bitten und Flehen mit lautem Schreien und mit Tränen vor den gebracht, der ihn aus dem Tod erretten konnte; und er ist erhört worden, weil er Gott in Ehren hielt. [...]" (Hebr 5:7-10).

Er war sämtlichen menschlichen Versuchungen ausgesetzt und erduldete alles. Dabei bewährte er sich und siegte und wurde von Gott gesalbt: „[...]. Auf ihm wird ruhen der Geist des HERRN, der Geist der Weisheit und des Verstandes, der Geist des Rates und der Stärke, der Geist der Erkenntnis und der Furcht des HERRN. [...] Er wird nicht richten nach dem, was seine Augen sehen, noch Urteil sprechen nach dem, was seine Ohren hören, sondern wird mit Gerechtigkeit richten die Armen und rechtes Urteil sprechen. [...] Gerechtigkeit wird der Gurt seiner Lenden sein und die Treue der Gurt seiner Hüften" (Jes 11:1-9). „Du hast geliebt die Gerechtigkeit und gehasst die Ungerechtigkeit; darum hat dich, o Gott, dein Gott gesalbt mit Freudenöl wie keinen deinesgleichen. [...] von Gott genannt ein Hohepriester nach der Ordnung Melchisedeks!" (Hebr 1:9; 5:8-10) und „den er eingesetzt hat zum Erben über alles" (Hebr 1:2).

Das Wort wurde also zu einem Menschen, zu Jesus Christus, der sich durch das Evangelium offenbart.

In diesem Wort liegt das Geheimnis des wahren, ewigen Lebens: „Wer den Sohn hat, der hat das Leben; wer den Sohn Gottes nicht hat, der hat das Leben nicht" (1 Joh 5:12). Wenn der Mensch dieses wahre, unverfälschte Wort glaubt, dann nimmt er das wahre Leben an. Oder anders ausgedrückt, wenn der Mensch die Lehre Jesu Christi annimmt, nimmt er Christus auf, welcher über sich selbst sagte: „Ich bin der Weg und die Wahrheit und das Leben; niemand kommt zum Vater denn durch mich" (Joh 14:6).

Christi Lehre über das Himmelreich

„Und er sprach zu ihnen: Ihr seid von unten her, ich bin von oben her; ihr seid von dieser Welt, **ICH BIN NICHT VON DIESER WELT**. Darum habe ich euch gesagt, dass ihr sterben werdet in euren Sünden; denn wenn ihr nicht glaubt, dass ich es bin, werdet ihr sterben in euren Sünden" (Joh 8:23 f.). „[...] Mein Reich ist nicht von dieser Welt. [...]. Ich bin dazu geboren und in die Welt gekommen, dass ich die Wahrheit bezeugen soll. Wer aus der Wahrheit ist, der hört meine Stimme. [...]" (Joh 18:36-38).

Durch sein Erscheinen in dieser Welt offenbarte Christus ein sehr tiefes Geheimnis, das Geheimnis einer anderen, geistlichen Welt. Sie ist grundverschieden von dieser irdischen, vergänglichen Welt, in der alles sterblich ist: „Habt nicht lieb die Welt noch was in der Welt ist. Wenn jemand die Welt lieb hat, in dem ist nicht die Liebe des Vaters. Denn alles, was in der Welt ist: des Fleisches Lust und der Augen Lust und hoffärtiges Leben, ist nicht vom Vater, sondern von der Welt. Und die Welt vergeht mit ihrer Lust; wer aber den Willen Gottes tut, der bleibt in Ewigkeit. Kinder, es ist die letzte Stunde! [...]" (1 Joh 2:15-18).

Das Himmelreich ist in einem unzugänglichen Licht — es ist die Welt Gottes. Für uns Menschen ist diese Welt unsichtbar, keiner kann dorthin reisen, sie erkunden und zurückkehren, um davon zu berichten (1 Tim 6:16). Nur einer hat dies vollbracht: Christus. Er ist aus der Welt Gottes in die Welt der Menschen gekommen und hat ihnen von der anderen Welt gepredigt:

„[...], kam Jesus nach Galiläa und predigte das Evangelium vom Reich Gottes" (Mk 1:14). Das Evangelium ist also nichts anderes als die Botschaft darüber, dass es ein Reich Gottes gibt und dass es naht. Weil es für die Menschen schwer zu verstehen ist, hat Christus die himmlische Welt in Gleichnissen beschrieben und erklärt, wie man ein Bürger dieser Welt werden kann (Eph 2:19). Als die Bewohner einer Stadt Christus baten, bei ihnen zu bleiben, sagte er: „[...] Ich muß auch den andern Städten das Evangelium predigen vom Reich Gottes; denn dazu bin ich gesandt. [...]" (Lk 4:42-44). Das war seine Mission, der Grund, warum er in diese Welt gekommen ist. „Und es begab sich danach, dass er durch Städte und Dörfer zog und predigte und verkündigte das Evangelium vom Reich Gottes; und die Zwölf waren mit ihm" (Lk 8:1). Auch die zwölf Apostel hat Christus dazu auserwählt, um den Menschen das Evangelium zu verkünden (Lk 9:1 f.), sowie die siebzig Jünger: „[...]. Wenn ihr aber in eine Stadt kommt und sie euch nicht aufnehmen, so geht hinaus auf ihre Straßen und sprecht: Auch den Staub aus eurer Stadt, der sich an unsre Füße gehängt hat, schütteln wir ab auf euch. Doch sollt ihr wissen: das Reich Gottes ist nahe herbeigekommen. Ich sage euch: Es wird Sodom erträglicher ergehen an jenem Tage als dieser Stadt" (Lk 10:1,10-12).

Nach seiner Auferstehung erschien Christus vierzig Tage lang seinen Jüngern und lehrte von Gottes Reich (Apg 1:3). Davon handeln alle Apostelbriefe. Sie erklären, welchen Weg der Mensch gehen muss, um ins Himmelreich zu kommen, und dass diese irdische Welt ein Ende hat. Doch wie ist die himmlische Welt, von der Christus und die Apostel predigten? Das Wort sagt, dass es eine geistliche Welt ist. „Gott ist Geist, und die ihn anbeten, die müssen ihn im Geist und in der Wahrheit anbeten" (Joh 4:24). Und da Gott ein Geist ist, kann **SEIN REICH** auch **NUR GEISTLICH** sein. Das bedeutet, dass ein fleischlicher Mensch in Gottes Reich nicht leben kann: „Das sage ich aber, liebe Brüder, dass Fleisch und Blut das Reich Gottes nicht ererben können; auch wird das Verwesliche nicht erben die Unverweslichkeit" (1 Kor 15:50). Nur Geistliches kann in der göttlichen Welt existieren: „Es wird gesät ein natürlicher Leib und wird auferstehen ein geistlicher Leib. Gibt es einen natürlichen Leib, so gibt es auch einen geistlichen Leib. [...]. Der erste Mensch ist von der Erde und irdisch; der zweite Mensch ist vom Himmel. Wie der irdische ist, so sind auch die irdischen; und wie der himmlische ist, so sind auch die himmlischen. Und wie wir getragen haben das Bild des irdischen, so werden wir auch tragen das Bild des himmlischen" (1 Kor 15:44-49). Wer hier in dieser Welt nicht vom Wort der Wahrheit geboren wird, der wird in der Welt Gottes nicht leben können! Dort herrscht nur die Wahrheit (2 Petr 3:13). Wer einer Unwahrheit oder einer Lüge ergeben ist, kommt dort nicht hinein (Offb 21:27,8).

Das Himmelreich hat seinen Ausdruck und äußert sich im Menschen bereits hier auf Erden (Hebr 6:5). „Denn das Reich Gottes ist nicht Essen und Trinken, sondern Gerechtigkeit und Friede und Freude in dem Heiligen Geist" (Röm 14:17). Gerechtigkeit, Frieden, Freude im Herzen sind ein Ausdruck dieses Zustandes der Seligkeit, den der Mensch erlebt, wenn Gott in ihm wohnt. „[...] Denn sehet, **DAS REICH GOTTES IST INWENDIG IN EUCH**" (Lk 17:21).

Doch wie viel mehr erwartet die Seelen, die das Himmelreich ergreifen werden (Lk 20:35 f.)? „Was kein Auge gesehen hat und kein Ohr gehört hat und in keines Menschen Herz gekommen ist, was Gott bereitet hat denen, die ihn lieben" (1 Kor 2:9). Wenn Gott diese vergängliche Welt so herrlich erschaffen hat, wie schön wird dann das ewige Himmelreich sein? „[...], zu einem unvergänglichen und unbefleckten und unverwelklichen Erbe, das aufbewahrt wird im Himmel für euch, die ihr aus Gottes Macht durch den Glauben bewahrt werdet zur Seligkeit, die bereit ist, dass sie offenbar werde zu der letzten Zeit. Dann werdet ihr euch freuen, [...]" (1 Petr 1:3-9). „Uns aber hat es Gott offenbart durch seinen Geist; denn der Geist erforscht alle Dinge, auch die Tiefen der Gottheit" (1 Kor 2:10).

Gott hat uns die ewige Glückseligkeit, das ewige Reich, den ewigen Frieden offenbart! Ein Zustand der seligen Freude, der nie vergeht. Dort werden wir niemals ermüden, niemals traurig sein oder Kummer haben! Unvergängliche Liebe und Freude in ihrer ganzen Fülle herrschen dort. Die Gemeinschaft mit Milliarden von Heerscharen, Erzengeln, Seraphim und anderen heiligen Geistern erwartet uns, wenn wir diesen Weg gehen — den **WEG DES GLAUBENS** an das reine Wort Christi und an das, was auf Golgatha geschah.

Christus hat den Sieg vollbracht

„Denn das Gesetz hat nur einen Schatten von den zukünftigen Gütern, nicht das Wesen der Güter selbst. Deshalb kann es die, die opfern, nicht für immer vollkommen machen, da man alle Jahre die gleichen Opfer bringen muss [...]" (Hebr 10:1-4). Unter dem Gesetz ist keine Freiheit von der Sünde möglich, davon zeugen diese Verse. Trotz wiederkehrender Opfergaben blieben die Menschen sündig. „Vielmehr geschieht dadurch alle Jahre nur eine Erinnerung an die Sünden. Denn es ist unmöglich, durch das Blut von Stieren und Böcken Sünden wegzunehmen" (Hebr 10:3 f.).

Doch Gottes Plan war ein anderer. Er wollte die Menschen aus dem Kreislauf der Sünde und des Todes befreien. „Christus aber ist gekommen als ein Hoherpriester der zukünftigen Güter durch die größere und vollkommenere Stiftshütte, die nicht mit Händen gemacht ist, das ist: die nicht von dieser Schöpfung ist. Er ist auch nicht durch das Blut von Böcken oder Kälbern, sondern durch sein eigenes Blut ein für alle Mal in das Heiligtum eingegangen und hat **EINE EWIGE ERLÖSUNG ERWORBEN**" (Hebr 9:11 f.). Aus diesem Grund sandte Gott seinen Sohn in diese Welt und ließ dessen Tod auf Golgatha zu. „Darum spricht er, wenn er in die Welt kommt (Ps 40:7-9): „Opfer und Gaben hast du nicht gewollt; einen Leib aber hast du mir geschaffen" (Hebr 10:5). „Denn jeder Hohepriester wird eingesetzt, um Gaben und Opfer darzubringen. Darum muss auch dieser etwas haben, was er opfern kann" (Hebr 8:3).

Christus kam in einem menschlichen Leib, damit er diesen als Opfer für die Sünden der Menschen darbringen konnte. Was dem Gesetz mit seinen Satzungen und Opfergaben nicht möglich gewesen ist, wurde durch Christus vollbracht. Er hat **DEN TEUFEL BESIEGT** (1 Joh 3:8) und **DIE SÜNDE AUFGEHOBEN** (Hebr 9:26).

Natürlich wusste der Teufel, dass Christus im Leib erschienen ist, um ihm die Macht über die Menschen zu nehmen. Die bösen Geister schrien Christus an: „Was willst du von uns, du Sohn Gottes? Bist du hergekommen, uns zu quälen, ehe es Zeit ist?" (Mt 8:29). „Und alsbald war in ihrer Synagoge ein Mensch, besessen von einem unreinen Geist; der schrie: Was willst du von uns, Jesus von Nazareth? Du bist gekommen, uns zu vernichten. Ich weiß, wer du bist: der Heilige Gottes! [...]" (Mk 1:23-27). Seine Position gab der Teufel nicht kampflos auf. Stattdessen setzte er alles daran, Christus auf unterschiedlichste Art und Weise zu verführen. Als Christus vierzig Tage in der Wüste gefastet hatte und sein Leib geschwächt war, schlug ihm der Teufel vor, sich doch aus den Steinen Brot zu machen (Mt 4:1-4; Lk 4:1-4). Dass Christus die Macht dazu hatte, war beiden bewusst. Doch Jesus folgte nicht den Worten des Teufels und widerstand ihm auch in allen anderen Versuchungen. Somit fand der Teufel keinen Platz in ihm (Joh 14:30).

Als Nächstes brachte der Teufel die Menschenmengen gegen Christus auf. Er flößte ihnen ein, dass Jesus nur ein Mensch sei, der Sohn eines einfachen Schreiners. Er würde sich selbst zu Gott machen! Für dieses Vergehen war im Gesetz die Todesstrafe angesetzt. „Darum verfolgten die Juden Jesus, weil er dies am Sabbat getan hatte. Jesus aber antwortete ihnen: Mein Vater wirkt bis auf diesen Tag, und ich wirke auch. Darum trachteten die Juden noch viel mehr danach, ihn zu töten, weil er nicht nur den Sabbat brach, sondern auch sagte, Gott sei sein Vater, und machte sich selbst Gott gleich" (Joh 5:16-18). „Da hoben die Juden abermals Steine auf, um ihn zu steinigen. Jesus sprach zu ihnen: Viele gute Werke habe ich euch erzeigt vom Vater; um welches dieser Werke willen wollt ihr mich steinigen? Die Juden antworteten ihm und sprachen: Um eines guten Werkes willen steinigen wir dich nicht, sondern um der Gotteslästerung willen, denn du bist ein Mensch und machst dich selbst zu Gott" (Joh 10:31-33). Wir alle wissen, was danach passierte: Christus wurde gekreuzigt. Christus, der selbst der wahre Gott und das ewige Leben ist (1 Joh 5:20), hat die Schuld der ganzen Menschheit auf sich genommen und sich als Opfer dargebracht

(Jes 53:5-11). Er hat seinen Leib, den er von Gott dafür bekommen hat, für alle gegeben. „Denn auch Christus hat **EINMAL** für die Sünden gelitten, der Gerechte für die Ungerechten, damit er euch zu Gott führte, und ist getötet nach dem Fleisch, aber lebendig gemacht nach dem Geist" (1 Petr 3:18). „Den hat Gott auferweckt und hat aufgelöst die Schmerzen des Todes, wie es denn unmöglich war, dass er vom Tode festgehalten werden konnte" (Apg 2:24). Christus starb am Kreuz und ist wieder auferstanden. Wie war das möglich? Es war nur möglich, weil Christus als Mensch nicht gesündigt hatte. **DER TOD KONNTE IHN NICHT FESTHALTEN, WEIL ER KEINEN PLATZ IN IHM FAND**. Christus wurde zwar in allem versucht, blieb aber standhaft. Er war heilig und gerecht und besiegte somit den Teufel.

Hier drängt sich eine weitere Frage auf: Wenn die Sünde ein falscher Glaube und der Geist des Teufels ist, kann denn der Geist der Lüge gekreuzigt werden, so dass die Lüge stirbt? Natürlich nicht! Ein Geist kann nicht getötet oder gekreuzigt werden. Einen Geist kann man nur vertreiben. Genau das hat Christus für den Menschen vollbracht. Durch seinen Tod und die Auferstehung hat er den Teufel besiegt, ihn entmachtet und ihm die Schlüssel des Todes und der Hölle genommen (Offb 1:18). Durch die Auferstehung kann der Tod hinfort nicht über ihn herrschen (Röm 6:9), denn er ist zum **GEIST GEWORDEN, DER LEBENDIG MACHT** (1 Kor 15:45).

Am Kreuz ist der physische Leib von Christus gekreuzigt worden. Durch sein Opfer hat er die vom Gesetz geforderte Strafe für die Sünde getragen. „Denn der Sünde Sold ist der Tod; [...]" (Röm 6:23). „[...] der unsre Sünde selbst hinaufgetragen hat an seinem Leibe auf das Holz, damit wir, der Sünde abgestorben, der Gerechtigkeit leben. Durch seine Wunden seid ihr [wir] heil geworden" (1 Petr 2:24).

Die Geschichte der Menschheit im Alten Testament zeigt, dass alle Menschen von Natur aus sündig sind und eine Befreiung aus eigener Kraft nicht möglich ist. Denn hier hat das fleischliche Wesen im Menschen seinen Ursprung. Als Adam und Eva Gott nicht gehorchten, nahm die Sünde im Menschen Platz ein. Durch die Sünde des ersten Menschen Adam ist sie zu allen Menschen hindurch gedrungen, denn in ihm haben alle gesündigt (Röm 5:12). Christus war der letzte Adam (1 Kor 15:44-48). Alle Menschen nach Adams Wesen wurden von Gott in Christus hineingelegt. „[...]. Aber der HERR warf unser aller Sünde auf ihn" (Jes 53:6; Röm 3:22-25). Das alte Wesen nach Adam wurde gekreuzigt. Die vom Gesetz geforderte Strafe für die Sünde wurde damit vollzogen. Seitdem hat jeder Mensch die Möglichkeit, in den reinen Zustand ohne Sünde zu kommen, so wie bei seiner Erschaffung. Durch die Wiederauferstehung von den Toten hat Christus die Macht bekommen, die Sünde im Menschen, das heißt den falschen Glauben, zu vernichten: „[...], ist er ein für alle Mal erschienen, durch sein eigenes Opfer die Sünde aufzuheben" (Hebr 9:26).

Durch den Glauben an das, was am Kreuz vollbracht wurde, nimmt Christus Platz im Menschen ein und befreit ihn von der Sünde, und somit vom Gesetz der Sünde und des Todes. „[...]. Denn das Gesetz des Geistes, der lebendig macht in Christus Jesus, hat dich frei gemacht von dem Gesetz der Sünde und des Todes" (Röm 8:1 f.). „Es sei aber fern von mir, mich zu rühmen als allein des Kreuzes unseres HERRN Jesus Christus, durch den mir die Welt gekreuzigt ist und ich der Welt" (Gal 6:14). „Wir wissen ja, dass **UNSER ALTER MENSCH MIT IHM GEKREUZIGT IST**, damit der Leib der Sünde vernichtet werde, sodass wir hinfort der Sünde nicht dienen. Denn wer gestorben ist, der ist frei geworden von der Sünde" (Röm 6:6 f.). Nur Christus vernichtet im Menschen den Tod und bringt in ihm das Leben und ein unvergängliches Wesen hervor (2 Tim 1:9 f.).

Das Wort der Wahrheit spricht deutlich davon, dass die Sünde vernichtet ist (Hebr 9:26) und es eine Befreiung von der Sünde gibt (Röm 6:6-7,18,22). Wie kommt es aber, dass im Christentum die weitverbreitete Meinung vorherrscht, dass ein Mensch immer wieder sündigt und ein Sünder bleibt? Warum wirkt in einem religiösen Menschen das Gesetz der Sünde und des Todes, obwohl dieses doch durch Christus besiegt ist? Der Glaube an die Kreuzigung und den Tod des Herrn ist zwar da, aber man glaubt daran so, wie an eine alte Geschichte, einen historischen Fakt. Der Glaube an die Befreiung vom Gesetz der Sünde und des Todes ist nicht vorhanden. Und die Menschen in den christlichen Religionen können nicht daran glauben, weil sie nicht an ihren eigenen Tod und ihre Auferstehung mit Christus glauben.

Wenn ein Mensch nicht versteht, was am Kreuz geschehen ist, wenn er nicht daran glaubt, was der Herr durch seine Auferstehung vollbracht hat, bleibt er ein Sünder. Denn nur der Glaube an den vollen Sieg Christi ist der teure und kostbare Glaube nach der Wahrheit unseres Herrn. Nur dieser Glaube befreit und bringt das wahre Leben! „Nun aber, da ihr von der Sünde frei und Gottes Knechte geworden seid, habt ihr darin eure Frucht, dass ihr heilig werdet; **DAS ENDE ABER IST DAS EWIGE LEBEN**" (Röm 6:22).

Das Abendmahl

Jesus Christus zahlte einen unglaublich hohen Preis für die Errettung der Welt. Er kam in diese Welt, um die Menschen vom Tod und von ihrem sündigen Zustand zu erlösen, obwohl die Welt seiner nicht würdig war. Er musste einen menschlichen Körper annehmen und die grausamste Hinrichtung über sich ergehen lassen, damit wir durch den Glauben an ihn das ewige Leben haben. „Denn also hat Gott die Welt geliebt, dass er seinen eingeborenen Sohn gab, auf dass alle, die an ihn glauben, nicht verloren werden, sondern das ewige Leben haben" (Joh 3:16). Allein die Vorstellung davon, was es bedeutet, das Reich des himmlischen Vaters — das voller Liebe, Freude und Frieden ist — zu verlassen und in die grausame, sündige Welt zu kommen, ist für den menschlichen Verstand unzugänglich. Ganz zu schweigen von der Erduldung des Todes, den er noch erleiden musste: „Gedenket an den, der ein solches Widersprechen von den Sündern wider sich erduldet hat, dass ihr nicht in eurem Mut matt werdet und ablasset" (Hebr 12:3).

Das Passahfest

Vor seiner Kreuzigung feierte Jesus mit seinen zwölf Aposteln das Passah. Dieses Fest feierten die Hebräer in Erinnerung daran, wie sie von Gott aus der Knechtschaft in Ägypten herausgeführt wurden. Das Passah war das Lamm, mit dessen Blut die Türpfosten und die oberste Türschwelle bestrichen werden mussten. Das Lamm selbst wurde auf dem Feuer zubereitet und vollständig aufgegessen. Nichts durfte davon übrigbleiben. In dieser Nacht ging ein Engel durch Ägypten und tötete alle Erstgeburten der Menschen und der Tiere. Doch an wessen Tür das Blut des Lammes war, daran ging der Engel vorbei. In derselben Nacht wurde das hebräische Volk aus seiner Sklaverei befreit. **DAS PASSAHLAMM WAR EIN BILDNIS AUF CHRISTUS**, der mit seinem Blut die Menschen, die an ihn glauben, aus der Sklaverei der Sünde befreit. Denn jeder, der Sünde tut, ist der Sünde Knecht (Joh 8:34).

„Und die Jünger taten, wie ihnen Jesus befohlen hatte, und bereiteten das Passahlamm. Und am Abend setzte er sich zu Tisch mit den Zwölfen. [...]. Als sie aber aßen, nahm Jesus das Brot, dankte und brach's und gab's den Jüngern und sprach: Nehmet, esset; **DAS IST MEIN LEIB**. Und er nahm den Kelch und dankte, gab ihnen den und sprach: Trinket alle daraus; **DAS IST MEIN BLUT** des Bundes, das vergossen wird für viele zur Vergebung der Sünden. [...]" (Mt 26:19 f., 26-30). Als Apostel Paulus der Gemeinde in Korinth das Gebot vom Abendmahl brachte, sprach er ebenso: „Denn ich habe von dem HERRN empfangen, was ich euch weitergegeben habe: Der HERR Jesus, in der Nacht, da er verraten ward, nahm er das Brot, dankte und brach's und sprach: Das ist mein Leib, der für euch gegeben wird; das tut zu meinem Gedächtnis. Desgleichen nahm er auch den Kelch nach dem Mahl und sprach: Dieser Kelch ist der neue Bund in meinem Blut; das tut, sooft ihr daraus trinkt, zu meinem Gedächtnis" (1 Kor 11:23-25).

Seinerzeit kam es aufgrund dieser Frage zum Bruch zwischen Luther und einem seiner Gefährten, der dem Reformationsgedanken auch sehr ergeben war: Luther war der Meinung, dass das Brot beim Abendmahl der Leib Christi sei. Sein Gefährte meinte, das Brot sei nur ein Symbol für den Leib, keinesfalls der Leib selbst. Es wäre nur Brot. Letztendlich verblieb jeder bei seiner Meinung.

Wir glauben dem Wort Gottes ohne Zweifel. Die ganze Lehre Christi, das Neue Testament, ist eine Lehre vom Glauben: „Aber ohne Glauben ist's unmöglich, Gott zu gefallen; [...]" (Hebr 11:6). Deshalb gilt auch in diesem Punkt nur der Glaube. Brot ist Brot, aber wenn wir das Brot vor den Herrn bringen, segnen wir es, indem wir es als den Leib Christi anerkennen und auch dafür danken. Ab diesem Moment wird das Brot zum Leib Christi nach seinem Wort: „Das ist mein Leib". „Ich rede doch zu verständigen Menschen; beurteilt ihr, was ich sage. Der gesegnete Kelch, den wir segnen, ist der nicht die Gemeinschaft des Blutes Christi? Das Brot [welches wir auch segnen], das wir brechen, ist das nicht die Gemeinschaft des Leibes Christi? Denn ein Brot ist's. So sind wir, die vielen, ein Leib, weil wir alle an einem Brot teilhaben" (1 Kor 10:15-17).

Wie das Wort des Herrn sagt, so glauben wir daran. „Denn ich schäme mich des Evangeliums nicht; denn es ist eine Kraft Gottes, die selig macht alle, die daran glauben, [...]. Denn darin wird offenbart die Gerechtigkeit, die vor Gott gilt, welche kommt aus Glauben in Glauben; wie geschrieben steht »Der Gerechte wird aus Glauben leben,«" (Röm 1:16 f.). „Aber ohne Glauben ist's unmöglich, Gott zu gefallen; [...]" (Hebr 11:6).

Wir bringen das Brot vor den Herrn und segnen es, indem wir es als den Leib Christi annehmen und dafür danken. Indem wir dieses tun, erfüllen wir das Wort.

In vielen religiösen Bewegungen wird über den eigenen Leib nachgedacht und nicht über den Leib des Herrn. Der Mensch beurteilt seinen eigenen Leib, ob er es wert ist am Abendmahl teilzunehmen. Um sich würdig zu machen oder zu fühlen, ist es üblich vor dem Abendmahl Buße zu tun, sich miteinander zu versöhnen, zu beten und zu fasten. Erst danach darf das Abendmahl vollzogen werden. Dies geschieht oftmals mit Traubensaft anstelle von Wein. Obwohl Christus eindeutig sagte: „Ich sage euch: Ich werde von nun an nicht mehr von diesem Gewächs des Weinstocks trinken bis an den Tag, an dem ich aufs Neue davon [dem neuen Wein] trinken werde mit euch in meines Vaters Reich" (Mt 26:29; Mk 14:25). Doch das

Halten des Abendmahls bedeutet nicht, über den eigenen Leib nachzudenken, sondern über den Leib Christi. Warum musste Christus im menschlichen Leib erscheinen und diesen als Opfer darbringen? Welche Qualen und Schmerzen musste er erleiden? Denn ein Mensch kann sich selbst niemals würdig machen! Vor allem nicht auf die Art und Weise, wie es in christlichen Religionen gepredigt wird. Deshalb ist das Abendmahl, so wie es in den Religionen vollzogen wird, eine Übertretung der Lehre Christi. Und davon zeugt die Heilige Schrift: „Wer darüber hinausgeht und bleibt nicht in der Lehre Christi, der hat Gott nicht; wer in dieser Lehre bleibt, der hat den Vater und den Sohn" (2 Joh 1:9). Dies bedeutet, dass diese Menschen Gott nicht haben.

Das Abendmahl wird abgehalten, um daran zu erinnern, was der Herr vollbracht hat. Er ist der Welt erschienen, um den Menschen die Wahrheit des Lebens zu verkünden. Und diese Wahrheit lautet: Es gibt kein Leben außerhalb von Gott. Das irdische Leben der Menschen ist nur eine zeitliche Erscheinung. „[...]. Denn das Wesen dieser Welt vergeht" (1 Kor 7:31; 1 Joh 2:17). Nur Gott selbst ist das Leben! Um nun den Menschen dieses wahre Leben zugänglich zu machen, hat Christus die Herrlichkeit des Vaters verlassen und ist zu den vom Teufel eingenommenen Menschen gekommen. „[...], obwohl er reich ist, wurde er doch arm um euretwillen, damit ihr durch seine Armut reich würdet" (2 Kor 8:9).

Deshalb sollen wir beim Abendmahl immer daran gedenken, welchen Preis Christus zahlen musste, um der Menschheit das Leben, das beim Vater war, zu bringen. So verkündigen wir den Tod des Herrn bis er kommt (1 Kor 11:26). Es soll zum Gedächtnis dessen, was geschehen ist, vollzogen werden (1 Kor 11:23-25).

Wer darf das Abendmahl vollziehen?

Ein wichtiger Punkt betrifft das Abhalten des Abendmahls. Im Alten Testament war dies nur dem Geschlecht Aarons vorbehalten, das für diesen Dienst auserwählt und hierfür von der restlichen hebräischen Gemeinschaft abgesondert wurde. Sie durften nichts Unreines anrühren, mussten bestimmte Kleider tragen, bestimmte Nahrung zu sich nehmen. So sah der Gottesdienst nach dem Fleisch aus. Im Neuen Testament hat der Gottesdienst nach dem Fleisch seine Gültigkeit verloren, er ist Gott nicht mehr wohlgefällig. In Jesus Christus sind wir Gläubige das heilige Volk. Es gibt keine Aufteilung mehr nach Priester oder Nichtpriester, wie zu den Zeiten des Alten Testaments.

Es gibt keine Bibelstelle, die davon zeugt, dass nur Pastoren, Diakone, Lehrer, Evangelisten oder Bischöfe das Recht haben, den Kelch in die Hand zu nehmen und das Brot zu brechen. Die Wahrheit ist: alle Gemeindemitglieder haben das gleiche Recht in der Gemeinde zu dienen, das Brot zu segnen und zu verteilen, ebenso wie den Kelch zu reichen.

Denn wenn es an einem Ort nur zwei oder drei von Gott geborene Menschen gibt und sie den Wunsch haben, das Abendmahl zu halten und sich an die Leiden Christi zu erinnern — was sollte sie daran hindern, dies in Liebe und im Glauben zu tun? Gibt es hierfür eine Begründung in der Schrift? Nur eines ist dabei wichtig: sie sollen nicht über ihren eigenen Leib nachdenken, ob sie es wert sind oder nicht, sondern über den Leib des Herrn nachsinnen und seines Opfers gedenken!

Somit liegt der Sinn des Abendmahls nicht darin, sich mit seinem Nächsten zu versöhnen, Buße zu tun und sich zu reinigen. Das soll man als Christ immer tun! Das Abendmahl dient zum Gedächtnis daran, dass Christus in diese Welt als ein

Mensch kam und der Menschheit den Weg in das Himmelreich öffnete. Er wurde gekreuzigt, hat große Qualen erlitten und ist für die Sünden der Menschen gestorben. Damit hat er allen die Rettung geschenkt!

Beim Abendmahl soll sich der Mensch prüfen, ob er wirklich daran glaubt. „Glaube ich wirklich daran, was dort geschehen ist? Glaube ich daran, dass das Opfer Jesu Christi, sein vergossenes Blut, sein Tod und seine Wiederauferstehung in meinem Leben wirken?" Wenn der Mensch das wirklich glaubt, ist er es wert am Abendmahl teilzunehmen. Wenn aber Zweifel da sind, dann soll er das Abendmahl nicht annehmen, sonst isst und trinkt er sich selbst zum Gericht! Das heißt, solch ein Mensch nimmt die Seite derer an, die den Herrn gekreuzigt haben.

Er hat für immer die vollendet, die geheiligt werden

„Denn wenn schon das Blut von Böcken und Stieren und die Asche von der Kuh durch Besprengung die Unreinen heiligt, sodass sie äußerlich rein sind, um wie viel mehr wird dann das Blut Christi, der sich selbst als Opfer ohne Fehl durch den ewigen Geist Gott dargebracht hat, **UNSER GEWISSEN REINIGEN VON DEN TOTEN WERKEN**, zu dienen dem lebendigen Gott!" (Hebr 9:13 f.).

Im Alten Testament wird das Gewissen überhaupt nicht erwähnt. Folglich wussten die Menschen nichts davon und es schien, als hätten sie gar kein Gewissen. Doch das Gewissen war da, allerdings war es eingenommen vom Gesetz der Sünde und des Todes.

Die Lehrer des Hebräischen Volkes — die Schriftgelehrten, Pharisäer und Priester — haben entsprechend dem Gesetz

„sodass sie äußerlich rein sind" eifrig ihren Leib, den äußerlichen Menschen, gereinigt. Dadurch wurden sie zu übertünchten Gräbern, die von außen den Menschen hübsch erschienen, innerlich aber voller Totengebeine und Unrat waren. „So auch ihr: Von außen scheint ihr vor den Menschen fromm, aber innen seid ihr voller Heuchelei und Unrecht" (Mt 23:27 f.). Der Herr spricht zu ihnen: „Du blinder Pharisäer, reinige zuerst das Innere des Bechers, damit auch das Äußere rein wird!" (Mt 23:26). Wie sollten die Pharisäer und Gesetzeslehrer aber ihr Inneres reinigen, wenn nach dem Gesetz lediglich der Leib gereinigt wurde?

Durch den Glauben an die reine Lehre des Neuen Testaments wird der Mensch frei von dem „bösen Gewissen" (Hebr 10:22). „[...] und werdet die Wahrheit erkennen, und die Wahrheit wird euch frei machen. [...]" (Joh 8:31-36). Das böse Gewissen ist ein beflecktes, unreines Gewissen (Tit 1:15), in welchem das Gesetz der Sünde und des Todes, der Geist der Lüge, also der Teufel selbst, wohnt. Dieses Gesetz wird im Menschen vernichtet. Mit anderen Worten: Der Teufel wird aus dem Gewissen ausgestoßen, denn Jesus Christus wird zum Gewissen des Menschen, indem der Heilige Geist in ihm ansässig wird. Das bedeutet, dass der Mensch von Gott geboren wird.

In der Bibel wird die Vollkommenheit im Gewissen des Menschen nur ein einziges Mal erwähnt, sodass dieser Stelle seitens der christlichen Religionen keinerlei Bedeutung beigemessen wird. Dabei ist diese Bibelstelle grundlegend für das geistliche Leben eines jeden Menschen!

„Das ist ein Gleichnis für die gegenwärtige Zeit: Es werden da Gaben und Opfer dargebracht, die nicht im Gewissen vollkommen machen können den, der Gott dient" (Hebr 9:9). Durch Opfergaben nach dem Alten Testament kann der Mensch in seinem Gewissen nicht vollkommen werden. Das konnte nur unser Herr Jesus Christus durch sein Opfer vollbringen: „Denn mit einem Opfer hat er für immer die vollendet, die geheiligt werden" (Hebr 10:14). Nur so wird der Mensch in seinem Gewissen vollkommen!

Christus — das Ende des Gesetzes

Welche Rolle spielen für uns Christen heute das Gesetz und die Gebote? Wurde das Alte Testament mit seinen Geboten gänzlich aufgehoben, oder nur teilweise? Wie ist zu verstehen, dass Christus einerseits das Ende des Gesetzes ist (Röm 10:4), andererseits das Gesetz aufgerichtet wird (Röm 3:31)?

„Und einer von ihnen, ein Schriftgelehrter, versuchte ihn und fragte: Meister, welches ist das höchste Gebot im Gesetz? Jesus aber antwortete ihm: »Du sollst den HERRN, deinen Gott, lieben von ganzem Herzen, von ganzer Seele und von ganzem Gemüt« (5 Mose 6:5). Dies ist das höchste und größte Gebot. Das andere aber ist dem gleich: »Du sollst deinen Nächsten lieben wie dich selbst« (3 Mose 19:18). In diesen beiden Geboten hängt das ganze Gesetz und die Propheten" (Mt 22:35-40). Die Menschen waren jedoch nicht imstande, diese Gebote zu befolgen, denn in ihnen lebte eine Kraft, die sie unentwegt zum Übertreten der Gebote lenkte. Dadurch wurde das Gesetz immer mehr geschwächt und verlor mit dem Erscheinen von Jesus Christus seine Gültigkeit: „Denn was dem Gesetz unmöglich war, weil es durch das Fleisch geschwächt war, das tat Gott: Er sandte seinen Sohn in der Gestalt des sündigen Fleisches und um der Sünde willen und verdammte die Sünde im Fleisch, damit die Gerechtigkeit, vom Gesetz gefordert, in uns erfüllt würde, […]" (Röm 8:3 f.).

Jesus sagte: „Das Gesetz und die Propheten reichen bis zu Johannes. Von da an wird das Evangelium vom Reich Gottes gepredigt, und jedermann drängt sich mit Gewalt hinein" (Lk 16:16). „Denn damit wird das frühere Gebot aufgehoben — weil es zu schwach und nutzlos war; denn das Gesetz konnte nichts zur Vollendung bringen —, und eingeführt wird eine bessere Hoffnung, durch die wir uns zu Gott nahen. [...]. So ist Jesus Bürge eines viel besseren Bundes geworden" (Hebr 7:18-22). „Denn durch des Gesetzes Werke wird kein Mensch vor ihm gerecht sein. Denn durch das Gesetz kommt **ERKENNTNIS DER SÜNDE**" (Röm 3:20). „[...]; und in all dem, worin ihr durch das Gesetz des Mose nicht gerecht werden konntet, ist der gerecht gemacht, der an ihn glaubt" (Apg 13:38 f.). „Denn Christus ist des Gesetzes Ende, zur Gerechtigkeit für jeden, der glaubt" (Röm 10:4). Das Gesetz ist aufgrund seiner Schwachheit aufgehoben worden. Es hat nichts zur Vollkommenheit gebracht und konnte nicht vom Gesetz der Sünde und des Todes befreien, sondern wurde zur Kraft der Sünde (1 Kor 15:56). Die Kraft der Sünde ist das Gesetz, da es vorschreibt, wie der Mensch zu sein hat und eben dadurch die Sünde im Menschen offenbart. Man bezeichnet das Gesetz auch als „toten Buchstaben", da es kraftlos ist und die Sünde im Menschen nicht besiegen kann. Deshalb ist anstelle des Alten Testaments das Neue Testament getreten (Hebr 9:15). Jesus Christus ist der Mittler des Neuen Bundes, er ist der Hohepriester und der Diener am Heiligtum und am wahrhaftigen Zelt (der Gemeinde), das nicht ein Mensch, sondern der Herr aufgerichtet hat (Hebr 8:1 f.).

Viele „Befürworter" des Gesetzes stützen sich auf diese Bibelstellen: „Ihr sollt nicht meinen, dass ich gekommen bin, das Gesetz oder die Propheten aufzulösen; ich bin nicht gekommen aufzulösen, sondern zu erfüllen. Denn wahrlich,

ich sage euch: Bis Himmel und Erde vergehen, wird nicht vergehen der kleinste Buchstabe noch ein Tüpfelchen vom Gesetz, bis es alles geschieht. Wer nun eines von diesen kleinsten Geboten auflöst und lehrt die Leute so, der wird der Kleinste heißen im Himmelreich; wer es aber tut und lehrt, der wird groß heißen im Himmelreich" (Mt 5:17-19). „Wie? Heben wir denn das Gesetz auf durch den Glauben? Das sei ferne! Sondern wir richten das Gesetz auf" (Röm 3:31). Um diese Verse richtig zu verstehen, muss man wissen, dass **DAS GESETZ EIN ABBILD DES WAHRHAFTIGEN** war, eine Imitation des Lebens, das kommen musste. Es deutete zwar auf Christus hin, war aber nicht das Leben selbst. Wenn wir heute Christus als unser Leben haben, bekräftigen wir mit unserem Leben all das, was das Gesetz auch in sich verbarg und worauf es hindeutete. So wird das Gesetz durch Christus aufgerichtet (Röm 3:31). Zum Beispiel: Das Lamm des Alten Testaments ist heute Jesus Christus, unser Passahlamm (1 Kor 5:7). Oder das Verbot, Schweinefleisch, Pferdefleisch und Fisch ohne Flossen und Schuppen zu essen, bedeutet für uns heute, dass wir uns nicht von unterschiedlichen religiösen Lehren ernähren sollen. Das heißt, mit unserem Leben bekräftigen wir, dass das Gesetz tatsächlich auf Jesus Christus hindeutete, wie geschrieben steht: „Ihr sucht in der Schrift, denn ihr meint, ihr habt das ewige Leben darin; und sie ist's, die von mir zeugt" (Joh 5:39). Wir bekräftigen die Wirklichkeit, das wahre Leben, wovon das Gesetz ein Schatten war: „Denn das Gesetz hat nur einen Schatten von den zukünftigen Gütern, nicht das Wesen der Güter selbst. [...]" (Hebr 10:1). „Ihr sollt heilig sein, denn ich bin heilig" (1 Petr 1:15 f.). Das gleiche forderte das Gesetz vom Menschen: Der Mensch musste aus eigener Kraft alle Gebote so erfüllen, damit er nach dem Gesetz heilig wird. Doch es war unmöglich, „denn durch das Gesetz kommt Erkenntnis der Sünde" (Röm 3:20).

Gott sandte seinen Sohn, um die Menschen aus ihrer misslichen Lage zu befreien, damit alle gerettet werden, die an ihn glauben. Jesus Christus hat die Sünden der ganzen Welt auf sich genommen. Er ist für alle Menschen gestorben, von den Toten auferstanden und wurde durch Gottes Gnade zu unserer Heiligkeit und Gerechtigkeit, die vom Gesetz gefordert war (1 Kor 1:30; Röm 8:1 f.). Auf diese Weise ist die Rechtfertigung des Gesetzes in uns — die wir nicht nach dem Fleisch, sondern nach dem Geist leben — erfüllt worden (Röm 8:4). Christus starb für das Gesetz. So sind auch wir **DURCH SEINEN LEIB DEM GESETZ GESTORBEN. WIR SIND FÜR IMMER VOM GESETZ FREI GEWORDEN**: „[...]. Also seid auch ihr, meine Brüder und Schwestern, dem Gesetz getötet durch den Leib Christi, sodass ihr einem andern angehört, nämlich dem, der von den Toten auferweckt ist, [...]. Nun aber sind wir vom Gesetz frei geworden und dem gestorben, was uns gefangen hielt, sodass wir **DIENEN IM NEUEN WESEN DES GEISTES** und nicht im alten Wesen des Buchstabens" (Röm 7:1,4-6).

Indem ein Mensch Jesus Christus annimmt, wird Jesus zur Heiligkeit und Gerechtigkeit des Menschen (1 Kor 1:30; Gal 3:26-28; Offb 19:8). Während das Gesetz bestimmte Werke und Taten vom Menschen forderte, bietet das Neue Testament dem Menschen an, sich durch den Glauben Gott hinzugeben. Und da Gott selbst im Menschen wohnt, leitet er ihn nach seinem Willen (Röm 6:13,19-22; 12:1-8; 8:14; 15:17-19).

Nach dem Neuen Testament ist Christus das Licht, der Verstand, die Freude, der Friede, die Hoffnung, der Glaube, die Demut, das Brot und das Wasser, der Weg des Menschen. Das heißt: Er ist alles in allem!

Der Kampf des Menschen unter dem Gesetz

Auch ein Mensch, der sich unter dem Gesetz des Buchstabens befindet, strebt danach, all diese Eigenschaften in sich aufzunehmen. Er wünscht sich sehr, dass Christus für ihn alles in allem wird. Er ist sehr darum bemüht, die Sünde zu besiegen, denn er geht davon aus, dass sobald er von der Sünde frei wird, Christus in ihm Einzug halten und für ihn alles in allem werden wird. Und das ist der große Irrtum — die Menschen haben das Neue Testament nicht verstanden!

Heutzutage versteht man unter dem Gesetz des Buchstabens die Gesetze des Alten Testaments, und zwar das Einhalten des Sabbats oder das Meiden gewisser Speisen. Für die Menschen in der Religion ist offensichtlich, dass diese Gesetze und Gebote abgeschafft sind und nicht mehr eingehalten werden müssen. Doch vieles andere aus dem Alten Testament wird in das Neue Testament übertragen. Dies hat zur Folge, dass alles verstrickt und durcheinandergebracht wird und das Neue Testament in das Gesetz nach dem Wesen des Buchstabens verwandelt wurde. Die Menschen versuchen aus eigener Kraft und eigenem Willen heraus, dieses Gesetz zu erfüllen und sehen darin ihre Heiligkeit und Wohlgefälligkeit vor Gott. Sie haben sich vom Wesen des alten Menschen nach Adam nicht getrennt, sondern kämpfen gegen ihn an. Wer sich aber nicht durch den Glauben von seinem alten Wesen löst, wird ständig unter der Knechtschaft des Gesetzes sein, denn nach dem alten Adam ist jeder Mensch ein Sünder, der nicht anders kann, als zu sündigen. Für den irdischen Menschen ist nur das Gesetz des Buchstabens, der das Eine erlaubt und das Andere verbietet, nachvollziehbar. Er weiß, dass der Lohn für die Sünde der Tod ist und versucht mit all seiner Kraft gegen die Sünde anzukämpfen — doch vergebens! Der Mensch bleibt ihr unterlegen und sündigt weiterhin.

Das heißt, diese Menschen haben Golgatha nicht verstanden und nicht angenommen! Sie sind im Wesen des alten Menschen nach Adam geblieben und versuchen, dieses alte Wesen zu ändern, es umzuerziehen und gerecht und heilig zu machen. Zum Teil führen sie jahrelang, je nach Eifrigkeit gegenüber Gott, einen schweren Kampf gegen sich selbst und können nicht verstehen, dass ihnen der Sieg verwehrt bleibt.

Das Gesetz hat sein Ziel erfüllt

Ein solcher Mensch bittet Gott immer wieder um Kraft und Segen, da Gott nicht inwendig im Menschen ist und nicht zu seiner Kraft geworden ist. Solche Menschen sind von Gott und Christus getrennt, so wie es im Alten Bund der Fall war. Und obwohl sie wissen, dass sich das Wort Gottes nicht an ihnen erfüllt, wollen sie es nicht wahrhaben und täuschen sich selbst, indem eigene Taten und Erfolge Gott zugeschrieben werden und der Vergleich mit anderen, denen es ähnlich geht, ihnen Trost spendet. Solche Menschen verstehen weder das Gesetz des Buchstabens noch das Neue Testament und das Gesetz des Geistes. Es ist ihnen verborgen, wie man aus dem Gesetz des Buchstabens in das Gesetz des Geistes gelangen kann.

Durch den Leib Christi sind wir dem Gesetz, das heißt dem Gesetz Moses, dem Alten Testament gestorben. „Denn Christus ist des Gesetzes Ende, zur Gerechtigkeit für jeden, der glaubt" (Röm 10:4). Wenn man dies nicht versteht, wird man nie die Gerechtigkeit erlangen. Das Alte Testament ist mit Johannes dem Täufer beendet. Das Gesetz hat sein Ziel erfüllt: es hat gezeigt, dass der Mensch durch seine eigenen Anstrengungen nicht in der Lage ist, sich von der Sünde zu befreien und dass die Menschheit einen Retter braucht. Jetzt gilt das Neue Testament, die Zeit der Gnade, in der die Rettung nur durch Christus möglich ist.

Die Gnade

„Und das Wort ward Fleisch und wohnte unter uns, [...] voller Gnade und Wahrheit. [...]. Und von seiner Fülle haben wir alle genommen Gnade um Gnade. Denn das Gesetz ist durch Moses gegeben; die Gnade und Wahrheit ist durch Jesum Christum geworden" (Joh 1:14-17).

Was ist Gottes Gnade? Was bewirkt die Gnade im Menschen, wenn er diese versteht und annimmt? Und warum bleibt sie doch für viele verborgen und unbegreiflich?

Die Menschheit war durch ihr gottloses Wandeln unwiderruflich im Tod und in der Finsternis gefangen. Für ihre Verbrechen erwartete sie die ewige Finsternis. „Da ist keiner, der gerecht sei, auch nicht einer. Da ist keiner, der verständig ist; da ist keiner, der nach Gott fragt. Sie sind alle abgewichen und allesamt verdorben. Da ist keiner, der Gutes tut, auch nicht einer [...], und den Weg des Friedens kennen sie nicht. Es ist keine Furcht Gottes vor ihren Augen. [...] alle Welt wird vor Gott schuldig sein, weil kein Mensch durch die Werke des Gesetzes vor ihm gerecht sein kann" (Röm 3:10-20). „[...] weil das Fleisch dem Gesetz Gottes nicht untertan ist; denn es vermag's auch nicht" (Röm 8:7).

Gott liebt die gesamte Menschheit und hat sie begnadigt: „Aber Gott, der reich ist an Barmherzigkeit, hat in seiner großen

Liebe, mit der er uns geliebt hat, auch uns, die wir tot waren in den Sünden, mit Christus lebendig gemacht — **AUS GNADE SEID IHR SELIG GEWORDEN**" (Eph 2:4 f.). „Denn Gott war in Christus und versöhnte die Welt mit sich selber und rechnete ihnen ihre Sünden nicht zu […]" (2 Kor 5:19). „Er hat unsere Sünden selbst an seinem Leib auf das Holz hinaufgetragen, damit wir, den Sünden abgestorben, für die Gerechtigkeit leben: durch seine Wunden seid ihr heil geworden" (1 Petr 2:24).

Und das ist die Gnade Gottes: Jesus Christus hat die Menschheit mit Gott versöhnt, indem er den vom Gesetz geforderten Tod auf sich nahm. Damit erkaufte er die Menschheit von der ewigen Verdammnis und schenkte ihr die vollkommene Vergebung der Sünden. „Als aber die Zeit erfüllt war, sandte Gott seinen Sohn, geboren von einer Frau und unter das Gesetz getan, damit er die, die unter dem Gesetz waren, erlöste, damit wir die Kindschaft empfangen" (Gal 4:4 f.).

„Jetzt ist die Zeit der Gnade, siehe, jetzt ist der Tag des Heils!" (2 Kor 6:2). Dieser Tag begann mit dem Ruf Christi: „Es ist vollbracht!" Und solange **DIESER TAG** noch andauert, sind den Menschen alle Sünden vergeben, wenn sie daran glauben.

Können wir als Menschen zur Befreiung von der Sünde etwas beitragen? — Gar nichts! Unser Herr Jesus Christus hat für uns die ewige Errettung erkauft. Alles was wir können und wozu wir imstande sind, ist dieses Opfer im Glauben anzunehmen. Deshalb haben wir auch allen Grund uns zu freuen, Jesus und Gott zu preisen und für diesen Gnadentag, an dem wir seine Stimme zur Errettung hören, zu danken. „Der Stein, den die Bauleute verworfen haben, ist zum Eckstein geworden. Das ist vom HERRN geschehen und ist ein Wunder vor unseren Augen. Dies ist der Tag, den der HERR macht; lasst uns freuen und fröhlich an ihm sein" (Ps 118:22-24). Wenn Jesus Christus das zweite Mal erscheinen wird, endet dieser Gnadentag und die Möglichkeit, sich zu erretten, wird vorbei sein.

Ein sehr starkes Zeugnis der Gnade ist das Schicksal des Übeltäters, der mit Jesus gekreuzigt wurde. Im letzten Moment wurde seine Seele errettet! „[...]. Und er sprach: Jesus, gedenke an mich, wenn du in dein Reich kommst! Und Jesus sprach zu ihm: Wahrlich, ich sage dir: Heute wirst du mit mir im Paradies sein" (Lk 23:41-43). Was hat den Übeltäter gerettet? Die einfache und aufrichtige Erkenntnis darüber, wer er war und was er getan hatte. Er bekannte Christus als Retter. Hat dieser Übeltäter diese Gnade und Errettung verdient? Er hat doch Menschen beraubt und getötet! Was also hat ihn vor der ewigen Verdammnis errettet? „[...] die heilbringende Gnade Gottes [...]" (Tit 2:11).

„Aber Gott, der reich ist an Barmherzigkeit, hat in seiner großen Liebe, mit der er uns geliebt hat, auch uns, die wir tot waren in den Sünden, mit Christus lebendig gemacht — aus Gnade seid ihr selig geworden — und er hat uns mit auferweckt und mit eingesetzt im Himmel in Christus Jesus, [...]. Denn aus Gnade seid ihr selig geworden durch Glauben, und das nicht aus euch: **GOTTES GABE IST ES, NICHT AUS WERKEN, DAMIT SICH NIEMAND RÜHME**" (Eph 2:4-9).

Das Neue Testament brachte die Errettung unabhängig von den Taten. „[...]. Wo aber die Sünde mächtig geworden ist, da ist doch die Gnade noch viel mächtiger geworden" (Röm 5:20). Es gibt keine Sünde, die das Opfer Christi nicht erkauft hätte, ganz gleich wie groß die Sünde auch sein mag. Denn die Gnade, die jeden Sünder errettet, ist größer! Die Liebe Christi geht über allen menschlichen Verstand hinaus (Eph 3:19; Phil 4:7).

Gnade um Gnade — Christus opferte sich, um in uns zu leben

„Und von seiner Fülle haben wir alle genommen **GNADE UM GNADE**" (Joh 1:16). „Nämlich das Geheimnis, das verborgen war seit ewigen Zeiten und Geschlechtern, nun aber ist es offenbart seinen Heiligen, denen Gott kundtun wollte, was der herrliche Reichtum dieses Geheimnisses [...] ist, **NÄMLICH CHRISTUS IN EUCH**, [...]" (Kol 1:26 f.).
Was bedeutet Gnade um Gnade? Es ist viel mehr als nur Gnade! Die Gnade erschien durch das Opfer Jesu Christi zur Rechtfertigung aller Sünden: „Welcher ist um unsrer Sünden willen dahingegeben und um unsrer Rechtfertigung willen auferweckt" (Röm 4:25). „Denn wenn wir mit Gott versöhnt worden sind durch den Tod seines Sohnes, als wir noch Feinde waren, um wie viel mehr werden wir selig werden durch sein Leben, nachdem wir nun versöhnt sind" (Röm 5:10).
Doch durch den Glauben an die Vergebung der Sünden allein hat der Mensch noch nicht das ewige Leben. Denn in ihm hat sich die Heiligkeit und Gerechtigkeit noch nicht offenbart, er ist noch seelisch und fleischlich. Um heilig und gerecht zu werden, muss der Mensch die „Gnade um Gnade" im Glauben annehmen. Das heißt: Christus in sich aufnehmen. Christus, der von den Toten auferstanden und zum Geist geworden ist, der lebendig macht. Denn Christus selbst ist Geist. Und jeder Mensch hat auch einen Geist — es ist sein Gewissen.
Durch den Glauben an die vollumfängliche Gnade, an die Gnade um Gnade, befreit Christus das Gewissen des Menschen von dem Geist der Sünde und des Todes. Er vereint sich mit dem Menschen und nimmt den Platz im Gewissen ein — Jesus

Christus wird zu seinem Gewissen (1 Kor 6:17). Der Mensch ist nun von dem Gesetz der Sünde und des Todes befreit und ist heilig und gerecht (Röm 8:1 f.). Das Wort der Wahrheit erfüllt sich: „Ihr aber seid nicht fleischlich, sondern geistlich, wenn denn Gottes Geist in euch wohnt. Wer aber Christi Geist nicht hat, der ist nicht sein" (Röm 8:9,14; 1 Kor 6:17).

Die neue Kreatur in Christus

Es wird klar, dass sich die Geburt von Gott nicht alleine durch den Glauben an die Vergebung der Sünden vollzieht, sondern erst durch den Glauben an den Tod zusammen mit Christus am Kreuz. Hier stirbt die alte Kreatur und es geschieht die Auferstehung der neuen Kreatur in Christus. Das ist die Geburt von Gott (Röm 6:6 f.). Dabei geht der Mensch vom Tod ins Leben über, steigt aus dieser Welt aus und stirbt für das Leben nach dem Fleisch. Er geht mit und in Christus in das Himmelreich über, das Christus brachte.

„Und aus seiner Vollkommenheit haben wir alle aufgenommen die Gnade um Gnade" — Jesus Christus hat nicht nur alle unsere Sünden vergeben, sondern hat sich selbst hingegeben, um in uns und für uns zu leben. Unser Leben ist vollkommen und gerecht geworden: „Durch ihn aber seid ihr in Christus Jesus, der uns von Gott gemacht ist zur Weisheit und zur Gerechtigkeit und zur Heiligung und zur Erlösung" (1 Kor 1:30).

Der größte Gewinn für einen Menschen ist es, die Gnade unseres Herrn Jesus Christus und die Gnade um Gnade zu erkennen. Sie ist unschätzbar und viel mehr wert, als der kostbarste Schatz dieser Welt. Der Geist der Weisheit hat bereits vor vielen tausend Jahren davon gezeugt: „Denn es ist besser, sie zu erwerben als Silber; und ihr Ertrag ist besser als Gold." Sie ist wertvoller als die kostbarsten Edelsteine und mit nichts anderem zu vergleichen!

„Langes Leben ist in ihrer rechten Hand; in ihrer Linken ist Reichtum und Ehre. Ihre Wege sind liebliche Wege, und alle ihre Pfade sind Frieden. Sie ist ein Baum des Lebens [...]" (Spr 3:14-18).

In Christus ist die ganze Fülle der Gottheit

Der Sohn Gottes ist im Leib erschienen und hat den Teufel besiegt. „Und er hat in den Tagen seines irdischen Lebens Bitten und Flehen mit lautem Schreien und mit Tränen vor den gebracht, der ihn aus dem Tod erretten konnte; und er ist erhört worden, weil er Gott in Ehren hielt. So hat er, obwohl er der Sohn war, doch an dem, was er litt, Gehorsam gelernt. Und da er vollendet war, ist er für alle, die ihm gehorsam sind, der Urheber der ewigen Seligkeit geworden, von Gott genannt ein Hoherpriester nach der Ordnung Melchisedeks" (Hebr 5:7-10). „Gott aber sei Dank, der uns den Sieg gibt durch unsern HERRN Jesus Christus" (1 Kor 15:57).

Unser Herr ist „[...] vor allem, und es besteht alles in ihm. Und er ist das Haupt des Leibes, nämlich der Gemeinde. Er ist der Anfang, der Erstgeborene von den Toten, damit er in allem der Erste sei. Denn es hat Gott gefallen, dass in ihm alle Fülle wohnen sollte" — „Denn in ihm wohnt die ganze Fülle der Gottheit leibhaftig, und an dieser Fülle habt ihr teil in ihm, der das Haupt aller Mächte und Gewalten ist" (Kol 1:17-19; 2:9 f.).

Wie sich die ganze Fülle der Gottheit in Christus äußert, können wir nicht fassen. Wir können sie nur durch all seine Namen erahnen.

1. Alle Dinge bestehen in ihm (Kol 1:17; 1 Kor 8:6)

2. Christus ist — ein verzehrendes Feuer (Hebr 12:29)

3. Christus ist — Ewig-Vater (Jes 9:5)

4. Christus ist — gestern und heute und derselbe auch in Ewigkeit (Hebr 13:8)

5. Christus ist — Gott über allem (Röm 9:5)

6. Christus — hat die Schlüssel des Todes und der Hölle (Offb 1:18)

7. Christus ist — das A und das O, der da ist und der da war und der da kommt (Offb 1:8)

8. Christus ist — das Brot des Lebens (Joh 6:35-51)

9. Christus ist — das Ebenbild des unsichtbaren Gottes (Kol 1:15; Hebr 1:3)

10. Christus ist — das Haupt der Gemeinde (Kol 1:18; Eph 1:22-23)

11. Christus ist — das Lamm Gottes (Joh 1:29)

12. Christus ist — das Licht der Welt (Joh 8:12; 12:46)

13. Christus ist — das Wort (Joh 1:14)

14. Christus ist — der Ausrichter des Neuen Testaments (Hebr 7:22)

DAS ERSCHEINEN CHRISTI

15. Christus ist — der, der ist (Joh 8:25)

16. Christus ist — der gute Hirte (Joh 10:12,14; Hebr 13:20)

17. Christus ist — der Eckstein (1 Petr 2:6; Eph 2:20-22)

18. Christus ist — der Erbe über alles (Hebr 1:2; Röm 8:17)

19. Christus ist — der Erschaffer von allem (Kol 1:16; Hebr 1:2,10-12)

20. Christus ist — der Erste und der Letzte (Offb 1:17; 1 Kor 15:45)

21. Christus ist — der Erstgeborene von den Toten (Kol 1:18; Offb 1:5)

22. Christus ist — der Heiland der Welt (Apg 4:12; 1 Joh 4:14)

23. Christus ist — der Heilige Geist (2 Kor 3:17; Hebr 9:14; Joh 4:24)

24. Christus ist — der helle Morgenstern (2 Petr 1:19; Offb 22:16)

25. Christus ist — der Herr (1 Kor 8:6; Apg 2:36)

26. Christus ist — der Hohepriester (Hebr 5:1-6; 7:23-28)

27. Christus ist — der König in Ewigkeit (Lk 1:32 f.)

28. Christus ist — der Menschensohn (Mk 2:10; Mt 12:8; 1 Tim 2:5)

29. Christus ist — der Mittler des Neuen Testaments (Hebr 9:13-15)

30. Christus ist — der rechte Trank (Joh 6:53-55)

31. Christus ist — der rechte Weinstock (Joh 15:1)

32. Christus ist — der Richter der Lebendigen und der Toten (Apg 10:42; 17:31)

33. Christus ist — der Sohn Gottes (Mt 16:16; Joh 6:69; Röm 1:3 f.)

34. Christus ist — der Tempel des neuen Jerusalems (Offb 21:22)

35. Christus ist — der treue und wahrhaftige Zeuge (Offb 1:5; 3:14)

36. Christus ist — der Weg und die Wahrheit und das Leben (Joh 14:6; 1 Joh 1:1-3)

37. Christus ist — der zweite Mensch (1 Kor 15:47)

38. Christus ist — die Auferstehung (Joh 11:25)

39. Christus ist — die Freiheit (2 Kor 3:17)

40. Christus ist — die Fülle der Gottheit leibhaftig (Kol 2:9)

41. Christus ist — die Liebe (1 Joh 4:16; 2 Kor 5:14)

42. Christus ist — die rechte Speise (Joh 6:53-55)

43. Christus ist — die Tür (Joh 10:7,9)

DAS ERSCHEINEN CHRISTI

44. Christus ist — die Weisheit, die Gerechtigkeit, die Heiligung, die Erlösung (1 Kor 1:30; 2 Kor 5:21; Hebr 2:11; 1 Petr 1:18 f.)

45. Christus ist — die Wurzel und das Geschlecht Davids (Offb 22:16)

46. Christus ist — unsere Beschneidung (Kol 2:11; Röm 2:28 f.)

47. Christus ist — unsere Hoffnung (1 Tim 1:1)

48. Christus ist — unser Friede, der Friedefürst (Eph 2:14; Jes 9:6)

49. Christus ist — unser Sinn (1 Kor 2:16)

50. Christus ist — vor allem (Kol 1:17)

51. Christus ist — Wunder-Rat (Jes 9:5)

Groß ist das Geheimnis des Glaubens: Gott ist im Fleisch erschienen und hat die Schuld der gesamten Menschheit auf sich genommen. Er hat den Schuldbrief getilgt, die Strafe für die Sünde — den Tod — selbst getragen und damit die Menschheit von ihrer Strafe befreit. Wer diese Gnade Gottes für seine Errettung annimmt, der nimmt die Seite Christi an. Ein solcher Mensch nimmt seinen Tod mit Christus am Kreuz an. Er stirbt für das Leben nach dem Fleisch und für das Gesetz der Sünde und des Todes, sowie für das Gesetz. Und noch viel mehr: Gemeinsam mit Christus sind wir nicht nur gestorben, sondern auch auferstanden. Derjenige, der das im Glauben annimmt, geht aus dieser Welt in eine andere über, eine himmlische

Welt. Damit trägt er die Unsterblichkeit, das ewige Leben, in sich (1 Tim 3:16; Joh 1:29; 3:16-21; Röm 6-8; 2 Tim 1:9 f.; Hebr 9:26-28; 2 Kor 5:14-21).

Dabei ist es sehr wichtig zu verstehen, dass nur die reine Lehre des Herrn die Unsterblichkeit Gottes in sich trägt. Wenn ein Mensch sich fest dazu entschlossen hat, die zukünftige Welt und die Auferstehung von den Toten zu erlangen (Lk 20:35 f.), darf er in keinem Fall die Lehre Christi übertreten. Er darf weder etwas hinzutun noch etwas wegnehmen, weder zur Linken, noch zur Rechten weichen. Sonst bleibt er ohne Gott! „Wer darüber hinausgeht und bleibt nicht in der Lehre Christi, der hat Gott nicht; wer in der Lehre bleibt, der hat beide, den Vater und den Sohn" (2 Joh 1:9). „Halte dich an das Vorbild der heilsamen Worte, die du von mir gehört hast, im Glauben und in der Liebe in Christus Jesus" — „Wir sind ja nicht wie die vielen, die mit dem Wort Gottes Geschäfte machen; sondern wie man aus Lauterkeit und aus Gott redet, so reden wir vor Gott in Christus" (2 Tim 1:13; 2 Kor 2:17).

Die erste Gemeinde

07
KAPITEL

160 Die Erwählung der Apostel

165 Die erste Gemeinde und ihr Fall

171 Die Abweichung von der Wahrheit

174 Welche Gemeinde ist das Haus Gottes?

Die Erwählung der Apostel

„Und als es Tag wurde, rief er seine Jünger und erwählte zwölf von ihnen, die er auch Apostel nannte: Simon, den er auch Petrus nannte, und Andreas, seinen Bruder, Jakobus und Johannes; Philippus und Bartholomäus; Matthäus und Thomas; Jakobus, den Sohn des Alphäus, und Simon, genannt der Zelot; Judas, den Sohn des Jakobus, und Judas Iskariot, der zum Verräter wurde" (Lk 6:13-16). „[...], und werdet meine Zeugen sein in Jerusalem und in ganz Judäa und Samarien und bis an das Ende der Erde" (Apg 1:8). So segnete der Herr seine Auserwählten und sandte sie aus, um sein Wort unter allen Völkern der Erde zu verkünden (Mt 28:19 f.).

Gemäß der Schriften des Neuen Testaments waren die Apostel die ersten Seelen, die zu einer neuen Kreatur wurden: „Wie viele ihn aber aufnahmen, denen gab er Macht, Gottes Kinder zu werden, denen, die an seinen Namen glauben, die nicht aus dem Blut noch aus dem Willen des Fleisches noch aus dem Willen eines Mannes, sondern von Gott geboren sind" (Joh 1:12 f.). „Was vom Fleisch geboren ist, das ist Fleisch; und was vom Geist geboren ist, das ist Geist. [...]. Wahrlich, wahrlich, ich sage dir: Es sei denn, dass jemand von Neuem geboren werde, so kann er das Reich Gottes nicht sehen" (Joh 3:6,3). Die Geburt von Gott, durch den Geist der Wahrheit (Jak 1:18), ist die Erscheinung der neuen Kreatur: „Darum, ist jemand in Christo, so ist er eine neue Kreatur; das Alte ist vergangen, siehe, es ist alles neu geworden!" (2 Kor 5:17). „Denn in Christus Jesus gilt weder Beschneidung noch Unbeschnittensein etwas, sondern eine **NEUE KREATUR**" (Gal 6:15).

Wie geschah bei den Aposteln die Geburt von Gott und anschließend die Taufe mit dem Heiligen Geist? Sie waren stets und überall mit dem Herrn zusammen: „Ihr aber seid's, die ihr ausgeharrt habt bei mir in meinen Anfechtungen. Und ich will euch das Reich zueignen, wie mir's mein Vater zugeeignet hat" (Lk 22:28 f.). Sie folgten dem Herrn überall hin und er sprach zu ihnen: „Und ich will den Vater bitten und er wird euch einen andern Tröster geben, dass er bei euch sei in Ewigkeit: den Geist der Wahrheit, den die Welt nicht empfangen kann, denn sie sieht ihn nicht und kennt ihn nicht. Ihr kennt ihn, denn er bleibt bei euch und wird in euch sein. Ich will euch nicht als Waisen zurücklassen; ich komme zu euch" (Joh 14:16-18). „Denn er bleibt bei euch und wird in euch sein." Es ist klar, dass der Herr mit ihnen war und sie ihn kannten. Wann war der Zeitpunkt, als er Einzug in ihnen hielt, so dass sie nicht als Waisen zurückblieben?

Die Jünger waren bei Christus, als er im Leib auf dieser Erde wandelte. Er sandte sie aus, um seine Werke zu tun, und gab ihnen Kraft und Macht. Doch zu diesem Zeitpunkt waren sie noch nicht von Gott geboren. Deshalb konnten sie nicht anders als flüchten, als Christus im Garten Gethsemane gefangen genommen wurde. Petrus verriet den Herrn sogar drei mal. „[…]. Und Petrus nahm ihn beiseite und fuhr ihn an und sprach: Gott bewahre dich, HERR! Das widerfahre dir nur nicht! Er aber wandte sich um und sprach zu Petrus: Geh weg von mir, Satan! Du bist mir ein Ärgernis; denn du meinst nicht, was göttlich, sondern was menschlich ist" (Mt 16:21-23). Petrus sprach zum Herrn: „HERR, ich bin bereit, mit dir ins Gefängnis und in den Tod zu gehen. Er aber sprach: Petrus, ich sage dir: Der Hahn wird heute nicht krähen, ehe du dreimal geleugnet hast, dass du mich kennst" (Lk

22:33 f.). Als dies mit den Aposteln geschah, waren sie bereits von dem Wort der Wahrheit gereinigt: „Ihr seid schon rein um des Wortes willen, das ich zu euch geredet habe" (Joh 15:3), aber Christus war noch nicht zu ihrem Leben geworden. Die Geburt von Gott hatte noch nicht stattgefunden, denn Christus war noch nicht gestorben und wiederauferstanden. Christus war noch nicht zu dem Geist geworden, der lebendig macht, um in den Jüngern seinen Platz einzunehmen, so dass sich die Geburt von Gott in ihrer Fülle hätte vollenden können (Joh 3:5).

Wann also vollendete sich die Geburt (der Jünger) von Gott in ihrer Fülle? „Am Abend aber dieses ersten Tages der Woche, […], kam Jesus und trat mitten unter sie und sprach zu ihnen: Friede sei mit euch! […]. Da sprach Jesus abermals zu ihnen: Friede sei mit euch! Wie mich der Vater gesandt hat, so sende ich euch. Und als er das gesagt hatte, blies er sie an und sprach zu ihnen: Nehmt hin den Heiligen Geist! Welchen ihr die Sünden erlasst, denen sind sie erlassen; und welchen ihr sie behaltet, denen sind sie behalten" (Joh 20:19-23). Genau das war der Moment, in dem die Apostel von Gott geboren wurden: **JESUS CHRISTUS BLIES SICH SELBST IN SIE HINEIN!** Er nahm Platz in ihnen ein und wurde zu ihrem Gewissen und ihrem Verstand. In diesem Augenblick geschah ihr Tod mit Christus am Kreuz und ihr Übergang aus dem Tod in das Leben: der Übergang aus dieser irdischen, seelischen Welt in die göttliche, geistliche, unvergängliche Welt Gottes. Von diesem Augenblick an waren die Apostel und alle, die mit ihnen waren, wahrhaftige Kinder Gottes, versiegelt durch den Heiligen Geist. **SIE WURDEN VON GOTT GEBOREN!** (Eph 4:30; Röm 8:9,14-17). Doch weil Christus nach seiner Wiederauferstehung von den Toten noch einige Zeit bei ihnen blieb, konnte die Kraft zum Aposteldienst in ihnen noch nicht in Erscheinung treten. Erst nachdem Christus gen

Himmel aufgefahren war, am Pfingsttag, wurden sie von dem Heiligen Geist erfüllt — mit der Kraft zum Dienst. „Und als er mit ihnen zusammen war, befahl er ihnen, Jerusalem nicht zu verlassen, sondern zu warten auf die Verheißung des Vaters, [...], ihr aber sollt mit dem Heiligen Geist getauft werden nicht lange nach diesen Tagen. [...] **IHR WERDET DIE KRAFT DES HEILIGEN GEISTES EMPFANGEN**, der auf euch kommen wird, und **WERDET MEINE ZEUGEN SEIN** in Jerusalem und in ganz Judäa und Samarien und bis an das Ende der Erde" (Apg 1:4 f. und 8). „Und es geschah plötzlich ein Brausen vom Himmel [...]. Und es erschienen ihnen Zungen, zerteilt wie von Feuer; [...], und sie wurden alle erfüllt von dem Heiligen Geist [...]" (Apg 2:2-4). Dies war die Vollendung ihrer Berufung zum Dienst.

Warum geschah das mit den Aposteln auf eine so besondere Art und Weise? Weil es ihnen bevorstand, sich gegen die schreckliche Maschinerie der irdischen Mächte zu stellen: jene Mächte, die Jesus Christus zuvor gekreuzigt hatten, wegen seiner Erscheinung in der Kraft und Macht des Wortes und aus der Furcht heraus, die eigene Machtposition zu verlieren. „Da versammelten die Hohepriester und die Pharisäer den Hohen Rat und sprachen: Was tun wir? Dieser Mensch tut viele Zeichen. Lassen wir ihn so, dann werden sie alle an ihn glauben, und dann kommen die Römer und nehmen uns Land und Leute. Einer aber von ihnen, Kaiphas, der in dem Jahr Hohepriester war, sprach zu ihnen: Ihr wisst nichts; ihr bedenkt auch nicht: Es ist besser für euch, ein Mensch sterbe für das Volk, als dass das ganze Volk verderbe. [...]. Von dem Tage an war es für sie beschlossen, dass sie ihn töteten" (Joh 11:47-53).

Welch eine Kraft und Macht müssen die Apostel wohl gehabt haben, die ausreichte, um gegen die Obrigkeit auftreten zu können und dabei mit diesen irdischen Mächten in keiner

Weise in Berührung zu kommen, also ohne für irgendjemanden oder irgendetwas Partei zu ergreifen. Stattdessen offenbarten sie den von Gott auserwählten Menschen das Reich Gottes in vollem Freimut. Dabei war ihnen sicher bewusst, dass sich die feindliche Macht jederzeit hätte gegen sie richten können — jene Macht, die nun erneut den Kontrollverlust über die Menschen zu befürchten hatte.

Christus sprach einst zu seinen Jüngern: „Wahrlich, wahrlich, ich sage euch: Ihr werdet weinen und klagen, aber die Welt wird sich freuen; ihr werdet traurig sein, doch eure Traurigkeit soll in Freude verwandelt werden" (Joh 16:20). Nachdem Christus gekreuzigt worden war, freute sich die Obrigkeit, dass sie sich des Menschen hatten entledigen können, der sie mit seiner Lehre und seinen Werken in Bedrängnis gebracht hatte. Doch plötzlich erschienen Menschen mit einer solchen Kraft und Macht, dass sie aus den verschiedensten Ländern ganze Völker, die alle an jenem Tag in Jerusalem waren, in Bewegung brachten: „[...]. Und es geschah plötzlich ein Brausen vom Himmel wie von einem gewaltigen Wind und erfüllte das ganze Haus, in dem sie saßen. [...], und sie wurden alle erfüllt von dem Heiligen Geist und fingen an zu predigen in andern Sprachen, wie der Geist ihnen gab auszusprechen. [...]. Als nun dieses Brausen geschah, kam die Menge zusammen und wurde bestürzt; denn ein jeder hörte sie in seiner eigenen Sprache reden. Es wohnten aber in Jerusalem Juden, die waren gottesfürchtige Männer aus allen Völkern unter dem Himmel [...]. Sie entsetzten sich aber, verwunderten sich und sprachen: [...] wir hören sie in unsern Sprachen von den großen Taten Gottes reden. [...]" (Apg 2:1-13).

Und auf genau dieses Ereignis hin bereitete Gott seine Apostel vor — ein einmaliges, nicht wiederholbares Ereignis zum Zeugnis für viele Völker. Für diese Erscheinung mussten die Apostel geboren, erzogen und vorbereitet werden, damit sie imstande wären, einen völlig neuen Anfang vom Reich Gottes auf der Erde zu offenbaren.

Damit die Apostel tatsächlich zu den Aposteln wurden, alles ertragen und in dieser Welt einen guten Grund für das Haus Gottes, also seine Gemeinde, legen konnten, mussten sie genau diese Vorbereitung erfahren. Denn im Gegensatz zu ihren Nachfolgern standen ihnen die Schriften des Neuen Testamentes nicht zur Verfügung. Sie wurden zu Gefäßen Gottes, deren Aufgabe es war, allen nachfolgenden Generationen das Neue Testament unseres Herrn Jesus Christus zu verkünden.

Die erste Gemeinde und ihr Fall

„Da kam Jesus in die Gegend von Cäsarea Philippi und fragte seine Jünger und sprach: Wer sagen die Leute, dass der Menschensohn sei? Sie sprachen: Einige sagen, du seist Johannes der Täufer, andere, du seist Elia, wieder andere, du seist Jeremia oder einer der Propheten. Er fragte sie: Wer sagt denn ihr, dass ich sei? Da antwortete Simon Petrus und sprach: Du bist Christus, des lebendigen Gottes Sohn! Und Jesus antwortete und sprach zu ihm: Selig bist du, Simon, Jonas Sohn; denn Fleisch und Blut haben dir das nicht offenbart, sondern mein Vater im Himmel. Und ich sage dir auch: Du bist Petrus, und auf diesen Felsen will ich meine Gemeinde bauen, und die Pforten der Hölle sollen sie nicht überwältigen. Ich will dir die Schlüssel des Himmelreichs geben: Alles, was du auf Erden binden wirst, soll auch im Himmel gebunden sein, und alles, was du auf Erden lösen wirst, soll auch im Himmel gelöst sein [...]" (Mt 16:13-19).

„Das ist nun das dritte Mal, dass Jesus offenbart war seinen Jüngern, nachdem er von den Toten auferstanden war. Da sie nun das Mahl gehalten hatten, spricht Jesus zu Simon Petrus: Simon Jona, hast du mich lieber, denn mich diese haben? Er spricht zu ihm: Ja, HERR, du weißt, dass ich dich lieb habe. Spricht er zu ihm: Weide meine Lämmer! Spricht er wieder zum andernmal zu ihm: Simon Jona, hast du mich lieb? Er spricht zu ihm: Ja, HERR, du weißt, daß ich dich lieb habe. Spricht Jesus zu ihm: Weide meine Schafe! Spricht er zum dritten Mal zu ihm: Simon Jona, hast du mich lieb? Petrus ward traurig, dass er zum dritten Mal zu ihm sagte: Hast du mich lieb? und sprach zu ihm: HERR, du weißt alle Dinge, du weißt, dass ich dich lieb habe. Spricht Jesus zu ihm: Weide meine Schafe!" (Joh 21:14-17).

Alle Jünger und Apostel verstanden, dass Petrus von Gott berufen und auserwählt war, um für die Gemeinde zu dienen. Gott gab ihm die Schlüssel zum Himmelreich und die Macht, zu binden und zu lösen und dies führte Petrus auch während der gesamten Zeit im Dienste Gottes aus. Nach der Taufe der Apostel durch den Heiligen Geist erschien ein Zeichen: die Apostel predigten plötzlich in verschiedenen Sprachen (Apg 2:5 f.). Die Menschen waren sehr überrascht und fragten sich, wie das sein könne. Bald darauf zeigte sich die führende Stellung von Petrus unter den Aposteln: Er stand mit den elf Aposteln auf und trug seine erste Predigt vor. Dabei wandte er sich an die große Menschenmenge, die sich in Jerusalem versammelt hatte (Apg 2). Genau an diesem Tag wurde die erste Christengemeinde in Jerusalem geboren.

Die Gemeinde in Jerusalem wuchs sehr schnell und gewann an Stärke. Bereits an diesem ersten Tag ließen sich etwa dreitausend Seelen taufen (Apg 2:41). Ein anderes Mal kamen fast fünftausend Seelen dazu (Apg 4:4). Alle Gläubigen waren beständig in der Lehre der Apostel, sie waren alle ein Herz und

DIE ERSTE GEMEINDE

eine Seele. Das Hab und Gut, das sie besaßen, gehörte allen zusammen. Es gab absolut keine Spaltungen, es war eine Lehre und eine Gemeinde. „Die Menge der Gläubigen aber war ein Herz und eine Seele [...]" — „Sie blieben aber beständig in der Lehre der Apostel und in der Gemeinschaft und im Brotbrechen und im Gebet" — „Und mit großer Kraft bezeugten die Apostel die Auferstehung des HERRN Jesus, und große Gnade war bei ihnen allen" (Apg 4:32; 2:42; 4:33).

Doch sehr bald erhob sich ein massiver Widerstand — der Aufstand der Juden im Namen des Gesetzes! Sie glaubten zwar an Jesus Christus, bestanden aber auch darauf, weiterhin am Gesetz Moses festzuhalten. So hielten sie an der Beschneidung nach dem Fleisch, an der Einhaltung der Reinheitsgebote in Bezug auf das Essen und den Feiertagen fest. Auch vom Sabbat, dem Ruhetag, an welchem weder Arbeiten noch Tätigkeiten wie beispielsweise das Anzünden eines Feuers, erlaubt waren, wollten sie sich nicht lösen. Es kam oft zu heftigen Auseinandersetzungen, wie zum Beispiel in Apostelgeschichte 15 beschrieben wird. Noch deutlicher spricht Apostel Paulus darüber in seinem Brief an die Galater, unter welchen die Verführung geschah; sie nahmen die Gebote aus dem Gesetz Moses erneut an, die jedoch ihre Gültigkeit bereits verloren hatten. Die Folge war, dass sie ohne Christus blieben und von der Gnade abfielen (Gal 5:1-9).

Die Bibel spricht von Anfang an über die Wichtigkeit, in der Lehre Gottes zu bleiben und nicht davon abzuweichen. Zu den Worten Gottes darf nichts hinzugefügt oder davon weggenommen werden — es gilt, alles zu befolgen (5 Mose 4:2; 5 Mose 16:19 f.; Jos 1:7-9; Offb 22:18 f.).

Das Buch Josua beschreibt: „Und Israel diente dem HERRN, solange Josua lebte und die Ältesten, die noch lange Zeit nach Josua lebten [...]" (Jos 24:31). Doch als dann die nächsten Generationen aufkamen, begann Israel vom Gesetz Gottes abzuweichen. Sie folgten anderen Göttern und stellten sich eigene Gesetze auf, die ihnen passten. Das Gleiche geschah, nachdem alle Apostel verschieden waren und auch diejenigen, die die Apostel kannten. Bereits zur Zeit von Apostel Paulus begann die Abweichung von der reinen Lehre Jesu Christi und seiner Apostel: „Denn solche sind falsche Apostel, betrügerische Arbeiter und verstellen sich als Apostel Christi. Und das ist auch kein Wunder; denn er selbst, der Satan, verstellt sich als Engel des Lichts. Darum ist es nichts Großes, wenn sich auch seine Diener verstellen als Diener der Gerechtigkeit; deren Ende wird sein nach ihren Werken" — „Folgt mir, liebe Brüder, und seht auf die, die so leben, wie ihr uns zum Vorbild habt. Denn viele leben so, dass ich euch oft von ihnen gesagt habe, nun aber sage ich's auch unter Tränen: Sie sind die Feinde des Kreuzes Christi. Ihr Ende ist die Verdammnis, ihr Gott ist der Bauch und ihre Ehre ist in ihrer Schande; sie sind irdisch gesinnt" (2 Kor 11:13-15; Phil 3:17-19). Apostel Petrus sagte voraus: „Es waren aber auch falsche Propheten unter dem Volk, wie auch unter euch sein werden falsche Lehrer, die verderbliche Irrlehren einführen [...]. Und viele werden ihnen folgen in ihren Ausschweifungen; um ihretwillen wird der Weg der Wahrheit verlästert werden. [...]" (2 Petr 2:1-3). Apostel Judas schreibt: „Denn es haben sich einige Menschen eingeschlichen, [...] Gottlose sind sie, missbrauchen die Gnade unseres Gottes für ihre Ausschweifung [...]" — „Aber sie sind wie die unvernünftigen Tiere, [...] haben Augen voll Ehebruch, nimmer satt der Sünde, locken an sich leichtfertige Menschen [Kinder im Glauben] [...]. Denn sie reden stolze Worte, hinter denen nichts ist, und reizen durch Unzucht zur fleischlichen Lust diejenigen, die kaum entronnen waren denen, die im Irrtum ihr Leben führen, und versprechen ihnen Freiheit, obwohl sie selbst Knechte des Verderbens sind. Denn von wem jemand überwunden ist, dessen Knecht ist er geworden" (Jud 1:4; 2 Petr 2:12-19). So warnte auch Apostel Johannes: „Kinder, es ist die letzte Stunde! Und wie ihr gehört habt, dass der Antichrist kommt, so sind nun schon viele Antichristen gekommen; daran erkennen wir, dass es die letzte Stunde ist. Sie sind von uns ausgegangen, aber sie waren nicht von uns. Denn wenn sie von uns gewesen wären, so wären sie ja bei uns geblieben; aber es sollte offenbar werden, dass sie nicht alle von uns sind" (1 Joh 2:18 f.).

So kam die Reinheit der Lehre Christi langsam ins Wanken: „Darum soll ihnen auch des HERRN Wort eben also werden: Gebeut hin, gebeut her; tut dies, tut das; harre hier, harre da; warte hier, warte da; hier ein wenig, da ein wenig, daß sie hingehen und zurückfallen, zerbrechen, verstrickt und gefangen werden" — durch den Geist des Teufels (Jes 28:13). So wunderte sich Apostel Paulus: „Mich wundert, dass ihr euch so bald abwenden lasst von dem, der euch berufen hat in die Gnade Christi, zu einem andern Evangelium, obwohl es doch kein andres gibt; nur dass einige da sind, die euch verwirren und wollen das Evangelium Christi verkehren. Aber auch wenn wir oder ein Engel vom Himmel euch ein Evangelium predigen würden, das anders ist, als wir es euch gepredigt haben, der sei verflucht. […]" (Gal 1:6-9). Daher warnte Apostel Paulus Timotheus: „Denn es wird eine Zeit kommen, da sie die heilsame Lehre nicht ertragen werden; sondern nach ihren eigenen Gelüsten werden sie sich selbst Lehrer aufladen, nach denen ihnen die Ohren jucken und werden die Ohren von der Wahrheit abwenden und sich den Fabeln zukehren. Du aber sei nüchtern in allen Dingen [...]" — „[...] und seht darauf, dass nicht jemand Gottes Gnade versäume; dass nicht etwa eine bittere Wurzel aufwachse und Unfrieden anrichte und viele durch sie unrein werden" (2 Tim 4:3 f.; Hebr 12:15). So begann sich die Sünde zu verbreiten, die letztendlich zur Spaltung der Gemeinde führte. Dies kam ganz gewiss nicht vom Heiligen Geist, sondern entsprang einzig und allein dem menschlichen Verstand, der die Worte des Teufels aufgenommen hatte! Der natürliche Mensch vernimmt nichts vom Geist Gottes. Im Gegensatz dazu ist das Leben nach dem Gesetz des Buchstabens für den irdischen Verstand klar und verständlich. Apostel Paulus schrieb: „Der natürliche Mensch aber vernimmt nichts vom Geist Gottes; es ist ihm eine Torheit und er kann es nicht erkennen; denn es muss geistlich beurteilt werden. Der geistliche Mensch aber beurteilt alles und wird doch selber von niemandem beurteilt. Denn »wer hat des HERRN Sinn erkannt, oder wer will ihn unterweisen«? (Jes 40,13). Wir aber haben Christi Sinn" (1 Kor 2:14-16). So wurde die Lehre unseres Herrn Jesus Christus nach und nach immer mehr in ein Gesetz verwandelt, in das Gesetz des Buchstabens, das tötet und nicht rettet! Im heutigen Christentum gibt es inzwischen unzählige Spaltungen. So viele, dass es kaum mehr möglich ist, die vielen christlichen Gemeinden aufzuzählen. Der Dienst jeder christlichen Bewegung wird immer nach dem Gesetz des Buchstabens ausgeführt und ist sehr weit entfernt von der rettenden Gnade. Diese ist Christus — unsere Heiligkeit, unsere Gerechtigkeit, unsere Liebe, unser ewiges Leben (1 Kor 1:30; Kol 3:1-4; 1 Joh 5:19 f.).

Die Abweichung von der Wahrheit

„Denn ich eifere um euch mit göttlichem Eifer; denn ich habe euch verlobt mit einem einzigen Mann, damit ich Christus eine reine Jungfrau zuführte. Ich fürchte aber, dass wie die Schlange Eva verführte mit ihrer List, so auch eure Gedanken abgewendet werden von der Einfalt und Lauterkeit gegenüber Christus" (2 Kor 11:2 f.).

Die Gemeinde ist Christi Leib (Eph 1:22 f.), welche der Herr durch sein Blut erkauft hat (Apg 20:28). Für diese Gemeinde, **DIE KEINERLEI SPALTUNGEN** in sich hat, in der alle eines Sinnes in der Erkenntnis, der Liebe und dem Frieden sind, kommt er erneut! Nachdem die Apostel entschlafen waren, vergingen keine hundert Jahre und die erste Gemeinde hatte sich in eine religiöse, irdische Organisation verwandelt. Die Wahrheit war ihr völlig abhanden gekommen. Wie konnte das geschehen? Zunächst einmal ist es dem Teufel gelungen, die völlige Einigkeit der Gemeinde zu erschüttern. Es wurde eine Abweichung von der Einfalt in Christus zugelassen, infolgedessen verfinsterte sich der Verstand der Gemeindemitglieder, ihre Sicht auf die Dinge änderte sich und es folgte eine Spaltung nach der anderen.

Die Apostel haben die Verfälschung der Wahrheit und die Abkehr von ihr vorausgesagt: „Wir sind ja nicht wie die vielen, die mit dem Wort Gottes Geschäfte machen; sondern wie man aus Lauterkeit und aus Gott reden muss, so reden wir vor Gott in Christus" (2 Kor 2:17). Paulus warnt: „denn ich habe nicht unterlassen, euch den ganzen Ratschluss Gottes zu verkündigen. So habt nun acht auf euch selbst und auf die ganze Herde, in der euch der Heilige Geist eingesetzt hat zu Bischöfen, zu weiden die Gemeinde Gottes, die er durch sein eigenes Blut erworben hat. Denn das weiß ich, dass nach meinem Abschied reißende Wölfe zu euch kommen, die die Herde nicht verschonen werden. Auch aus eurer Mitte werden Männer aufstehen, die Verkehrtes lehren, um die Jünger an sich zu ziehen. Darum bezeuge ich euch am heutigen Tage, dass ich rein bin vom Blut aller" (Apg 20:27-30,26). Petrus beschreibt, womit die Verfälschung und die Übertretung der Lehre Christi beginnen würde: durch falsche Lehrer und der damit einhergehenden Einführung verderblicher Irrlehren! Deren verderbliche Ansichten fließen in die Lehren ein „und verleugnen den HERRN, der sie erkauft hat" (2 Petr 2:1). Hier liegt der Ursprung jeglicher Verfälschung und Entstellung der Lehre Jesu Christi, der Grund jeglichen Irrtums christlicher Bewegungen, von denen es mittlerweile sehr viele gibt!

Angefangen vom Katholizismus, welcher zu Zeiten des römischen Kaisers Konstantin vollkommen heidnisch wurde. Nach einer Reform spaltete sich das Christentum und es entstand die orthodoxe und die katholische Bewegung. Die Katholiken und die Orthodoxen sind sich ähnlich, lediglich die Rituale des Gottesdienstes sind unterschiedlich. In der katholischen Kirche soll man zum Beispiel während des Gottesdienstes sitzen, wohingegen dies in der orthodoxen Kirche verboten ist. Die Katholiken bekreuzigen sich von links nach rechts, die Orthodoxen umgekehrt. Jede dieser Konfessionen hat eigene Ikonen, eigene Heilige usw. So stellte Martin Luther, ein katholischer Mönch und gelehrter Geistlicher, eines Tages fest, dass man sich sehr von der christlichen Lehre entfernt hat und diese stark von der Bibel abweicht. Er lehnte sich dagegen auf und es kam zur großen Reform. Luthers Lehre brachte in Deutschland eine große Bewegung hervor, deren Anhänger und Befürworter als „Protestanten" bezeichnet

DIE ERSTE GEMEINDE

werden. Zur gleichen Zeit erhob sich ein weiterer Reformator — Johannes Calvin. Er begründete den Calvinismus, eine strenge, sich ad absurdum führende Glaubensrichtung. Luther und Calvin sind sich in manchen Fragen des Glaubens uneinig gewesen. Daraufhin vollzog sich eine Reform nach der anderen. Es fanden sich immer wieder kluge Köpfe, die in der Bibel etwas Besseres fanden, als in der Lehre der damaligen Zeit. Sie brachten das Neuentdeckte vor die Gläubigen, fanden ihre Anhänger und spalteten sich von der bisherigen Glaubensrichtung ab. Auf solche Weise entstanden die Baptisten, welche nach einer erneuten Reform die Pfingstler hervorbrachten, und diese wiederum die Charismaten. Das Wort Gottes wurde bei ihnen allen zu einem Regelwerk von Geboten und Satzungen. Dabei bleiben sie in den Schranken der Religion gefangen und beten Gott nach dem Fleisch an.

Anfänglich wurden Reformen eingeführt, die strengere Regeln in Bezug auf den Gottesdienst vorschrieben. Diese Strenge führte schließlich zur Ermüdung und zum Abfall vieler Menschen vom Glauben. Prompt fanden sich diejenigen, die verstanden haben, dass es so nicht weitergehen konnte, da die Verluste der Mitglieder sonst zu groß geworden wäre. Die Ausrichtung änderte sich: man lockerte die Schrauben, die vormals mit Bedacht immer stärker angezogen wurden. Inzwischen kommt der Gottesdienst vieler Bewegungen dem weltlichen Entertainment sehr nahe. Noch etwas mehr Annäherung und sie werden sich völlig mit der Welt, welche aktiv dem Teufel dient, vereinen. Die Mitglieder lassen sich springend, tanzend, zur Musik kreisend bis zur seelischen Ekstase führen. Kein großer Unterschied zur weltlichen Disco. Auf diese Weise wird die Jugend angelockt. Überaus traurige Bilder, welche auch noch als Gottesdienst gelten!

Es gibt natürlich auch diejenigen, die die Strenge nach den alten Vorgaben einhalten. Aber auch das ist nichts anderes, als die seelische, fleischliche Anbetung Gottes. Die Religion kann es weder fassen noch glauben, dass anstelle von Reformen **DER TOD FÜR DIESE WELT** erfolgen muss.

Die heutigen christlichen Bewegungen nennen sich zu Unrecht „Christen", denn sie verwerfen die Kernbotschaft der christlichen Lehre, den Grund des Neuen Testaments, nämlich das Opfer Jesu Christi am Kreuz. In ihrer Lehre hat das Opfer Christi nicht die Kraft, von der Sünde zu befreien. Die Sünde bleibt im Menschen und wird nicht vernichtet. Genau das ist die verderbliche Lehre. Glaubt der Mensch an diese Lehre, so verwirft er das Sühneopfer Christi, der Fleisch und Blut angenommen hat, um durch sein Opfer dem Teufel die Macht zu nehmen (Hebr 2:14). Der Mensch glaubt nicht daran, dass durch den Glauben an ihn die Sünde im Menschen vernichtet wird (Hebr 9:25-28), dass Christus durch sein Opfer den Menschen vom Gesetz der Sünde und des Todes befreit (Röm 8:1 f.) und sich selbst in ihm als Leben und Unsterblichkeit offenbart (2 Tim 1:9 f.). Nur durch diesen Glauben wird der Mensch **ZUR NEUEN KREATUR** in Jesus Christus, die heilig und gerecht ist. Das Alte (nach Adam) ist mit Christus am Kreuz gestorben, es ist nicht mehr da (2 Kor 5:17; Röm 6:1-7; Röm 5:12,17).

Welche Gemeinde ist das Haus Gottes?

„Darum, ihr heiligen Brüder, die ihr teilhabt an der himmlischen Berufung, schaut auf den Apostel und Hohenpriester, den wir bekennen, Jesus, der da treu ist dem, der ihn gemacht hat, wie auch Mose in Gottes ganzem Hause. [...], Christus aber war treu als Sohn über Gottes Haus. Sein Haus sind wir, wenn wir das Vertrauen und den Ruhm der Hoffnung festhalten" (Hebr 3:1-6). Wer sind diese Menschen, die sich als Gottes Haus bezeichnen können und welche Gemeinde darf sich berechtigterweise Christi Leib nennen? Diese Frage kommt unvermeidbar auf, wenn man allein die Tatsache nimmt, dass trotz einer Grundlage — der Bibel — auf der vermeintlich alle Christen bauen, so viele und teilweise widersprüchliche Auslegungen der Bibel zu verzeichnen sind! Wie kommt es dazu? Christus selbst gab eine Antwort darauf: „Warum versteht ihr denn meine Sprache nicht? Weil ihr mein Wort nicht hören könnt! Ihr habt den Teufel zum Vater, und nach eures Vaters Gelüste wollt ihr tun. Der ist ein Mörder von Anfang an und steht nicht in der Wahrheit; denn die Wahrheit ist nicht in ihm. Wenn er Lügen redet, so spricht er aus dem Eigenen; denn er ist ein Lügner und der Vater der Lüge" (Joh 8:43 f.). Indem die Menschen das Wort Gottes nicht hören und nicht verstehen können, offenbart sich die Kraft der Lüge in ihren Herzen. Diese Kraft äußert sich im Verfälschen und Verdrehen von Gottes Wort und sie ist offensichtlich am Wirken.

Die Bibel spricht einfach und deutlich: „Wer darüber hinausgeht und bleibt nicht in der Lehre Christi, der hat Gott nicht; wer in dieser Lehre bleibt, der hat den Vater und den Sohn" (2 Joh 1:9). Noch deutlicher kann man es nicht zum Ausdruck bringen! Übertritt der Mensch die Lehre Jesu Christi, so bleibt er ohne Gott. Er geht in der Finsternis verloren. Ist das nicht Grund genug, sich mit der Lehre Christi auseinander zu setzen, um die eigene Seele zu erretten und das ewige Leben zu ererben? Dem Teufel ist es jedoch gut gelungen, durch falsche Auslegungen der Bibel die Menschen so zu verwirren, dass eine totale Abkehr von dem Wort Gottes und dem Glauben an Gott stattfindet. Das Wort erfüllt sich: „Geht hinein durch die enge Pforte. Denn die Pforte ist weit und der Weg ist breit, der zur Verdammnis führt, und viele sind's, die auf ihm hineingehen. Wie eng ist die Pforte und wie schmal der Weg, der zum Leben führt, und wenige sind's, die ihn finden" (Mt 7:13 f.).

Viele Menschen behaupten, im Lichte Gottes zu wandeln und Gemeinschaft mit Gott zu haben, doch in Wirklichkeit belügen sie sich selbst. Sie befinden sich in der Finsternis, sehen es jedoch nicht! Und weil sie vollkommen verblendet sind, zeigen sie keine Einsicht. Wenn sie vom wahren Licht hören, behaupten sie, es würde sich um die Finsternis handeln. Mit ihrem fähigen Verstand und ihrer großen Überzeugungskraft führen sie auch andere in die Irre. So erfüllt sich auch die Heilige Schrift, die von Anfang an durch den Heiligen Geist prophezeit hat: „Weh denen, die Böses gut und Gutes böse nennen, die aus Finsternis Licht und aus Licht Finsternis machen, die aus sauer süß und aus süß sauer machen! Weh denen, die weise sind in ihren eigenen Augen und halten sich selbst für klug" (Jes 5:20 f.). „Und er sprach: Geh hin und sprich zu diesem Volk: Höret und verstehet's nicht; sehet und merket's nicht! Verstocke das Herz dieses Volks und lass ihre Ohren taub sein und ihre Augen blind, dass sie nicht sehen mit ihren Augen noch hören mit ihren Ohren noch verstehen mit ihrem Herzen und sich nicht bekehren und genesen. [...]" (Jes 6:9-11; Mt 13:13-17).

Heutzutage existieren unzählige Spaltungen innerhalb des sogenannten Christentums. Jede einzelne Glaubensrichtung hat ihre eigene Vorstellung davon, wie Christus ist. Dies äußert sich in Regeln und Praktiken dieser Bewegungen, die oft mit Traditionen der jeweiligen Völker vermischt sind. Was in einigen Gemeinden als Verbot gilt, ist bei anderen wiederum akzeptiert. Und umgekehrt: was bei den einen erlaubt ist, ist bei den anderen verboten. Darüber wird immer wieder diskutiert und gestritten und genau hier liegt die Ursache für die vielen Spaltungen. Christus ist zu einem **IDEAL** geworden, dem sich jeder versucht anzunähern. Doch wie sehr sich die Menschen auch bemühen, es wird ihnen nie gelingen, so zu sein wie ihr Vorbild. Denn Jesus Christus ist ohne Sünde und die Menschen können sich von der Sünde nicht befreien. In einem Punkt sind sich jedoch alle christlichen Religionen einig: **SIE SÜNDIGEN ALLE**! Hier gibt es keine Meinungsdifferenzen, weil sie alle von der gleichen Wurzel getragen werden. Diese Wurzel nährt und lässt sie gedeihen! Und keiner von ihnen wird sagen können: ich bin heilig und frei von der Sünde. Deswegen organisieren sich die Menschen in der letzten Zeit zu einer Bewegung, die den Namen Ökumene trägt. Dabei wird die Vielfalt der Glaubensgemeinschaften völlig akzeptiert und toleriert. Die unterschiedlichen Auslegungen der Bibel werden möglichst wenig thematisiert, stattdessen versucht man sich auf einen gemeinsamen Nenner zu einigen. Unstimmigkeit herrscht einzig und allein darüber, wer die Führung dieser Bewegung übernehmen soll. Die orthodoxe Kirche würde dies niemals den Katholiken überlassen, ebenso wenig würden es die Adventisten begrüßen, wenn die Baptisten die Führung übernähmen. Die Auslegungen der Bibel innerhalb der jeweiligen Religionen zeigen gravierende Unterschiede.

Die Rettung liegt nur im reinen Wort Gottes

Kennzeichnend für viele religiöse Bewegungen ist die Bestärkung des Glaubens mit Wundern, die tatsächlich geschehen oder die teilweise auch erfunden werden, damit der eigene Glaube Beweiskraft hat. „Und werden die Ohren von der Wahrheit abwenden und sich den Fabeln zukehren" (2 Tim 4:4). Doch die Rettung liegt nicht in Wundern, sondern in der Richtigkeit der Lehre. „Es werden nicht alle, die zu mir sagen: HERR, HERR! in das Himmelreich kommen, sondern die den Willen tun meines Vaters im Himmel. Es werden viele zu mir sagen an jenem Tage: HERR, HERR! haben wir nicht in deinem Namen geweissagt? Haben wir nicht in deinem Namen böse Geister ausgetrieben? Haben wir nicht in deinem Namen viele Wunder getan? Dann werde ich ihnen bekennen: Ich habe euch noch nie gekannt; weicht von mir, ihr Übeltäter" (Mt 7:21-23). Das Geheimnis des ewigen Lebens liegt **NUR IN DEM REINEN WORT GOTTES.** Dieses ist Gott und war von Anfang an da (Joh 1:1-5). „Himmel und Erde werden vergehen; aber meine Worte vergehen nicht" (Lk 21:33). „[...]; wer in dieser Lehre bleibt, der hat den Vater und den Sohn" (2 Joh 1:9).

Die ganze Bibel spricht von der Reinheit und Unveränderlichkeit der Worte Gottes (Ps 11:7; 18:31; 119:138,140,142; Spr 30:5 f.; 5 Mose 4:2; 5:32 f.; 13:1; 16:19 f.). Sie spricht vom Wort des Lebens, und dass wir daran festhalten und keinen Schritt davon abweichen sollen (Jos 1:6-9).

Das Evangelium, die Lehre Jesu Christi, wurde von den Heiligen, den Aposteln, aufgeschrieben. Es sagt, dass das Wort nicht verfälscht werden darf, weil das verfälschte Wort kein wahres Leben in sich trägt (2 Kor 2:17; 4:1-3). „Ich bezeuge allen, die da hören die Worte der Weissagung in diesem Buch: Wenn jemand etwas hinzufügt, so wird Gott ihm die Plagen zufügen, die in diesem Buch geschrieben stehen. Und wenn jemand etwas wegnimmt von den Worten des Buchs dieser Weissagung, so wird Gott ihm seinen Anteil wegnehmen am Baum des Lebens und an der heiligen Stadt, von denen in diesem Buch geschrieben steht" (Offb 22:18 f.). Jesus Christus ist gestern und heute und für Ewigkeit derselbe (Hebr 13:8). Bei Gott gibt es „keine Veränderung […] noch Wechsel des Lichts und der Finsternis" (Jak 1:17). „Aber der feste Grund Gottes besteht und hat dieses Siegel: Der HERR kennt die Seinen; und: Es trete ab von Ungerechtigkeit, wer den Namen Christi nennt" (2 Tim 2:19).

Die Einheit im Geist

Die Apostel lehren über die Einheit im Geist: „ein Leib und ein Geist, wie ihr auch berufen seid zu einer Hoffnung eurer Berufung; **EIN HERR, EIN GLAUBE, EINE TAUFE**; ein Gott und Vater aller, der da ist über allen und durch alle und in allen. […] damit wir nicht mehr unmündig seien und uns von jedem Wind einer Lehre bewegen und umhertreiben lassen durch trügerisches Spiel der Menschen, mit dem sie uns arglistig verführen. Lasst uns aber wahrhaftig sein in der Liebe und wachsen in allen Stücken zu dem hin, der das Haupt ist, Christus, von dem aus der ganze Leib [es gibt nur einen Leib Christi] zusammengefügt ist und ein Glied am andern hängt durch alle Gelenke, wodurch jedes Glied das andere unterstützt nach dem Maß seiner Kraft und macht, dass der Leib wächst und sich selbst aufbaut in der Liebe bis wir alle hingelangen zur Einheit des Glaubens und der Erkenntnis des Sohnes Gottes, zum vollendeten Mann, zum vollen Maß der Fülle Christi" (Eph 4:4-6,14-16,13). „Lasst euch den Siegespreis von niemandem nehmen, der sich gefällt in falscher Demut und Verehrung der Engel und sich dessen rühmt, was er geschaut hat, und ist ohne Grund aufgeblasen in seinem fleischlichen Sinn und hält sich nicht an das Haupt, von dem her der ganze Leib durch Gelenke und Bänder gestützt und zusammengehalten wird und wächst durch Gottes Wirken" (Kol 2:18 f.).

Apostel Paulus ermahnt: „Ich ermahne euch aber, liebe Brüder, im Namen unseres HERRN Jesus Christus, dass ihr alle mit einer Stimme redet und lasst keine Spaltungen unter euch sein, sondern haltet aneinander fest in einem Sinn und in einer Meinung. [...] Wie? Ist Christus etwa zerteilt? [...]" — „Der Gott aber der Geduld und des Trostes gebe euch, dass ihr **EINTRÄCHTIG GESINNT SEID UNTEREINANDER**, Christus Jesus gemäß, damit ihr einmütig mit einem Munde Gott lobt, den Vater unseres HERRN Jesus Christus" — „Wandelt nur würdig des Evangeliums Christi, damit [...] ihr **IN EINEM GEIST STEHT** und einmütig mit uns kämpft für den Glauben des Evangeliums [...]" — „dadurch dass ihr festhaltet am Wort des Lebens, [...] dass ihr eines Sinnes seid, gleiche Liebe habt, einmütig und einträchtig seid" (1 Kor 1:10,13; Röm 15:5 f.; Phil 1:27; Phil 2:16,2).

Alle diese Bibelstellen zeugen davon, dass auf dieser Erde nur eine Gemeinde Gottes, Christi Leib, existiert. Sie steht fest in der Lehre Christi, in der Wahrheit des Evangeliums. Für diese Gemeinde betete Christus bevor er gekreuzigt wurde: „Sie sind nicht von der Welt, wie auch ich nicht von der Welt bin. Heilige sie in der Wahrheit; dein Wort ist die Wahrheit [...]. Ich bitte aber nicht allein für sie, sondern auch für die, die durch ihr Wort an mich glauben werden, damit sie alle eins seien. Wie du, Vater, in mir bist und ich in dir, so sollen auch sie in uns sein, damit die Welt glaube, dass du mich gesandt hast. Und ich habe ihnen die Herrlichkeit gegeben, die du mir gegeben hast, damit sie eins seien, wie wir eins sind, ich in ihnen und du in mir, damit sie vollkommen eins seien und die Welt erkenne, dass du mich gesandt hast und sie liebst, wie du mich liebst" (Joh 17:16-23). Die Lehre Christi zeigt deutlich, dass es nur einen Gott, eine Lehre, einen Glauben und keinerlei Spaltungen gibt.

Wer sind also die Menschen, die zu Recht von sich behaupten können, dass sie das Haus Gottes sind? Diese Frage ist sehr wichtig. Denn jedem, der sich retten will und an das Himmelreich glaubt, sollte klar sein: Welches Ende erwartet einen Menschen, wenn er sich in der Lehre und in dieser Frage geirrt hat?

Im Hause Gottes kann es keine Spaltungen geben, Christus hat sich nicht zerteilt. Die Lehre spricht über die vollkommene Einheit im Geist! Gottes Haus ist seine Gemeinde — der Leib Christi — die er mit seinem Blut erkauft hat (Apg 20:28). Das Haus Gottes ist ein Pfeiler und eine Grundfeste der Wahrheit (1 Tim 3:15). In ihr ist keine Abwandlung der Wahrheit zugelassen. In ihr klingt das reine Wort der Lehre, von der sich die Mitglieder, die die Wahrheit erkannt haben, ernähren (Joh 6:48-51; 7:37).

Wir verfälschen das Wort der Wahrheit nicht und predigen nur das reine Wort der Lehre Christi. Ohne Zutun von menschlichen Gedanken, Philosophien und Traditionen. Der reine Glaube hat uns durch die Kraft der Wahrheit von dem Gesetz der Sünde und des Todes befreit. Wir sind frei von der Sünde, wir sind in Jesus Christus heute schon heilig und gerecht geworden, so wie es die Heilige Schrift sagt (2 Petr 1:1-4; Röm 8:1 f.; Joh 8:31-36). In unserer Mitte gibt es keine Spaltungen. Alle eifern immer darum, in der Wahrheit zu bleiben und diese nicht zu verändern: weder etwas hinzuzufügen noch etwas wegzunehmen. Deshalb bezeugen wir: Wir sind das Haus Gottes!

Diese Welt und die Religion

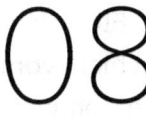

KAPITEL

185 Was ist diese Welt? Woraus besteht sie?

188 Die Religion

200 Was erwartet diese Welt?

„Wir wissen, dass wir von Gott sind, und **DIE GANZE WELT LIEGT IM ARGEN**" — „Habt nicht lieb die Welt noch was in der Welt ist. Wenn jemand die Welt lieb hat, in dem ist nicht die Liebe des Vaters. Denn alles, was in der Welt ist, des Fleisches Lust und der Augen Lust und hoffärtiges Leben, ist nicht vom Vater, sondern von der Welt. Und die Welt vergeht mit ihrer Lust; wer aber den Willen Gottes tut, der bleibt in Ewigkeit!" (1 Joh 5:19; 1 Joh 2:15-17).

Das Wesen dieser Welt vergeht (1 Kor 7:31) — und mit dem Wesen dieser Welt vergeht auch der Mensch, der diese Welt liebt und für die Befriedigung seiner fleischlichen Begierden lebt. Welch radikale Worte: Freundschaft mit der Welt bedeutet Feindschaft mit Gott (Jak 4:4)! Wer diese Welt liebt, in dem ist nicht die Liebe des Vaters! So ein Mensch hat keine Zukunft und wird sich in dem ewigen Verderben wiederfinden, aus dem es kein Zurück mehr gibt!

Umso wichtiger ist es, zu verstehen: was ist diese Welt? Und bin ich Teil davon? Wer beschäftigt sich schon ernsthaft mit dieser grundlegenden Frage?

Allerdings ist es für einen Gläubigen lebensnotwendig, zu verstehen, was diese Welt ist! Wenn man nicht versteht, was diese Welt ausmacht, wie kann man dann aus ihr austreten? Unter den Gläubigen herrscht hier große Unwissenheit — woran kann man festmachen, ob ein Mensch aus dieser Welt ausgetreten ist, oder ob er noch Teil davon ist? Auch wenn viele Gläubige behaupten, diese Welt nicht zu lieben und sich nicht mehr in ihr zu befinden, so ist oftmals das Gegenteil der Fall. Die Menschen sind in die Geschäfte dieser Welt verwickelt und leben gänzlich das Leben dieser Welt!

Was ist diese Welt? Woraus besteht sie?

Viele Gläubige verstehen diese Welt so: wenn ein Mensch raucht, trinkt, stiehlt oder fremdgeht — das ist diese Welt. Hört er auf, die aufgezählten Dinge zu tun, dann steigt er aus dieser Welt aus. Doch ist das tatsächlich so? Zweifelsohne handelt es sich hierbei um Taten, die für diese Welt charakteristisch sind, und man könnte noch viele weitere Dinge aufzählen, die dazu passen. Sind es aber tatsächlich nur diese offensichtlichen, schlechten Taten, die diese Welt kennzeichnen? Wäre das der Fall, dann wäre alles sehr offensichtlich und greifbar: tust du Böses, so bist du von dieser Welt; tust du Gutes, so bist du nicht von dieser Welt. Die Mehrheit der Christen hält dies für plausibel und befasst sich nicht weiter mit dieser Fragestellung. Deshalb wissen sie auch nicht, **DASS DIESE WELT AUS DEM GUTEN UND DEM BÖSEN BESTEHT**! Gerade das Zusammenspiel von Gut und Böse macht diese Welt aus und bringt das Wesen dieser Welt zum Ausdruck. Demzufolge ist ein Mensch nicht zwangsläufig aus dieser Welt ausgetreten, nur weil er seinen Glauben an Gott bekennt und bemüht ist, ihm durch gute Taten zu dienen und die schlechten möglichst zu unterlassen.

Der Grund hierfür reicht zurück bis Adam und Eva. Seit dem Sündenfall begann sich diese Welt außerhalb von Gott zu entwickeln und zu formen. Die Menschen vermehrten sich und im Laufe der Zeit bildeten sich unterschiedliche Völker, die alle ihre eigenen Götter erschufen. Kein einziges Volk blieb ohne Anbetung irgendeines Gottes und ohne Religion. Der Glaube, die Anbetung von irgendetwas, bildet bis heute die Grundlage des geistlichen Lebens dieser Welt.

Es ist unbestritten, dass jeder einzelne Mensch auf dieser Welt an etwas glaubt. Die Frage ist nur: woran glaubt er? Bereits im Kindesalter glaubt man und kommt nicht ohne Anbetung aus. Der Mensch ist so erschaffen, dass er permanent nach Erfüllung und Vollkommenheit sucht, er ist stets auf Hilfe und Unterstützung angewiesen. Dabei betet jeder seinen eigenen Gott, sein „Idol", an. Dieser Götze kann letztendlich alles sein: es kann die Karriere, die Familie, das Haustier, Geld und Wohlstand, ein Superstar, der eigene Körper und vieles mehr sein. Dies äußert sich darin, dass man sich diesen Dingen widmet, die Gedanken kreisen nur darum, das Herz ist beschäftigt — es scheint der Sinn des Lebens zu sein!

Der Glaube dieser Welt lässt sich immer in diese drei Kategorien einteilen: Wissenschaft, Politik und Religion.

DER GLAUBE AN DIE WISSENSCHAFT: Die Wissenschaft versucht die Welt anhand von Beweisen, Theorien und Hypothesen zu erklären. Was nicht nachgewiesen ist oder nicht erklärt werden kann, wird nicht geglaubt! Die großen Errungenschaften der Wissenschaft haben die Menschheit in die Irre geführt. Indem bestimmte Gesetzmäßigkeiten und Muster in der Natur, der Technik und anderen Bereichen erkannt wurden, und entsprechend das Wissen in den letzten Jahrhunderten zunahm, fingen die Menschen an, zu behaupten, es gäbe keinen Gott und dass alles aus sich heraus entstanden ist. Was für ein Irrsinn!

Das Streben nach immer mehr Erkenntnis führte zu einer immer größeren Hektik: man möchte alles erkunden, alles wissen, alles erreichen! Die Menschen denken, wenn wir dieses eine Ziel noch erreichen, dann... Doch dann wird es erreicht und es wird klar, dass man noch etwas anderes erreichen muss. Und so beginnt ein Wettlauf: immer weiter und weiter, immer mehr Neues ist erforderlich. Das Leben der Menschen auf der

Welt ist ohne Wissen völlig unmöglich geworden. Alle sind eingenommen und gestresst, sodass es weder Ruhe noch Frieden oder Freude im Leben gibt!

Das Wort der Schrift hat sich komplett erfüllt: „[...], sie sind dem Nichtigen verfallen in ihren Gedanken, und ihr unverständiges Herz ist verfinstert. Da sie sich für Weise hielten, sind sie zu Narren geworden!" (Röm 1,21 f.). „Denn weil die Welt, umgeben von der Weisheit Gottes, Gott durch ihre Weisheit nicht erkannte, [...]" — „Denn **DIE WEISHEIT DIESER WELT IST TORHEIT BEI GOTT**! [...]" (1 Kor 1:21; 1 Kor 3:19). Deshalb ist der Glaube dieser Welt eine Torheit!

DER GLAUBE AN DIE POLITIK: Durch die Politik werden die einzelnen Gesellschaften regiert und gelenkt. Die politische Gewalt ist von Gott (Röm 13:1) zum allgemeinen Wohlergehen der Gesellschaft bestimmt. Dabei hat jeder Staat eigene Gesetze, welche in der Regel übertreten werden! Häufig äußert sich die Politik durch Lügen, List, Verblendung, der Jagd nach Profit und der Suche nach dem eigenen Vorteil, was nicht selten in einem Krieg gegeneinander endet.

DER RELIGIÖSE GLAUBE AN GOTT: Dieser Glaube agiert unabhängig von den Gesetzen des Staates. Er wirkt und lenkt die Gesellschaft losgelöst vom Staat. Die Grundlage des christlichen Glaubens ist die Bibel! Die Religion wird deshalb Religion genannt, weil die Anbetung Gottes seelisch bzw. fleischlich geschieht, das heißt Gott ist im Himmel und der Mensch führt auf Erden einen erbitterten Kampf gegen die Sünde, die er nicht besiegen kann. Diese Art der Anbetung war den Menschen im Alten Testament von Gott gegeben, sie hatte ihre Gültigkeit bis zum Erscheinen Jesu Christi. Das war das Gesetz des toten Buchstabens, welches damals für Israel die einzig richtige Religion von Gott war.

Auf diesen drei Säulen — der Wissenschaft, der Politik und der Religion — basiert diese Welt. Sie besteht aus Lehren, die nicht auf dem reinen Wort Gottes, der Lehre Jesu Christi, gründen.

Die Religion

„Dies Volk ehrt mich mit den Lippen; aber ihr Herz ist fern von mir. Vergeblich dienen sie mir, weil sie lehren solche Lehren, die nichts sind als Menschengebote. Ihr verlasst Gottes Gebot und haltet der Menschen Satzungen. [...]" (Mk 7:6-8).

Im Verständnis der Menschen ist die Religion mit Gott verbunden. Sie formt das Bild Gottes, die Art des Gottesdienstes und der Anbetung. Der Mensch bemüht sich gottgefällig zu sein, indem er aus eigener Kraft die Vorschriften der Religion erfüllt. Doch in Wirklichkeit sind Menschen in der Religion betrogen. Obwohl der Mensch Gutes wünscht und danach strebt, bleibt sein Gewissen unberührt; Gott ist außerhalb des Menschen, er wird nicht zu seinem Leben und zu seiner Heiligkeit. Außerhalb von Christus befindet sich der Mensch in der Finsternis, wie gut er auch sein mag! Die religiöse Anbetung zeichnet sich dadurch aus, dass der Mensch versucht, durch eigene gute Werke vor Gott wohlgefällig zu sein.

Die Religion hat das Geheimnis der Erscheinung Jesu Christi in dieser Welt nicht erkannt. Sie hat durch ihren fleischlichen, seelischen Verstand das Neue Testament in ein Gesetz des toten Buchstabens verwandelt: „Denn sie erkennen die Gerechtigkeit nicht, die vor Gott gilt, und suchen ihre eigene Gerechtigkeit aufzurichten und sind so der Gerechtigkeit Gottes nicht untertan" (Röm 10:3). Die Lehre der christlichen Religion kann wie folgt beschrieben werden: Gott befindet sich außerhalb des

Menschen und der Mensch muss selbst mit der Sünde fertig werden. Er muss gegen die Sünde kämpfen und sie besiegen! Gott hingegen befindet sich im Himmel und schaut auf den Menschen herab. Der Mensch muss eifrig beten und Beistand, Kraft und Hilfe bei Gott erbitten. Er bittet um Geduld, Demut und Liebe. Und Gott gibt sie dem Menschen. Die Wahrheit ist aber: Gott hat mit dieser Welt nichts gemeinsam, er ist außerhalb dieser Welt.

Das Neue Testament ist gerade dafür gegeben, um nicht mehr nach dem Gesetz des toten Buchstabens zu leben, sondern nach dem Geist Jesu Christi, welcher von den Toten auferstanden und zum Geist, der lebendig macht, geworden ist (1 Kor 15:45). Dieser Geist nimmt im Gewissen des Menschen Platz ein: „nämlich das Geheimnis, das verborgen war seit ewigen Zeiten und Geschlechtern, nun aber ist es offenbart seinen Heiligen, denen Gott kundtun wollte, was der herrliche Reichtum dieses Geheimnisses unter den Heiden ist, nämlich Christus in euch, die Hoffnung der Herrlichkeit" (Kol 1:26-28).

Weil dieses Geheimnis vielen verborgen bleibt, liegt die ganze Welt immer mehr im Argen, wie Christus auch seinen Jüngern sagt: „Wenn euch die Welt hasst, so wisst, dass sie [die Welt] mich vor euch gehasst hat. [...]. Haben sie mich verfolgt, so werden sie euch auch verfolgen; [...]. Hätte ich nicht die Werke getan unter ihnen, die kein anderer getan hat, so hätten sie keine Sünde. Nun aber haben sie es gesehen, und doch hassen sie mich und meinen Vater" (Joh 15:18-24). Wer hat Christus gehasst und ihn der Kreuzigung hingegeben? Das war die Religion! Sie hat Christus verleugnet, ihn verworfen und aus ihrer Mitte verstoßen!

Betrachtet man die Geschichte der Menschheit mit all ihren guten und schrecklichen Ereignissen und die Welt von heute, so stellt sich zwangsläufig die Frage: wozu hat Gott den Menschen erschaffen? Was ist der Sinn unserer Existenz? Besteht der Sinn lediglich darin, dass unter großer Mühe vieler Menschen, prachtvolle Gebäude, ganze Städte entstehen, auf dass mit einem Schlag des Krieges alles wieder vernichtet würde, um danach alles wieder von Neuem aufzubauen? Aufbau und Krieg, Vernichtung, erneuter Aufbau und erneuter Krieg — ist das nicht absurd? Doch von Generation zu Generation, von einem Jahrhundert ins nächste, alles wiederholt sich beständig und es gibt nichts Neues unter der Sonne. Lediglich die Methoden der Vernichtung ändern sich, die Zerstörung wird „schneller und effektiver". Ist dafür der Mensch erschaffen? Hier spielt die Religion eine entscheidende Rolle. Sie bringt zwar einerseits ein System mit sich, durch das die Welt überhaupt erst existieren kann, andererseits aber auch ein System der Feindschaft, durch das alles vernichtet wird. Gerade aus religiösen Gründen wurden jahrhundertelang Kriege geführt, mit dem Ziel der Vorherrschaft des eigenen Glaubens. Alle Religionen haben unfassbar viel Gräuel, Lügen und Heuchelei in diese Welt gebracht. Auch wenn es scheint, als ob die Menschen das Böse bekämpfen und auslöschen möchten, ist dies doch unmöglich, denn das Gute und Böse existiert beständig weiter! Gut und Böse sind ein unzertrennliches Ganzes. Es ist die Religion dieser Welt, in der das eine ohne das andere nicht existieren kann. Das Böse ist notwendig, damit das Gute in Erscheinung treten kann. Wie sollte sonst das Gute seinen Ausdruck finden? Gleichwie das Gute notwendig ist, damit sich das Böse offenbaren kann, denn gerade durch das Böse wird die Kostbarkeit des Guten erfahren. Ohne das Gute gäbe es auch kein Böses! Beide zusammen sind ein Ganzes — **DER BAUM DER ERKENNTNIS DES GUTEN UND DES**

BÖSEN! Dieser Baum ist von Gott, er schließt jedoch Gott aus und führt den Menschen zu der trügerischen „Erkenntnis", dass er selbst Gott sei.

So entsteht beim Blick auf die Geschichte der Menschheit ein deutliches Bild: Der Mensch ist scheinbar nur dafür geschaffen, um zu bauen, zu erschaffen, und danach alles wieder zu zerstören, sich gegenseitig zu töten, um dann wieder von Neuem zu beginnen. Dieser Kreislauf wird maßgeblich von der Religion angefeuert und er zeigt sich auch außerhalb des religiösen Glaubens an Gott.

Religion ist eine irdische Lehre

Die Religion ist im Grunde genommen eine irdische Lehre, welcher ein Mensch Glauben schenkt. Er ist der Lehre ergeben und so bildet sich gemäß seinem Glauben sein Bewusstsein aus und sein Leben formt sich entsprechend.

Ein plakatives Beispiel hierfür ist die Lehre des Kommunismus. Dessen Begründer und Anhänger haben den Glauben an Gott gänzlich verworfen und behaupteten, Gott sei nicht existent. Das war das Ziel dieses unreinen Geistes, dass alle an den Kommunismus gläubigen Menschen ihm alleine angehören, einzig dieser Lehre folgen und an diese glauben. Jede Lehre besteht aus Regeln und Gesetzen, so auch die kommunistische Lehre. Sie ist nichts anderes als eine Religion, deren Gründer und Anführer wie Götter angebetet und verehrt wurden. Wer die Blütezeit der kommunistischen Religion miterlebt hat, der weiß, wie die Porträts und der Name Stalins verehrt wurden. Sein Porträt war höher geachtet als die Ikonen in der orthodoxen Kirche. Er wurde besungen, wurde als die Sonne, als Vater und als der weiseste Führer überhaupt bezeichnet. Als er jedoch entlarvt und seine Grausamkeiten, Gewalttaten, seine Hinterlist und Lüge ans Licht gebracht wurden, ließ man ihn fallen. Seine Bilder wurden abgehängt und man kehrte zurück zu den Begründern des Kommunismus (Marx, Engels und Lenin), welche als unfehlbares Trio präsentiert wurden. Sie wurden auf Fahnen und Porträts dargestellt, wurden verehrt und angebetet, bis man auch Lenin enttarnte, der sich als nicht minder grausam, brutal und verlogen entpuppte. So verfiel diese Religion, doch es blieben Bewunderer und Verehrer, die ihr weiterhin Glauben schenkten. Jede Partei ist letztlich eine Religion mit eigenen Regeln, Gesetzen und einer eigenen Lehre. Dieser Lehre wird Glauben geschenkt, ihre Begründer und Führungspersönlichkeiten sind die „Götter" der jeweiligen Partei und werden verehrt.

Doch wie verhält es sich mit Menschen, die weder einer Partei noch einer Glaubensrichtung angehören? Sie haben einfach ihren eigenen Gott gefunden! Der Mensch braucht unbedingt eine Quelle, aus der er Kraft für sein Dasein schöpft.

Die Kernaussage der Religion

Jede Religion basiert auf einem System von Gut und Böse. Dieses Prinzip der Erkenntnis von Gut und Böse wurde von der Religion in die Welt gebracht. Obwohl es sehr viele religiöse Richtungen gibt, unter anderem auch große Religionen wie den Islam, den Buddhismus und das Christentum, haben sie alle eine Grundlage. Diese ist: Liebe deinen Nächsten und hasse deinen Feind. Das ist der Geist der Religion, er betrachtet all diejenigen als Feinde, die nicht dem eigenen Glauben angehören. Wie bereits erwähnt, entstanden sämtliche Kriege unter den Völkern und Stämmen aus religiösen Gründen, zur Ehre der eigenen „Götter". Wenn ein Volk das andere besiegte, wurde mit Gewalt und unter Androhung des Todes versucht, die eigene Religion aufzuzwingen! Heutzutage findet man natürlich nirgendwo die Aussage „Hasse deinen Feind", denn obwohl sie überall zutrifft, so wird sie doch von den meisten Religionen, vor allem vom Christentum, sorgfältig vertuscht. Denn Christus lehrte das Gegenteil: „Liebe deinen Feind". In der Praxis gelingt das allerdings nicht. Man versteckt sich zwar hinter den Worten der Liebe und der Toleranz, tatsächlich ist es aber reine Heuchelei. Im Grunde herrscht zwischen den Religionen in ihren Überzeugungen ein ständiger Krieg, der nach außen geschickt verdeckt wird. Wie sonst lässt sich erklären, dass sich Menschen in unterschiedlichen Glaubensrichtungen organisieren und es nicht schaffen, sich zu vereinigen? Der „Feind" ist immer die andere Religion und der „Nächste" ist derjenige, der deine Auffassungen — deine Religion — teilt. Interessant ist die Tatsache, dass jede Religion dasselbe predigt: „Liebe deinen Nächsten!" Folglich gilt in der einen Religion „Liebe deinen Nächsten" ebenso wie in einer anderen. Doch treffen zwei dieser beiden Religionen aufeinander, sind sie einander fern, das heißt sie sind Feinde. Und obwohl man nebeneinandersitzen kann, z. B. beim Essen im Restaurant oder auf der Reise, ist man sich nicht der „Nächste", sondern fremd. Gerade dieser Zustand der Menschen offenbart die Existenz einer physischen und einer geistlichen, nicht sichtbaren, Welt. Physisch sitzt man nebeneinander, isst an einem Tisch, aber geistig befindet sich eine große Kluft zwischen den Menschen. Sie sind sich sehr fern und sobald etwas vorfällt, wird man zu

Feinden. Nur wenn einer der beiden die Religion des anderen annimmt, werden sie sich nahe sein und werden einander lieben. Dann können sie physisch zwar weit voneinander entfernt sein, sogar in verschiedenen Staaten, aber sie werden sich nahe sein und nichts wird sie trennen. Das ist die geistliche Welt der Menschen.

Die geistliche Welt ist zwar unsichtbar, doch sie bestimmt das Leben und die Beziehungen der Menschen! Ob die Menschen nun verfeindet sind, weil sie unterschiedliche Interessen und Glaubensansichten haben, oder ob sie sich einig sind — sie alle treibt ein und derselbe religiöse Geist dieser Welt. Die Eigenschaften dieses Geistes sind Stolz, Eitelkeit, Geiz, Heuchelei, Hass, Spaltung. Wenn dieser Geist im Menschen Platz einnimmt und in ihm wohnt, wird der Mensch unausweichlich die Früchte dieses Geistes hervorbringen — dies sind: Spaltungen, Feindschaft und Streit. Dieser religiöse Geist entfremdet und verfeindet die Menschen untereinander. Die Wurzel jeder Religion ist ein und dieselbe: Stolz, Macht, Wissen, Hierarchie. Und sie bringen entsprechende Früchte hervor, die auch innerhalb der einzelnen Religionen in Erscheinung treten. Diese Tatsache zeigt, dass die Bosheit, die im Menschen wohnt, real ist und in dieser Welt wirkt. Niemand will böse sein, aber die Bosheit nimmt den Menschen ein. Sie steuert ihn entgegen seines Wunsches und seines Wollens und niemand kann das bestreiten. Das Leben der Menschheit beweist es immer wieder aufs Neue. Oftmals wundert sich ein Mensch und kann es nicht begreifen, wenn er nach einer schwerwiegenden Straftat wieder zu sich kommt. Er versteht nicht, wie es soweit kommen konnte und bereut es zutiefst: „Warum habe ich so gehandelt? Ich wollte es doch nicht. Könnte ich doch die Zeit zurückdrehen und es ungeschehen machen". Dieses Bewusstsein im Menschen kommt durch die Religion, das Gesetz, dass von klein auf in uns hineingepflanzt wird. Denn was gut und böse ist, lernt jedes Kind bereits von seinen Eltern.

So lebt in einem Menschen das Böse und das Gute nebeneinander. Zusammen bilden sie das Gesetz des irdischen Lebens, welches durch den Baum der Erkenntnis des Guten und des Bösen festgesetzt wurde.

Das Gesetz als ein Instrument der Religion

Die Religion ist einerseits ein Instrument der Bändigung, andererseits ein Instrument des Zwangs, denn es verbietet dem Menschen das zu tun, was er gerne tun würde. Die Religion ist ein Gesetz, das fest vorschreibt, was zu tun erlaubt ist und was nicht. Wenn ein Mensch ein überzeugter Anhänger seiner Religion ist und die aufgestellten Gesetze und Regeln nicht befolgt, so ist er davon überzeugt, den Willen Gottes missachtet zu haben und vor Gott nicht wohlgefällig zu sein. Diese Erkenntnis verursacht in ihm so große Qualen und Leiden, die ihm keine Obrigkeit auferlegen könnte! Das kann nur der Teufel durch das Gesetz der jeweiligen Religion! So erfüllt sich das Wort der Schrift: „Aber der Stachel des Todes ist die Sünde; die Kraft aber der Sünde ist das Gesetz" (1 Kor 15:56; Röm 7:15-25).

Gebote und Traditionen

Jede Religion hat zusätzlich zum Gesetz darauf aufbauende Gebote, die ihren Ursprung im Gesetz haben. Diese müssen nicht unbedingt streng eingehalten werden, doch wird vermittelt, dass es vor Gott wohlgefällig ist, je mehr dieser Gebote erfüllt werden.

Sie dienen als Indikatoren für den Eifer und die Bemühungen der Mitglieder. Je eifriger und bemühter man ist, desto mehr dieser Gebote wird man umsetzen, und dies hebt den Menschen von den anderen Mitgliedern ab. Während das Gesetz minuziös befolgt werden muss, sind die Gebote dehnbar und haben eine Art Freiraum, in dem sich der Mensch profilieren kann. Sie ermöglichen es, sich von den anderen abzuheben, um zu den besonders angesehenen und geachteten Mitgliedern zu gehören. Dabei sind Gebote eng mit Traditionen verbunden, welche ebenfalls ein unentbehrlicher Teil der Religion sind. Traditionen gründen ebenfalls auf dem Gesetz und definieren bestimmtes Verhalten, die Beziehung zwischen den Menschen, und die Art und Weise Gottesdienste durchzuführen. Es wird zur Tradition, wenn unbedingt ein bestimmtes Lied gesungen, die Versammlung auf eine ganz bestimmte Art und Weise begonnen und beendet werden muss, oder wenn das Tragen bestimmter Kleidung zu besonderen Anlässen erwartet wird. Und obwohl es kein fest geschriebenes Gesetz gibt, wird es dennoch mit Missachtung gebilligt, wenn z. B. bei einer Beerdigung oder einer Hochzeit nicht die traditionell vorgeschriebene Kleidung getragen wird. Alle Traditionen dieser Art entwickeln sich allmählich zu Geboten der jeweiligen Religion und sind schließlich so mit dieser verwachsen, dass sie nicht mehr wegzudenken sind.

Das Gesetz richtet Zorn an

Die Religion schreibt dem Menschen vor, wie man zu sein hat, beispielsweise ehrlich sein gegenüber dem Ehepartner, auf der Arbeit und in der Gesellschaft. Damit hält die Religion den

Menschen davon ab, die ihm innewohnende Bosheit offen zu zeigen. Es ist wie ein unsichtbarer Zaun, der um den Menschen herum aufgebaut wird und der nicht erlaubt, sich dorthin zu bewegen, wozu man eigentlich Lust hätte! Veranschaulichen lässt sich das mit einem Gemüsegarten und einer Herde Vieh, die sich in einem umzäunten Bereich aufhält. Die Tiere würden das Gemüse sofort auffressen, wäre da nicht der Zaun, der den Zugang verbietet. Genauso wirkt das Gesetz im Menschen. Die inneren Wünsche treiben einen an, sie üben einen großen Reiz aus und der Mensch strebt danach, sich diese zu erfüllen. Man möchte beispielsweise etwas besitzen, was die anderen haben. Wenn es nicht gelingt, seine Ziele auf ehrliche Weise zu erreichen, dann wendet man andere, unehrliche Methoden an. Das Gesetz fungiert hier als Wächter, welches stets über dem Menschen steht. Es verhindert Handlungen des Menschen, die dem Gesetz widerstreben würden. Auf diese Weise richtet das Gesetz Zorn an! Man möchte, aber darf nicht (Röm 4:15). Hier wären wir wieder bei unserem Beispiel: Die Herde steht vor dem Zaun und möchte das Gemüse fressen, stört sich allerdings am Hindernis. Das, was sich hinter dem Zaun befindet, ist so anziehend. Schließlich wird der Reiz immer größer und der Zaun stört immer mehr. Das Vieh versucht letztendlich mit Gewalt den Zaun zu überwinden und scheut auch nicht den Einsatz von Hörnern, um das Erwünschte zu erlangen.

    Genauso spielt es sich im wahren Leben ab: Die Gefühle, Wünsche und das Wollen des Menschen stehen oft im Widerspruch zum Gesetz. Je nachdem, wie stark ein Wunsch ausgeprägt ist, wird der Mensch unbedingt versuchen, das Gesetz zu umgehen. Findet er eine Möglichkeit dazu, wird er diese nutzen! Auf diese Weise wird das Gesetz geschwächt (Röm 8:3). Schließlich hält der Mensch es nicht mehr aus, seine Wünsche werden so stark und übersteigen die Angst. Er bricht innerlich aus den Zwängen der Lehre aus, sagt sich von ihr ab, und beginnt in Freiheit seinen Wünschen nachzugehen!

Die Religion verbittert gegen Gott

Wenn ein Mensch eine Religion verlässt, so scheint es, als ob er sich von Gott abgewandt und aufgehört hätte, an Gott zu glauben. Für die Menschen dieser Glaubensrichtung ist es genau so, weil sie die Religion mit Gott verbinden. Enttäuscht und überzeugt davon, dass Gott nicht existiert, verlässt der Mensch die Religion. Doch gerade sie hat ihn zu dieser Überzeugung geführt, denn in **DER RELIGION IST TATSÄCHLICH KEIN GOTT**! Die Wahrheit ist aber, dass religiöse Menschen Gott noch gar nicht erkannt und erfahren haben. Sie vermochten es auch nicht, denn die Religion hat es gänzlich verhindert. Angeleitet und geführt wurde dieser ganze Prozess vom Teufel, dem Feind aller Wahrheit! Die Menschen in der Religion waren und sind betrogen. Sie dachten, dass sie Gott glauben und ihn anbeten, aber in Wirklichkeit konnten sie gar nicht an Gott glauben. Sie glaubten an die Gestalt der Religion und dachten, es wäre Gott wohlgefällig.

Zunächst hat der Teufel den Menschen in die Religion geführt, indem der Anschein des Glaubens und der Wohlgefälligkeit vor Gott erweckt wurde. Durch härtere Gesetze wird einerseits der Anschein größerer Gefälligkeit vor Gott erweckt. Andererseits werden durch strengere Gesetze die Begierden, die Wünsche und die Lüste im Menschen stärker. Je weniger man darf, desto mehr will man das Verbotene. Auf diese Weise führt der Teufel den Menschen zu größerem Zorn gegen Gott. Die Menschen fragen sich: „Wieso ist Gott so grausam? Wieso antwortet Gott nicht, obwohl ich zu ihm bete?" usw. bis zu einem gewissen Punkt, an dem der Mensch schließlich ganz hartherzig wird und aus der Religion austritt, um die ersehnte Freiheit zu erlangen. Doch in Wirklichkeit gerät er völlig unter die Kontrolle des Teufels.

Indem der Mensch versucht, das Joch der Religion von sich zu werfen, zeichnet sich deutlich sein Wunsch nach der ersehnten Freiheit ab! Ihn dürstet nach Freiheit, für die er auch erschaffen ist. Er sucht sie, sehnt sich nach ihr, aber wo sie sich befindet und was Freiheit bedeutet, weiß er nicht. Hört nun dieser Mensch: „Der HERR ist der Geist; wo aber der Geist des HERRN ist, da ist Freiheit" (2 Kor 3:17), dann reagiert er mit Schrecken und Grauen, weil er alles, was mit Gott zu tun hat, mit der Religion, die ihn stark gequält hat, verbindet. Deshalb denkt er, sobald er etwas von Gott hört, er müsste zurück in die Religion, und das will er natürlich nicht! Das zeigt, wie vergiftet und verblendet der Mensch durch die Lüge des Teufels ist, sodass er eigentlich gar nichts von Gott wissen möchte.

Und obwohl der Mensch gerade eine religiöse Gemeinde verlassen hat, bleibt er dennoch religiös, denn er ist so erschaffen, dass er stets nach seiner Erfüllung sucht. Deshalb kann er nicht anders, als etwas anzubeten. Er bleibt also religiös und betet einfach sein eigenes Vorbild, seine eigenen Vorstellungen an und versucht diesen ähnlich zu werden. Dieser immerwährende Kreislauf wird nicht durchbrochen, der Mensch ist gefangen darin. Er ist nicht imstande, aus eigener Kraft aus dieser Welt auszutreten. Erst die Erscheinung Jesu Christi in diese Welt offenbarte allen Menschen die Möglichkeit, durch die Geburt aus dem Wort der Wahrheit und den Tod mit Christus auf Golgatha, in eine göttliche Welt überzugehen — ein Ausweg aus der Religion, dem System, dem Gefängnis — ein Übergang aus einer Sphäre in eine andere, ein Übergang aus dem Tod ins Leben.

Was erwartet diese Welt?

„[...]. So werden auch der Himmel, der jetzt ist, und die Erde [...] aufgespart für das Feuer, bewahrt für den Tag des Gerichts und der Verdammnis der gottlosen Menschen" (2 Petr 3:1-7). „Der HERR verzögert nicht die Verheißung, wie es einige für eine Verzögerung halten; sondern er hat Geduld [...]. Es wird aber des HERRN Tag kommen wie ein Dieb; dann werden die Himmel zergehen mit großem Krachen; die Elemente aber werden vor Hitze schmelzen, und die Erde und die Werke, die darauf sind, werden ihr Urteil finden" (2 Petr 3:9-14).

Allein der Gedanke daran, was das Wort Gottes über das Ende dieser Welt sagt und darüber, was diese Welt erwartet und ihr bevorsteht, genügt! Der Tag des Herrn kommt plötzlich, wenn man ihn am wenigsten erwartet: „[...]. Von dem Tage aber und von der Stunde weiß niemand, auch die Engel im Himmel nicht, auch der Sohn nicht, sondern allein der Vater. [...]" (Mt 24:35-39). Gleichwohl ist gesagt, was dem Ende der Welt vorangehen wird „und auf Erden wird den Völkern bange sein, und sie werden verzagen [...] und die Menschen werden vergehen vor Furcht und in Erwartung der Dinge, die kommen sollen [...]" (Lk 21:25 f.). Ist es denn heute nicht etwa genauso, wie es der Herr und sein Apostel Petrus vorhergesagt haben? Die Menschen auf der ganzen Welt fürchten sich, mal vor Terror, der die ganze Welt umspannt hat oder vor einem neuen Krieg, mal vor einer Pandemie oder einer Umweltkatastrophe.

Das alles ist hochaktuell! Die Menschen leben in Angst und ihre Hoffnung währt nur einen Augenblick.

Doch heute ist noch die Zeit der Gnade und alle haben die Möglichkeit, aus dieser Welt auszutreten und das ewige Leben aufzunehmen. Der Tag der Errettung dauert noch an, und gerade deshalb, bis die volle Zahl der Heiden gerettet wird, besteht noch diese Welt. So „Lasst euch versöhnen mit Gott!" (2 Kor 5:20) — dieser Aufruf klingt auch heute noch, solange die Zeit der Gnade andauert: „[...] »Ich habe dich zur Zeit der Gnade erhört und habe dir am Tage des Heils geholfen.« Siehe, jetzt ist die Zeit der Gnade, siehe, jetzt ist der Tag des Heils!" (2 Kor 6:1 f.). Was muss nun der Mensch tun, um sich mit Gott zu versöhnen?

Schritte im Glauben

09 KAPITEL

- 205 Die Auserwählung
- 208 Der Glaube
- 214 Was ist die Sünde?
- 218 Buße und Bekehrung
- 222 Die Geburt von Gott
- 230 Die Beschneidung des Herzens
- 231 Die Wassertaufe
- 233 Festhalten am Glauben
- 236 Die neue Kreatur in Christus
- 245 Wer überwindet, der wird alles ererben
- 251 Wer auf Gottes Weg geht, muss wachsam sein
- 257 Das Gebet
- 263 Die Taufe mit dem Heiligen Geist
- 267 Der vollkommene Mann in Christus

Es gibt viele Wege in dieser Welt, die der Mensch beschreiten kann, aber für uns gibt es nur einen Weg — Jesus Christus. Es gibt viele „Wahrheiten" in dieser Welt, aber für uns gibt es nur eine Wahrheit — Jesus Christus. Es gibt verschiedenste Auslegungen über das Leben, wir kennen aber nur ein Leben — Jesus Christus.

Jesus Christus hat durch sein Leben und durch seine Lehre das Leben und den Weg gezeigt. Er ist das Wort Gottes, das von Anfang an bei Gott und welches Gott selbst war. Darin ist das Geheimnis der Unsterblichkeit verborgen. Zu diesem Wort Gottes gibt es weder etwas hinzuzufügen noch etwas davon hinwegzunehmen. Es ist der Heilige Geist und die Reinheit. Jegliche Abwandlung von diesem Wort ist bereits eine Lüge. Nur die reine Lehre ist das Wort Gottes, die Wahrheit. Gott selbst ist das Licht, und in ihm gibt es keine Finsternis (1 Joh 1:5; Joh 6:63).

Jesus Christus ist der Sohn Gottes. Er kam in diese Welt, um zu zeigen, dass es nur einen Weg zu Gott gibt: „[...]. Ich bin der Weg und die Wahrheit und das Leben; niemand kommt zum Vater denn durch mich" (Joh 14:6). Es gibt nur den einen wahren Glauben, so wie die Heilige Schrift auch sagt: „[...] Ein HERR, ein Glaube und eine Taufe; [...]" (Eph 4:4 ff.). Um diesen einzigen Weg zum Himmelreich zu gehen, ist es notwendig die richtigen Schritte zu machen: den wahren Glauben annehmen, die richtige Buße tun, für diese Welt und für sich selbst auf Golgatha sterben und mit Christus in der göttlichen Welt auferstehen. Nach der Geburt von Gott, als eine neue Kreatur, muss man lernen Christus zu hören, sich vom heiligen Geist führen zu lassen, in der Erkenntnis Gottes und in seiner Gnade zu wachsen, um das Ziel der Ewigkeit mit Gott zu erreichen.

Die Auserwählung

„Gelobt sei Gott, der Vater unseres HERRN Jesus Christus, der uns gesegnet hat mit allem geistlichen Segen im Himmel durch Christus. Denn in ihm hat er uns erwählt, ehe der Welt Grund gelegt war, dass wir heilig und untadelig vor ihm sein sollten; in seiner Liebe hat er uns dazu vorherbestimmt, seine Kinder zu sein durch Jesus Christus nach dem Wohlgefallen seines Willens" (Eph 1:3 ff.).

Gott hat uns erwählt, ehe der Welt Grund gelegt war. Wie kann man das verstehen? Wie ist es möglich, dass bei Gott alles fertig war, noch bevor die Erde und die Menschen existierten? Bis ins allerletzte Detail war alles durchdacht: eine neue Erde, ein neuer Himmel, die Heilige Stadt Jerusalem, in welcher die Gerechten mit Christus herrschen werden.

Bevor Gott die Erde und den Menschen erschuf, erarbeitete er einen Plan, in dem absolut alles bedacht war! Dies bestätigt die Heilige Schrift: „[...]. Nun waren ja die Werke von Anbeginn der Welt gemacht" (Hebr 4:3). Vergleichen lässt sich dies zum Beispiel mit dem Bau eines neuen Stadtteils. Noch weit vor dem ersten Spatenstich sitzen Ingenieure und Architekten an einem Tisch und planen das Projekt. Sie berücksichtigen dabei die kleinsten Details. Nicht anders war es auch bei Gott. In seinem Plan war alles fertig, noch bevor er mit der Erschaffung der Welt begonnen hatte. Er wusste schon damals, wie viele Menschen für das himmlische Jerusalem benötigt werden, kannte die Herzen aller Menschen und wusste, wie sie leben und ob sie nach ihm suchen werden. Denn Gott schuf den Menschen als eine freie Persönlichkeit mit der vollen Freiheit, Entscheidungen zu treffen. Gott wusste bereits, wer jene Welt und die Auferstehung von den Toten erlangen würde (Lk 20:35). Er kannte schon von Anbeginn den Weg eines jeden Menschen, so wie es David in den Psalmen schreibt: „Denn siehe, es ist kein Wort auf meiner Zunge, das du, HERR, nicht schon wüsstest! [...] Denn du hast meine Nieren bereitet und hast mich gebildet im Mutterleibe. [...] Deine Augen sahen mich, als ich noch nicht bereitet war, und alle Tage waren in dein Buch geschrieben, die noch werden sollten und von denen keiner da war" (Ps 139:4,13,16).

Erst als in Gottes Plan alles berücksichtigt war, begann er mit der Umsetzung. Um die Menschheit zu erretten, kam Jesus Christus in diese Welt und starb für alle Menschen, ohne jegliches Ansehen der Person. Gott, „welcher will, dass alle Menschen gerettet werden und zur Erkenntnis der Wahrheit kommen" (1 Tim 2:4), hat von sich aus alles für die Menschheit getan. Jetzt liegt es am Menschen zu verstehen, dass es einen Gott gibt und dass er anfangen muss, nach ihm zu suchen. Dazu sind im Leben eines jeden Menschen Umstände gegeben, die dazu dienen sollen, inne zu halten, das eigene Leben ehrlich zu betrachten und mit wahrhaftigem Herzen und Interesse Gott zu suchen — dann kommt Gott entgegen und berührt das Herz des Menschen. Die Aufgabe des Menschen wiederum besteht darin, sich ernsthaft mit dem Wort zu befassen. Ein solcher Mensch wird sich mit anderen Gläubigen treffen und die Gemeinschaft suchen wollen. Es ist unbedingt erforderlich, dass der Mensch sich in das Wort vertieft, dass er sucht, anklopft und um die Offenbarung der Wahrheit fleht — so wie es Gottes Gebot besagt (Lk 11:9 f.) — und dazu all seine Mühe aufwendet. Und Gott wird sich ihm ganz gewiss offenbaren! Dieser Vorgang bewirkt im Menschen, dass er zur richtigen Buße und zum wahren Glauben findet. Wie auch geschrieben steht: „Aber ohne Glauben ist's unmöglich, Gott zu gefallen; denn wer zu Gott kommen will, der muss glauben, dass er ist und dass er denen, die ihn suchen, ihren Lohn gibt" (Hebr 11:6).

Aber wie es nur allzu häufig der Fall ist, bleiben die Menschen nicht im reinen Wort Gottes und geraten so in die Fänge von religiösen Glaubensrichtungen. Die einen ziehen aus der Religion Vorteile für ihr irdisches Leben, die anderen lechzen zwar ehrlich nach Errettung, sind jedoch blind und folgen Blinden nach. Und wenn ein Blinder einen anderen Blinden führt, fallen beide in die Grube hinein (Mt 15:14). Wenn zu solchen Menschen die Wahrheit gesprochen wird, wollen sie diese nicht hören und lehnen sie ab. Mit ihrem seelischen Verstand haben sie sich bereits eine eigene Vorstellung von Heiligkeit und Frömmigkeit zurechtgelegt, die der Wahrheit nicht mal ansatzweise entspricht. Doch denjenigen, in dem tatsächlich Jesus Christus wohnt, erkennen sie nicht, denn er entspricht nicht ihrem selbst ausgedachten Rahmen von äußerlicher Frömmigkeit.

Nichtsdestotrotz bleibt der Weg zum Leben niemandem verwehrt. Allen Menschen wird gleichermaßen gepredigt, jedem steht es frei, sich zu bekehren und niemand wird sich herausreden können. Davon spricht auch das Wort deutlich (Röm 1:17-20). Jeder Mensch ist selbst dafür verantwortlich, ernsthaft und ehrlich danach zu streben, Gott zu erkennen. Und Gott der Herr ist seinem Wort treu: „Und ich sage euch auch: Bittet, so wird euch gegeben; suchet, so werdet ihr finden; klopfet an, so wird euch aufgetan. Denn wer da bittet, der empfängt; und wer da sucht, der findet; und wer da anklopft, dem wird aufgetan" (Lk 11:9 f.).

Der Glaube

Die Heilige Schrift offenbart: „So kommt der Glaube aus der Predigt, das Predigen aber durch das Wort Christi" (Röm 10:17). „Wie sollen sie aber den anrufen, an den sie nicht glauben? Wie sollen sie aber an den glauben, von dem sie nichts gehört haben? Wie sollen sie aber hören ohne Prediger? Wie sollen sie aber predigen, wenn sie nicht gesandt werden? [...]" (Röm 10:14 f.).

Durch Gottes Gnade wird das Wort der Wahrheit auch heute noch durch seine erwählten Gefäße verkündet. Gott berührt das Herz des Menschen durch sein Wort, öffnet ihm dadurch die Ohren und den Verstand, und der Mensch beginnt nachzudenken und nach Gott zu suchen. Es geht hier um nichts Geringeres, als um die Errettung der Seele vor der ewigen Verdammnis!

Der Mensch hört das Wort Gottes und fängt an zu verstehen, dass es neben dem physischen Leben ein geistliches, für das menschliche Auge nicht sichtbares Leben gibt, das man nicht anfassen kann, das aber doch so real ist! Der Mensch fängt an zu verstehen, dass es eine andere Welt gibt — eine geistliche, göttliche und unvergängliche Welt, in der Freude, Liebe und Wahrheit regieren. Von diesem Reich sprach Jesus Christus, er öffnete den Weg dorthin und zeigte, dass es die Möglichkeit gibt, in diese geistliche Welt Gottes überzugehen und sich vom Untergang mit dieser Welt zu erretten.

„Jesus spricht zu ihm: Ich bin der Weg und die Wahrheit und das Leben; niemand kommt zum Vater denn durch mich" (Joh 14:6). Die Worte „niemand kommt zum Vater" zeigen, dass es notwendig ist, zu gehen. Für den Menschen ist es also unumgänglich diesen einen Weg zurückzulegen, um zum Vater zu gelangen. Einen anderen Weg zum Vater gibt es nicht.

Über diesen Weg ist gesagt: „Geht hinein durch die enge Pforte. Denn die Pforte ist weit und der Weg ist breit, der zur Verdammnis führt, und viele sind's, die auf ihm hineingehen. Wie eng ist die Pforte und wie schmal der Weg, der zum Leben führt, und wenige sind's, die ihn finden" (Mt 7:13 f.). Diese Worte zeigen die Ernsthaftigkeit der Sache. Es geht nicht um eine Sonntagsbeschäftigung, sondern darum, dass jeder Mensch sich auf die Suche nach diesem Weg macht und darum ringt, diesen zu betreten.

Dieser Weg heißt Jesus Christus (Joh 14:6). Aber was bedeutet es, auf diesem Weg zu gehen? Wie kann man diesen Weg beschreiben? Wie lang ist dieser Weg, kann man ihn in Kilometern messen? Zuallererst ist es wichtig, diesen Weg zu verstehen und zu erforschen, denn sonst läuft man Gefahr, auf einen Irrweg zu gelangen, der am Himmelreich vorbeiführt. Man kann es mit einem Beispiel aus dem irdischen Leben vergleichen: man fragt jemanden nach dem Weg und bekommt eine ungefähre Wegbeschreibung. Irgendwann stellt sich aber heraus, dass diese Information falsch war, aber man hat schon ein beträchtliches Stück Weg zurückgelegt, und um zurückzukehren fehlt es an Kraft und Ausdauer. Damit das im geistlichen Leben des Menschen nicht genauso passiert, ist es sehr wichtig, den richtigen Weg genau zu erfragen und diesen Weg zu verstehen — das bedeutet nichts anderes, als in der Lehre Christi zu bleiben und die Wahrheit zu erkennen (Joh 8:31 f.).

Wenn der Mensch diesen Weg gründlich erfragt und verstanden hat, beginnt er ihm zu folgen. Übertragen auf das Physische würde es bedeuten, dass man mit seinen Füßen einen Weg zurücklegt; man geht Schritt für Schritt dem Ziel entgegen. Wie geht man auf dem Weg, der Jesus Christus ist?

Etwa mit den Füßen? Der Weg, der Jesus Christus heißt, ist kein physischer Weg, er ist nicht in Kilometern messbar. Dieser Weg ist geistlich. Das heißt, dass dieser Weg geistlich zurückgelegt werden muss, aber was sind die „geistlichen Füße"? Es ist **DER GLAUBE** eines Menschen. Tatsächlich bewegt sich jeder Mensch geistlich auf einem Weg, Tag für Tag schreitet er voran, die Frage ist nur: wohin? Läuft er auf dem breiten Weg, der in die Verdammnis führt, oder auf dem schmalen Weg, der ins Himmelreich führt? Beides passiert nur durch Glauben. Es gibt nur diese beiden Wege, auf denen ein Mensch wandeln kann. Den Weg der Sünde und des Todes, der in die Verdammnis führt, oder den Weg, der Jesus Christus ist und der in das Himmelreich des ewigen Gottes führt. Auf diesen Weg, mit dem Ziel der Unsterblichkeit, gelangt man nur, wenn man durch die enge Pforte geht. Beide Wege werden jedoch gleichermaßen durch die „Füße" des Glaubens zurückgelegt!

Das Fundament eines jeden Menschen auf dieser Welt ist also sein Glaube. Jeder Mensch glaubt und er kann gar nicht anders. Die wenigsten Menschen verstehen, was der Glaube ist, und wie er tagtäglich in ihnen wirkt, denn der Glaube ist nichts Abstraktes, sondern er ist das Leben eines jeden Menschen. Er ist das, was den Menschen antreibt, jeden Tag aufs Neue. Es sind die eigenen Denkmuster, Vorstellungen, Werte und Wünsche. Allerdings versteht wohl kaum jemand, dass „ihr" Weg sie zum Tod führt. „Manchem scheint ein Weg recht; aber zuletzt bringt er ihn zum Tode" (Spr 14:12). Je nachdem, welche Lehre der Mensch aufnimmt, welches Wort ihn von Kind auf prägt, wird dieses zu seinem Glauben. Das heißt, der Glaube ist nichts anderes als ein Wort, es bestimmt die Denkweise und das Handeln und macht es unglaublich schwer, sich überhaupt vorzustellen, dass es ein anderes Wort gibt, und damit ein anderer Weg existiert, der wirklich zum Leben führt und nicht nur richtig zu sein „scheint". Genau aus diesem Grund ist die Pforte eng, die ins Himmelreich führt. Und der Preis, den ein Mensch zahlen muss, um auf diesen Weg zu kommen, ist der Tod für alles Alte, für seinen alten Glauben, sein altes Ich. „Wer sein Leben lieb hat, der wird's verlieren; und wer sein Leben auf dieser Welt hasst, der wird's erhalten zum ewigen Leben" (Joh 12:25).

Jesus Christus brachte dieses andere Wort in die Welt und hat darüber gepredigt. Er brachte einen anderen Glauben, der wirklich errettet, im Gegensatz zu allen anderen Worten, die die Menschen in ihrer Sinnlosigkeit gefangen halten, sie durchs Leben treiben und nur den Stolz, die Fleischeslust und die Augenlust befriedigen (1 Joh 2:16). Verliert ein Mensch jedoch sogar diesen Glauben, dann sieht er keinen Sinn mehr im Leben. Ein solcher Mensch beendet sein irdisches, seelisches Leben durch Suizid, und das ist dann sein letzter Glaubensschritt. Bevor er sein Leben durch Suizid beendet, glaubt er, dass nun das Ende für alle seine Qualen gekommen ist. Er glaubt, dass er nun den Frieden findet. Es gibt viele Gründe für Selbstmord: man wurde betrogen, hat seine Ziele nicht erreicht, hat einen großen Stolz, der einen blind macht und nicht weiterleben lässt, man hat viele Schulden, und weiß nicht, wie man diese begleichen soll, hat womöglich Familie und Arbeit verloren — das heißt, der Mensch hat jeglichen Glauben an das weitere Leben verloren. Es bleibt der letzte Glaubensschritt — der physische Tod. Nur leider hat so ein Mensch nicht die geringste Ahnung, was der physische Tod für ihn bedeutet...

Gott, der die Menschen erschaffen hat, hat sie über alle Jahrhunderte hinweg nie ohne Wissen darüber gelassen, dass es den Tod und das Leben gibt. Er hat die Menschen immer wissen lassen, dass es die Wahrheit und die Lüge gibt. Er hat sie wissen lassen, dass es einen Gott gibt, den Schöpfer von allem Sichtbaren und Unsichtbaren, der jedem den Odem gibt. Er hat den Menschen die Fähigkeit des Verstandes gegeben, um zu erkennen, nachzudenken, anzunehmen und abzulehnen. Und er ließ die Menschheit auch nie im Unklaren darüber, dass es eine Lüge gibt, die den Menschen betrügt und belügt. Der Name dieser Lüge ist: Teufel, der Vater aller Lügen (Joh 8:42-47). „Denn was man von Gott erkennen kann, ist unter ihnen offenbar; denn Gott hat es ihnen offenbart. Denn Gottes unsichtbares Wesen, das ist seine ewige Kraft und Gottheit, wird seit der Schöpfung der Welt ersehen aus seinen Werken, wenn man sie wahrnimmt, sodass sie keine Entschuldigung haben" (Röm 1:19 f.).

Doch das ist nicht das einzige Zeugnis von Gott. Das größte Zeugnis ist das Erscheinen seines Sohnes Jesus Christus, den er in diese, vom Teufel betrogene, Welt gesandt hat. Jesus Christus war von Anfang an das Wort Gottes und war Gott. Dieses Wort wurde Fleisch und offenbarte sich den Menschen als der Sohn Gottes, der Menschensohn: „[...]. Ich bin dazu geboren und in die Welt gekommen, dass ich die Wahrheit bezeuge. Wer aus der Wahrheit ist, der hört meine Stimme" — „[...] Ihr seid von unten her, ich bin von oben her; ihr seid von dieser Welt, ich bin nicht von dieser Welt. [...]" (Joh 18:37,36; Joh 8:23 f.,28; Joh 3:16 f.; Joh 1:1 ff.,14-18). Aber weil die Menschen die Worte, die Jesus Christus zu ihnen sprach, nicht ertragen konnten, haben sie ihn verworfen und ihn auf brutalste Weise hingerichtet. Genauso handelt jeder einzelne heute, wenn er Jesus Christus nicht glaubt. Er verwirft ihn und seine Worte. Die Menschen haben seinem Wort einfach nicht geglaubt und dieses nicht angenommen! Genauso wie Adam, der Gott auch von Anbeginn nicht glaubte, als dieser ihm gebot, nicht vom Baum der Erkenntnis zu essen, denn wenn er das tut, wird er des Todes sterben. Adam glaubte stattdessen der Schlange, die ihm eine Lüge anbot — ein Wort, das genau das Gegenteil des Wortes Gottes war: „[...]. Ihr werdet keineswegs des Todes sterben" (1 Mose 3:4). Nach diesem Abbild Adams glauben heute alle seelischen Menschen nicht dem Wort Gottes, stattdessen glauben sie dem Wort des Teufels — auch das ist Glaube!

Gott schuf den Menschen mit der Fähigkeit, einen Glauben abzulegen und einen anderen Glauben anzunehmen. Wenn der Mensch nun den wahren Glauben annimmt, ändert sich in ihm alles: seine Sichtweise, sein Verständnis, seine Gedanken, Wünsche und Ziele — alles ändert sich und wird neu in einem solchen Menschen! „Darum: Ist jemand in Christus, so ist er eine neue Kreatur; das Alte ist vergangen [der alte Glaube, die alten Gedanken und das alte Verständnis — alles ist neu im Menschen!], siehe, Neues ist geworden" (2 Kor 5:17).

„Aber ohne Glauben ist's unmöglich, Gott zu gefallen; denn wer zu Gott kommen will, der muss glauben, dass er ist und dass er denen, die ihn suchen, ihren Lohn gibt" (Hebr 11:6).

Wie oben bereits beschrieben, ist ohne Glaube nicht die kleinste Regung möglich, keine Tat geschieht ohne Glauben, kein Leben ist möglich. Ohne Wort — kein Glaube! Denn der Glaube ist immer ein Wort, eine Lehre. Die Lehre, die ein Mensch annimmt, ist sein Glaube. Das wird schon deutlich in den Anfängen der Menschheit im Garten Eden: als es kein Wort gab, gab es keinen Glauben. Es gab nur ein seelisches Dasein, das bestand aus: essen, trinken, schlafen, spielen — so wie man es heute bei den Tieren beobachten kann, die keinen Glauben haben, aber dennoch lebendige Wesen sind. „[...]. Und so ward der Mensch ein lebendiges Wesen" (1 Mose 2:7; 1 Kor 15:45).

Wäre Christus also nicht erschienen und hätte nicht von einer anderen Welt erzählt, woher könnten die Menschen dann den Glauben an ein ewiges Himmelreich nehmen? Aber Christus brachte das Wort des Glaubens. Dieses Wort anzunehmen und daran zu glauben — das ist die Fähigkeit und die Aufgabe der Seele. Tausende und abertausende Menschen glauben nicht daran, das heißt sie nehmen das Wort Gottes nicht auf; sie glauben einem anderen Wort, dem Wort der Lüge.

Die Lehre Jesu Christi ist der kostbare Glaube nach der Wahrheit unseres Gottes! So wie geschrieben steht: „[...], die mit uns denselben kostbaren Glauben empfangen haben [...]" (2 Petr 1:1) — was ist hier mit dem „kostbaren Glauben" gemeint? Nur dieser kostbare Glaube birgt in sich das Geheimnis der Errettung, das Geheimnis der Unsterblichkeit, das sich in Frieden, Freude, Gerechtigkeit, Heiligkeit, und vor allem in der Liebe und ewigen Seligkeit ausdrückt!

Was ist die Sünde?

Was ist nun die Sünde? Diese Frage ist sehr wichtig und muss gut verstanden werden. In allen Religionen bleibt der Kern der Sünde verborgen und das, was eigentlich keine Sünde ist, wird als solche bezeichnet. Zum Beispiel ist in einigen Religionen das Fernsehen verboten, oder es ist nicht erlaubt, Wein zu trinken. So kämpfen die Gläubigen gegen ihre Wünsche an, die aber in Wirklichkeit nichts mit der Sünde gemein haben. Die tatsächliche Sünde, die den Tod mit sich bringt, wird nicht gesehen und nicht erkannt. Als Konsequenz wird bei Dingen, die keiner Buße bedürfen, gebüßt und geweint! Dort aber, wo die Sünde tatsächlich bekannt werden sollte, wird keine Buße getan.

Der Brief an die Galater, vor allem das fünfte Kapitel, wird oft zitiert, um die Sünde zu erklären: „Offenkundig sind aber die Werke des Fleisches, [...]" (Gal 5:19-21). Und groß ist dann die Verwunderung, wenn man sagt, dass es sich bei den dort aufgezählten Punkten nicht um die eigentliche Sünde handelt. Denn an dieser Stelle sind die Werke des Fleisches aufgezählt, die der Sünde folgen. Die eigentliche Sünde liegt in etwas anderem. Um der Sache auf den Grund zu gehen, beginnen wir von Anfang an.

Was genau wurde zur Sünde vor Gott im Garten Eden? Es war der Unglaube an das Wort, das Gott zu Adam und Eva gesprochen hatte. Es war der Glaube an die Lüge der Schlange, die das Wort Gottes verdrehte, und damit die Lüge gebar! Durch den Glauben an dieses verdrehte Wort Gottes, hat der Tod Eingang in den Menschen gefunden (Röm 5:12), und macht bis heute das geistige Wesen des Menschen aus.

Der Herr sagte im Neuen Testament sehr deutlich, was Sünde ist: „über die Sünde: dass sie nicht an mich glauben" (Joh 16:9). Wie kann das sein, wenn doch alle christlichen Bewegungen offensichtlich an den Herrn glauben und nahezu die Hälfte der Menschheit den Namen „Christ" trägt. Allein die katholische Kirche zählt mehr als eine Milliarde Mitglieder! Wie ist das zu verstehen?

Die Menschen glauben an ein Ideal von Jesus Christus, er ist für sie eine Art Richtschnur. Jede christliche Bewegung hat sich ein eigenes Abbild von Jesus Christus erschaffen. Doch an den wahren Christus, der das Wort der Wahrheit ist, glauben sie nicht! Es gibt einen Christus der Baptisten, einen Christus der Pfingstler; einen orthodoxen Christus, einen Christus der Apostolischen Gemeinschaft und einen katholischen Christus, einen Christus der Zionisten und so weiter. Doch es gibt nur einen wahren Christus, der der Weg, die Wahrheit und das Leben ist. Deshalb gibt es auch nur einen wahren Glauben (Eph 4:5).

Christus sagte, die Sünde ist, wenn die Menschen nicht an ihn glauben (Joh 16:9). Daher auch die ganz klare Schlussfolgerung: Wenn die Menschen Christus nicht glauben, glauben sie dem Teufel, das heißt der Lüge! Mit anderen Worten ausgedrückt: der Teufel hat heute sehr viele verschiedene Lehren und Auslegungen erschaffen. Sie alle sind falsch, weil sie behaupten, dass der Mensch sich nicht von der Sünde befreien kann, solange er noch im physischen Leib lebt!

Das ist eine grundlegende Abweichung von der reinen Lehre des Evangeliums Jesu Christi. Seine Lehre spricht von der Befreiung von der Sünde im Gewissen (Hebr 9:26), in welchem Christus Platz einnimmt und zum Leben wird. Durch seinen Leib, den Christus geopfert hat, hat er für immer die vollendet, die geheiligt werden (Hebr 10:14).

Durch den Glauben an den Tod mit Christus auf Golgatha wird der Mensch heilig und gerecht. Die Lehre davon, dass der Mensch mit der Sünde verbleibt, solange er im physischen Leib lebt, ist eine falsche Lehre, die den Herrn als Erretter verleugnet. „[...] Wer recht tut, der ist gerecht, wie auch jener gerecht ist. Wer Sünde tut, der ist vom Teufel" (1 Joh 3:7 f.).

Wenn der Mensch einer Lehre glaubt, die nicht der reinen, unverfälschten Lehre Christi entspricht, ist sein Glaube falsch. Es ist der Unglaube an den Herrn, und der Glaube an ein verdrehtes Wort der Wahrheit. Wenn die Lehre des Herrn übertreten wird, bleibt man ohne Gott. Das hat Johannes in seinem zweiten Brief sehr klar formuliert (2 Joh 1:9). Somit ist die Sünde ein falscher Glaube! Es ist ein Zustand, in dem der Mensch ein Sünder ist. Aus diesem Grund kommen dann auch die Früchte der Sünde zum Vorschein, mit denen der Mensch immerzu kämpft!

Kehren wir zurück zum Galaterbrief. Das erste Kapitel spricht über die Abkehr vom Evangelium. „Mich wundert, dass ihr euch so bald abwenden lasst von dem, der euch berufen hat in die Gnade Christi, zu einem andern Evangelium, obwohl es doch kein andres gibt; nur dass einige da sind, die euch verwirren und wollen das Evangelium Christi verkehren. [...] Ihr lieft so gut. Wer hat euch aufgehalten, der Wahrheit nicht zu gehorchen? Solches Überreden kommt nicht von dem, der euch berufen hat. Ein wenig Sauerteig durchsäuert den ganzen Teig" (Gal 1:6 f.; Gal 5:7 ff.).

Die Galater haben eine falsche Auslegung angenommen und es folgten die entsprechenden Früchte, die im fünften Kapitel in den Versen 19-21 beschrieben sind. Wie mussten die Galater nun handeln? Sollten sie einfach die Werke des Fleisches unterlassen oder ihren Glauben ändern? Natürlich mussten sie sich von der falschen Lehre reinigen, ihren Glauben ändern, damit sich dadurch auch ihre Werke und Früchte änderten.

Womit ist allerdings die religiöse Welt heute beschäftigt? Keiner trachtet danach, sich vom falschen Glauben zu reinigen, sondern alle sind damit beschäftigt, gegen die Früchte der Sünde anzukämpfen! Dem Teufel kommt das natürlich sehr gelegen. Durch den falschen Glauben bleibt er verborgen und vollbringt sein Werk.

Die Menschen erkennen nicht, dass ein falscher Glaube sie treibt, obwohl ihre Leiden und inneren Kämpfe endlos sind. Das zieht sich durch alle Religionen hindurch. Keiner kann sich als heilig, gerecht und sündenfrei bekennen, und das ist tatsächlich so. Die Sünde bleibt in ihrem Inneren und die Früchte der Sünde äußern sich immer wieder. Sie werden zwar „abgeschnitten", doch wachsen sie immer wieder nach.

Um aus diesem unendlichen Kreislauf auszubrechen, muss der Mensch an das reine, unveränderte Wort der Lehre von Jesus Christus glauben. Der erste Schritt dazu ist die richtige Buße.

Buße und Bekehrung

„Nachdem aber Johannes gefangen gesetzt war, kam Jesus nach Galiläa und predigte das Evangelium Gottes und sprach: Die Zeit ist erfüllt und das Reich Gottes ist herbeigekommen. Tut Buße und glaubt an das Evangelium" (Mk 1:14 f.).

Das wichtigste Ziel von Christus war die Verkündigung des Evangeliums. Sein Erscheinen in dieser Welt ist das größte Zeugnis für die Existenz einer anderen Welt, die nichts mit der physischen und zeitlich begrenzten Welt gemein hat. Sie ist geistlich und unvergänglich, in ihr gibt es keine Regeln, Vorschriften und Traditionen. In ihr waltet das Gesetz des Lebens (Röm 8:2). Alle Lehren und Religionen dieser Welt, die sich mit irdischen Satzungen, oder einfacher ausgedrückt, mit dem Leben im „Hier und Jetzt" beschäftigen, offenbaren nicht das Reich Gottes. Das himmlische Leben bleibt den Menschen verborgen, denn es ist nichts, was mit dem bloßen Verstand begriffen und verstanden werden kann. Dort hat ausschließlich die Führung durch den Heiligen Geist Gültigkeit, denn nur „welche der Geist Gottes treibt, die sind Gottes Kinder" (Röm 8:14). Um ins Himmelreich zu gelangen, muss der Mensch von Gott geboren sein. Dies vollbringt Gott durch das Wort der Wahrheit im Menschen: „Er hat uns geboren nach seinem Willen durch das Wort der Wahrheit, [...]" (Jak 1:18).

Doch bevor ein Mensch von Gott geboren werden kann, steht ihm der erste richtige Schritt bevor: die Buße. Wenn der erste Schritt nicht richtig erfolgt, dann werden auch die nachfolgenden Schritte nicht richtig sein, sie werden in die falsche Richtung führen.

Die Buße ist ein sehr ernsthafter, verantwortungsvoller Moment. Es ist wichtig, dass sie aufrichtig und tiefgründig geschieht, in vollem Glauben und Bewusstsein dessen, was der Mensch in diesem Moment macht. Es geht keinesfalls um das oberflächliche Anerkennen von Sünden, wie es in vielen Religionen praktiziert wird: „Ich habe geraucht, getrunken, gestohlen. Ich bereue meine Vergehen zutiefst und werde es nicht mehr tun." Eine solche Buße ist sehr oberflächlich und führt den Menschen nicht weiter. Denn sie fasst die Sünde, die der Unglaube an das Wort Gottes ist, nicht an der Wurzel.

Wann geschieht die richtige Buße im Menschen? „So kommt der Glaube aus der Predigt, das Predigen aber durch das Wort Christi" (Röm 10:17). Welche Predigt ist hier gemeint? Was hört der Mensch? Der Mensch hört das Wort über den wahren Zustand dieser Welt, darüber, dass die Welt für das Feuer aufbewahrt wird und alle Sünder mit ihr vernichtet werden. Weiterhin hört er über Christus, sein Erscheinen in dieser Welt, um die Menschheit zu erretten. Es gibt solche Fälle, dass ein Mensch all diese Worte hört, aber er hat sie nicht wirklich gehört, nicht aufgenommen. Christus sagte dazu: „Wer Ohren hat, der höre" (Mt 13:9)! Wenn der Mensch wirklich hört, dann ist das lebendige Wort Gottes in seinen Verstand und sein Herz vorgedrungen. Durch die

Beschäftigung mit dem Wort Gottes fängt der Mensch an zu verstehen, dass diese Welt im Argen liegt. Er wird sich darüber im Klaren, dass auch er Teil dieser Welt und dem Tode geweiht ist. Der Mensch glaubt diesem Wort und möchte nicht das Schicksal dieser Welt erleiden, er möchte nicht Teil dieser Welt sein, sondern sehnt sich nach der Errettung — hier geschieht die Buße! Man wendet sich Gott zu, wendet sich von dieser Welt ab und versteht „[...] Will mir jemand nachfolgen, der verleugne sich selbst und nehme sein Kreuz auf sich und folge mir. Denn wer sein Leben erhalten will, der wird's verlieren; wer aber sein Leben verliert um meinetwillen, der wird's finden" — „Es ging aber eine große Menge mit ihm; und er wandte sich um und sprach zu ihnen: Wenn jemand zu mir kommt und hasst nicht seinen Vater, Mutter, Frau, Kinder, Brüder, Schwestern und dazu sich selbst, der kann nicht mein Jünger sein. Und wer nicht sein Kreuz trägt und mir nachfolgt, der kann nicht mein Jünger sein" (Mt 16:24 f., Lk 14:25-27). Nichts und niemand darf zum Hindernis werden, wichtiger sein als der Glaube an das Wort Gottes. Der Mensch trifft die Entscheidung, Christus nachzufolgen („Denn wer den Namen des HERRN anrufen wird, soll gerettet werden" (Röm 10:13)), er ruft Gott an „HERR, rette mich! Ich bin ein Sünder in dieser Welt, aber ich glaube an Dich, ich bin zu Dir gekommen!" — die Buße ist vollbracht.

Was bedeutet es, sich zu verleugnen? Es ist sehr wichtig, diese Frage zu verstehen. Denn es betrifft den ganzen Glauben, das ganze Wissen dieser Welt, das im Menschen Raum hatte. Diese Welt ist überfüllt von Glaubenssätzen und Wissenschaften, welche wiederum auf dem teuflischen Geist basieren und von diesem geleitet werden. Dies muss ein Gläubiger begreifen, es annehmen und glauben, damit nichts aus dem alten Leben übrigbleibt und im neuen Leben „mitgeschleppt" wird — andernfalls würde das zu einem ernsthaften Problem führen. Hierzu hat unser Herr ein deutliches Wort der Lehre hinterlassen: „Und er sagte zu ihnen ein Gleichnis: Niemand reißt einen Lappen von einem neuen Kleid und flickt ihn auf ein altes Kleid; sonst zerreißt man das neue und der Lappen vom neuen passt nicht auf das alte. Und niemand füllt neuen Wein in alte Schläuche; sonst zerreißt der neue Wein die Schläuche und wird verschüttet und die Schläuche verderben. Sondern neuen Wein soll man in neue Schläuche füllen" (Lk 5:36-38).

Rechtschaffene Werke der Buße tun

Zu der Zeit von Johannes dem Täufer kamen Menschen zu ihm, um sich von ihm taufen zu lassen. Auch Pharisäer waren darunter. Sie weigerten sich aber ihre Sünden offen zu bekennen und sich zu bekehren. Zu ihnen sagte Johannes: „[...] Ihr Schlangenbrut, wer hat denn euch gewiss gemacht, dass ihr dem künftigen Zorn entrinnen werdet? Seht zu, bringt rechtschaffene Frucht der Buße! [...]" (Mt 3:5-12). „[...], sie sollten Buße tun und sich zu Gott bekehren und rechtschaffene Werke der Buße tun" (Apg 26:20). Rechtschaffene Werke der Buße äußern sich dadurch, dass der Mensch seine Taten in dieser Welt bekennt. Wenn er jemandem Unrecht getan hat oder jemandem etwas schuldig ist, sei es Geld oder irgendwelche Dinge, so wird er Versöhnung suchen und alles in seiner Macht Ermessene tun, um diese Menschen zu finden und alles wieder gut zu machen. Es kann natürlich sein, dass jemand ein Gespräch ablehnt und die Entschuldigung nicht annehmen möchte — in einem solchen Fall ist es das Problem der anderen Seite, sofern die gläubige Person alles Nötige von ihrer Seite für den Frieden getan hat. Somit ist dem Menschen alles verziehen, er ist rein von seinem früheren Leben. Gott wird ihm nichts mehr anlasten.

Wie geht es nun weiter? Der Mensch hat sich Gott hingewandt, hat den ersten richtigen Schritt vollbracht in Richtung Geburt von Gott. Aber die Buße ist noch nicht die Geburt selbst, denn die alte Kreatur ist noch nicht gestorben (Joh 12:24 f.). Solange der Mensch weiterhin nach dem alten Adam lebt, wird er immer und immer wieder sündigen. Die Buße und Bekehrung zu Gott ist somit der erste richtige Schritt, um auf den Weg ins Himmelreich zu gelangen.

Die Geburt von Gott

Setzen wir uns tiefer mit der Geburt von Gott auseinander.

Es steht geschrieben: „[…] Es sei denn, dass jemand von Neuem geboren werde, so kann er das Reich Gottes nicht sehen" (Joh 3:3). Auch sagt das Wort: „Deshalb, wie durch einen Menschen die Sünde in die Welt gekommen ist und der Tod durch die Sünde, so ist der Tod zu allen Menschen durchgedrungen, weil sie alle gesündigt haben" (Röm 5:12). Jeder Mensch, der in diese Welt hineingeboren wird, wird nach der Art des fleischlichen Adams geboren. Das ist seit dem Sündenfall so und ein unumgänglicher Prozess, denn es ist der Lauf der Dinge auf dieser Welt, dass sich alles nur nach seiner eigenen Art vermehren kann. Eine Katze ist nicht in der Lage einen Hund zu gebären, eine Stute gebiert Fohlen und keine Kälber und auch eine Tigerin ist nicht in der Lage, kleine Löwenbabys zu bekommen. Auch ist es für den Menschen unmöglich, anders zu sein als ebenfalls fleischlich, so wie sein Urvater Adam es war.

Alles wird immer nach seiner eigenen Art hervorgebracht, deshalb schreibt auch Jakobus darüber: „Lässt auch die Quelle aus einem Loch süßes und bitteres Wasser fließen? Kann auch, liebe Brüder, ein Feigenbaum Oliven oder ein Weinstock Feigen tragen? So kann auch eine salzige Quelle nicht süßes Wasser geben" (Jak 3:11 f.). Folglich ist auch ein fleischlicher, seelischer Mensch nicht in der Lage, etwas anderes zu gebären als lediglich jemanden, der so ist wie er selbst. „Was vom Fleisch geboren ist, das ist Fleisch; und was vom Geist geboren ist, das ist Geist. Wundere dich nicht, dass ich dir gesagt habe: Ihr müsst von Neuem geboren werden. Der Wind bläst, wo er will, und du hörst sein Sausen wohl; aber du weißt nicht, woher er kommt und wohin er fährt. So ist es bei jedem, der aus dem Geist geboren ist" (Joh 3:6-8). Christus hat deutlich gesagt und damit eine Grundlage geschaffen: wenn ein Mensch von Gott geboren ist, dann hört er die Stimme des Heiligen Geistes! Dieser Stimme muss er gehorsam sein und Gottes Willen erfüllen: „Denn welche der Geist Gottes treibt, die sind Gottes Kinder. [...] Der Geist selbst gibt Zeugnis unserm Geist, dass wir Gottes Kinder sind" (Röm 8:14,16).

Wie geschieht die Geburt von Gott?

Die reine Lehre unseres Herrn ist der lebendige Samen, der gebiert (1 Petr 1:23). „Er hat uns geboren nach seinem Willen durch das Wort der Wahrheit, [...]" (Jak 1:18). Nur das reine, unverfälschte Wort Gottes gebiert eine neue Kreatur. Gottes Wort ist der lebendige Samen und bleibt ewiglich. Dieses Wort muss man hören, um von Gott geboren zu werden!

In allen religiösen Bewegungen, von denen heutzutage tausende existieren, gibt es keine Geburt von Gott, weil das Wort verfälscht wird. Deshalb gebiert die Lehre der Baptisten einen Baptisten, die Lehre der Adventisten — einen Adventisten, die Lehre der Pfingstler — einen Pfingstler, die Lehre der Charismaten — einen Charismaten, alle nach ihrer Art.

Um von Gott geboren zu werden, muss man die reine Lehre unseres Herrn Jesus Christus annehmen und an diese glauben. So wie Apostel Petrus sagte: „Simon Petrus, ein Knecht und Apostel Jesu Christi, an alle, die mit uns denselben teuren Glauben empfangen haben durch die Gerechtigkeit, die unser Gott gibt und der Heiland Jesus Christus" (2 Petr 1:1). Indem wir so wie die Apostel, den teuren Glauben nach der Wahrheit unseres Gottes annehmen, werden wir, die wir entronnen sind der verderblichen Begierde dieser Welt, der göttlichen Natur teilhaftig (2 Petr 1:4). Das Wesen Gottes ist die Heiligkeit: „sondern wie der, der euch berufen hat, heilig ist, sollt auch ihr heilig sein in eurem ganzen Wandel. [...]" (1 Petr 1:15 f.). Kann denn Gott, der heilig ist, etwas Unheiliges gebären? Natürlich nicht! Gott gebiert nach seiner Art — etwas Heiliges, Reines und Gerechtes (1 Joh 3:9). Mit der Geburt von Gott erscheint eine neue, eine noch nie dagewesene Kreatur. „Denn in Christus Jesus gilt weder Beschneidung noch Unbeschnittensein etwas, sondern eine neue Kreatur" — „Wir wissen ja, dass unser alter Mensch mit ihm gekreuzigt ist, [...]" (Gal 6:15; 2 Kor 5:17; Röm 6:6 f.).

Was muss ein Mensch nun tun, um von Gott geboren zu werden? **AN GOLGATHA GLAUBEN**. Die Geschichte von Jesus Christus und seiner Kreuzigung ist vielen bekannt. Unweit der Stadt Jerusalem befand sich der Hügel Golgatha, auf dem

Jesus Christus zusammen mit zwei Verbrechern gekreuzigt wurde. Aber die bloße Kenntnis dieser Tatsache rettet nicht. Denn was in diesem Moment für die gesamte Menschheit geschah, ist in sämtlichen christlichen Glaubensrichtungen leider völlig verloren gegangen.

In der heutigen Zeit herrscht die weit verbreitete Annahme, dass alle Wege zu Gott führen. Unter diesem Motto „vereinen" sich religiöse Glaubensrichtungen trotz offensichtlich bestehender Differenzen. Doch das entspricht nicht dem Wort der Wahrheit und die Bedeutung des wahren Glaubens wird immerzu verfälscht. Es gibt nur einen Weg zu Gott und Golgatha ist die Tür, die zu diesem Weg führt. Denn Golgatha ist der Ort, an dem der alte Mensch mit seinem sündhaften Wesen stirbt und die neue Kreatur geboren wird, da nichts Unreines in das Himmelreich eingehen wird (Offb 21:27). Für jeden Gläubigen, der Christus in sein Leben aufnimmt, ist das der verantwortungsvollste Schritt auf seinem Glaubensweg. Wer nicht versteht, was das Opfer Jesu Christi auf Golgatha bedeutet, kann nicht von neuem geboren werden. Das traurige Fazit des heutigen Christentums ist, dass es keine neue Kreatur gibt. Der Mensch dreht sich um sich selbst, „umkreist" Golgatha, hat womöglich ein umfassendes, theoretisches Wissen, aber im wahren Leben wird er nicht zur neuen Kreatur, er ist nicht frei von der Sünde, die in ihm lebt. Anstatt den Menschen einen Ausweg aus dem Teufelskreis der eigenen Sündhaftigkeit zu geben, wird ihnen vor Augen geführt, was man machen darf und was nicht. Dadurch leben die Menschen in ständiger Angst vor einem Fehltritt und davor, erneut zu sündigen. Durch den ständigen Zustand des Unerfülltseins verfallen viele in Depressionen.

Die Sünde kommt auf vielerlei Weise immer wieder zum Vorschein: Ein schrecklicher innerlicher Kampf, denn der Mensch kämpft gegen sich selbst.

Wie ist es also möglich, sich in den Tod Christi taufen zu lassen, um tatsächlich mit ihm zusammen für die Sünde zu sterben, mit ihm begraben zu werden und schon heute als neue Kreatur nach dem Geist im Himmelreich aufzuerstehen?

Der Mensch kann nichts weiter zu seiner Heiligkeit und Gerechtigkeit beitragen, als nur mit ganzem Herzen und ganzem Verstand daran glauben, was Gott in und durch Jesus Christus vollbracht hat!

Was geschah auf Golgatha?

1. DIE BEFREIUNG VON DER SÜNDE

Durch das vergossene Blut Christi sind dem Menschen alle Sünden vergeben. „In dem wir die Erlösung haben, nämlich die Vergebung der Sünden" (Kol 1:14). Daran glauben alle christlichen Religionen. Doch was ist darüber hinaus noch auf Golgatha geschehen? „Er hat unsere Sünden selbst an seinem Leib auf das Holz hinaufgetragen, damit wir, den Sünden gestorben, für die Gerechtigkeit leben; […]" (1 Petr 2:24). „[…]. Nun aber, am Ende der Welt, ist er ein für alle Mal erschienen, um durch sein eigenes Opfer die Sünde aufzuheben" (Hebr 9:26). Das Opfer Christi ist vollkommen. Er hat für uns schon alles getan. So sind wir allein durch das Opfer Christi für immer frei geworden von der Sünde (Röm 6:22) und das Gesetz des Geistes des Lebens in Christus hat uns frei gemacht vom Gesetz der Sünde und des Todes (Röm 8:2). Die Sünde ist ein für allemal vernichtet, sie hat keine Macht mehr über den, der das Opfer auf Golgatha annimmt.

2. DER TOD DES ALTEN ADAM

Durch den Tod auf Golgatha hat Christus den alten Adam vernichtet: „Wir wissen ja, dass unser alter Mensch mit ihm gekreuzigt ist, damit der Leib der Sünde vernichtet werde, sodass wir hinfort der Sünde nicht dienen" (Röm 6:6). Das Leben nach dem alten Adam beinhaltet das Leben in Sünde, ein Leben im Unglauben, außerhalb von Gott. Beginnend mit dem Sündenfall, als Adam und Eva durch ihren Ungehorsam sündigten, zog sich diese Sünde durch die gesamte Menschheit hindurch (Röm 5:12) und wirkt bis heute in allen Menschen, die das errettende Opfer Jesu Christi nicht annehmen. Das Leben eines jeden Menschen ohne Gott ist ein Leben nach dem Fleisch und für das Fleisch. Das bedeutet, dass ein Mensch unbedingt von den folgenden drei Dingen eingenommen ist, die diese Welt ausmachen: Fleischeslust, Augenlust und hoffärtiges Leben (1 Joh 2:15-17).

Für Gott existiert der alte Adam nicht mehr, er wurde durch Christus auf Golgatha gekreuzigt. Wie sind wir nun zusammen mit Christus gekreuzigt, wenn doch seine Kreuzigung vor über zweitausend Jahren geschah? Hierin liegt das Geheimnis der Erscheinung einer neuen Kreatur. Durch Gott waren wir alle bereits vor der Erschaffung der Welt in Jesus Christus hineingelegt. „Durch ihn aber seid ihr in Christus Jesus, […]" — „Er hat uns selig gemacht und berufen mit einem heiligen Ruf, nicht nach unsern Werken, sondern nach seinem Ratschluss und nach der Gnade, die uns gegeben ist in Christus Jesus vor der Zeit der Welt, jetzt aber offenbart ist durch die Erscheinung unseres Heilands Christus Jesus, der dem Tode die Macht genommen und das Leben und ein unvergängliches Wesen ans Licht gebracht hat durch das Evangelium" (1 Kor 1:30; 2 Tim 1:9 f.). Bei Gott war bereits alles vor der Erschaffung der Welt bereitet: „Denn in ihm hat er uns erwählt, ehe der Welt Grund gelegt war, dass wir heilig und untadelig vor ihm sein sollten; in seiner Liebe" (Eph 1:4). Gott der Allmächtige hat Christus zur Kreuzigung hingegeben. Auf diesem Weg hat er die ganze Welt nach dem Wesen Adams, nach der alten Kreatur, gekreuzigt. Deshalb sind auch wir in Christus gekreuzigt, obwohl wir noch nicht auf der Welt waren. Das nehmen wir im Glauben an!

Können wir denn weiter sündigen? Natürlich nicht! Und warum? Weil der alte Adam nicht mehr existiert. „Wer aus Gott geboren ist, der tut keine Sünde, denn sein Same bleibt in ihm; und er kann nicht sündigen, weil er aus Gott geboren ist" (1 Joh 3:9). Nur wer mit Jesus Christus auf Golgatha stirbt, wird von Neuem geboren und ist mit Christus durch den Glauben an die Kraft Gottes auferstanden.

3. DAS ENDE DES GESETZES

Durch den Tod Jesu Christi sind wir für das Gesetz des Buchstabens gestorben, sodass es keinerlei Macht mehr über uns hat. Das Verständnis dieser Frage ist wichtig, denn der Stachel des Todes ist die Sünde, die Kraft aber der Sünde ist das Gesetz (1 Kor 15:56). Apostel Paulus schreibt über Christus: „der uns auch tüchtig gemacht hat zu Dienern des neuen Bundes, nicht des Buchstabens, sondern des Geistes. Denn der Buchstabe tötet, aber der Geist macht lebendig" (2 Kor 3:6). „[...]. Nun aber sind wir vom Gesetz befreit worden und dem abgestorben, was uns gefangen hielt, sodass wir in der neuen Art des Geistes und nicht in der alten Art des Buchstabens dienen" (Röm 7:1-6).

Christus ist des Gesetzes Ende — wer das nicht versteht, kann die Gerechtigkeit Gottes nicht erlangen, denn das Gesetz wird dies niemals zulassen (Röm 10:4). „Nun aber ist ohne Zutun des Gesetzes die Gerechtigkeit, die vor Gott gilt, offenbart, bezeugt durch das Gesetz und die Propheten. Ich rede aber von der

Gerechtigkeit vor Gott, die da kommt durch den Glauben an Jesus Christus zu allen, die glauben. [...]" (Röm 3:21 f.). Mit anderen Worten ausgedrückt: Wer für das Gesetz nicht stirbt, der kann nicht in die andere Welt übertreten und die neue Kreatur wird nicht zum Vorschein kommen.

4. CHRISTUS WIRD ZUM LEBEN DES MENSCHEN

„Es sagte aber einer zu ihm: HERR, sind es wenige, die gerettet werden? Er aber sagte zu ihnen: Ringt danach, dass ihr durch die enge Pforte eingeht; denn viele, das sage ich euch, werden danach trachten, hineinzukommen, und werden es nicht können" (Lk 13:23 f.).

Die enge Pforte ist der Übergang aus dieser Welt in die geistliche Welt Gottes. Dieser Übergang ist nur durch den Tod für diese Welt, mit Christus auf Golgatha, möglich! Ein Mensch, der an Golgatha und das, was dort geschehen ist, glaubt, wird von Gott geboren. Die Geburt von Gott vollzieht sich im Geist, also im Gewissen des Menschen. Der Geist des Menschen wird vom Geist Gottes neu geboren: Er wird zum Kind Gottes. Er ist nun teuer erkauft und gehört nicht mehr sich selbst (1 Kor 6:19 f.). Der Mensch, der Christus in sein Herz aufgenommen hat, ist heilig geworden und auserwählt „[...] um die Tugenden dessen zu verkünden, der mich aus der Finsternis zu seinem wunderbaren Licht berufen hat" (1 Petr 2:9 f.). Ein solcher Mensch hat den Geist Gottes und lebt nur noch nach seinem Geist. Christus wird zum Gewissen, zum Verstand und zum Leben des Menschen und er lebt nur noch durch Christus — ein Leben, das nicht nach dem Fleisch ist, sondern nach dem Geist: „Ihr aber seid nicht fleischlich, sondern geistlich, wenn denn Gottes Geist in euch wohnt. Wer aber Christi Geist nicht hat, der ist nicht sein" (Röm 8:9).

Die Beschneidung des Herzens

„Denn nicht der ist ein Jude, der es äußerlich ist, auch ist nicht das die Beschneidung, die äußerlich am Fleisch geschieht; sondern der ist ein Jude, der es inwendig verborgen ist, und das ist die Beschneidung des Herzens, die im Geist und nicht im Buchstaben geschieht. Das Lob eines solchen ist nicht von Menschen, sondern von Gott" (Röm 2:28 f.).

Christen sind das auserwählte Volk Gottes, das von dieser Welt abgesondert ist. Jesus Christus gab sich für uns hin, um uns von aller Ungerechtigkeit zu erlösen und sich selbst ein Volk zum Eigentum zu reinigen, das eifrig zu guten Werken wäre (Tit 2:14). Genauso war es mit Abraham, dessen Nachkommen zunächst nur nach dem Fleisch als Volk des Eigentums erwählt waren. Dies zeigte auf das Künftige, und zwar darauf, dass die wahren Erben diejenigen sind, die im Glauben sind! Deshalb wird jeder Mensch, der an das Evangelium glaubt, zum Eigentum Christi. Durch den Tod Jesu Christi und die Annahme des eigenen Todes mit Christus auf Golgatha, tritt der Mensch aus dieser Welt aus, er sondert sich ab. Das bedeutet, er wird zum Volk des Eigentums, getrennt von dieser Welt und heilig.

Die Geburt von Gott und der Tod für diese Welt ist die wahre Beschneidung des Herzens, nicht mit Händen gemacht, sondern durch Gott selbst: „In ihm seid ihr auch beschnitten worden mit einer Beschneidung, die nicht mit Händen geschieht, als ihr nämlich euer fleischliches Wesen ablegtet in der Beschneidung durch Christus. Mit ihm seid ihr begraben worden durch die Taufe; mit ihm seid ihr auch auferstanden durch den Glauben aus der Kraft Gottes, der ihn auferweckt hat von den Toten. Und er hat euch mit ihm lebendig gemacht, die ihr tot wart in den Sünden und in der Unbeschnittenheit eures Fleisches, und hat uns vergeben alle Sünden" (Kol 2:11 ff.).

Während der Zeit des Alten Testaments musste sich derjenige beschneiden lassen, der zu den Israeliten gehören und in ihre Gesellschaft aufgenommen werden wollte. So ist es auch heute: um ein Mitglied der Gemeinde Christi zu werden, bedarf es einer Beschneidung, die nicht mit Händen gemacht ist. Wer also mit Christus am Kreuz stirbt, aus dieser Welt austritt und heilig wird, weil er mit Christus für das neue Leben im Himmelreich auferstanden ist, der wird Bürger eines ganz anderen, himmlischen Staates! Dies besiegelt die Wassertaufe. Durch diese wird der Mensch ein Teil des Leibes Christi. Er geht ein Bündnis mit Gott ein und verspricht, sein Leben lang Gott mit gutem Gewissen zu dienen.

Die Wassertaufe

Die Wassertaufe ist das Wort Gottes, sein Gebot: „[...] nicht das Abwaschen von körperlichem Schmutz, sondern der Bund eines guten Gewissens bei Gott, durch die Auferstehung Jesu Christi" (1 Petr 3:21).

Durch die Wassertaufe besiegelt der Mensch seinen Tod für diese Welt. Der alte Adam stirbt mit Jesus Christus am Kreuz und es geschieht die Auferstehung der neuen Kreatur. „Oder wisst ihr nicht, dass alle, die wir in Christus Jesus getauft sind, in seinen Tod getauft sind? So sind wir mit ihm begraben durch die Taufe in den Tod, damit, genau wie Christus von den Toten auferweckt ist durch die Herrlichkeit des Vaters, auch wir ein neues Leben leben. [...]" (Röm 6:3-7).

Die Wassertaufe ist ein Siegel, welches den Glauben des

Gläubigen bestätigt. Um diese sehr ernste und grundlegende Frage besser zu verstehen, ein Beispiel: Wenn ein Dokument aufgesetzt wird, bekommt es am Ende einen Stempel. Dieser Stempel bestätigt die Gültigkeit des Dokuments. Wenn wir anfangen an Gott zu glauben, beginnen wir sozusagen unser Dokument zu erstellen. Das sind die Schritte im Glauben: die Buße und die Annahme der Lehre von Golgatha, der Glaube daran, was der Tod und die Auferstehung Jesus Christi für einen selbst bedeuten. Wenn der Mensch diese Glaubensschritte zurückgelegt hat, ist das Dokument erstellt und es muss durch ein Siegel bekräftigt werden. Dieses Siegel ist die Wassertaufe, durch die der Mensch Gott ein reines Gewissen verspricht. Er gibt Gott das Versprechen, für den Rest seines Lebens vor ihm zu wandeln, mit ihm zu leben und ihm mit einem **GUTEN** und **REINEN GEWISSEN** zu dienen! Der Mensch gehört von nun an nicht mehr sich selbst, sondern Gott.

Wenn der Mensch sein Versprechen nicht hält bzw. davon abweicht, macht er sich schuldig vor Gott, er hat die Treue zu Gott gebrochen. Jedem dürfte klar sein, wohin das führt!

In der Schrift sind Beispiele genannt, wie eine Wassertaufe zu vollziehen ist. Eine Taufe fand stets da statt, wo es viel Wasser gab (Joh 3:23): in einem Fluss, Bach oder See, sodass beide in das Wasser eintreten konnten. „[...] und beide stiegen ins Wasser hinab, Philippus und der Kämmerer, und er taufte ihn" (Apg 8:38). Demnach ist es wichtig, dass beide, sowohl der Täufer als auch der Getaufte, ins Wasser eingehen können und der Getaufte von Kopf bis Fuß mit Wasser bedeckt wird. Andere Wassertaufen, bei denen kein vollständiges Untertauchen stattfindet, entsprechen nicht der Wahrheit.

Die Wassertaufe ist also eine Handlung, die das Begräbnis der alten Kreatur, die mit Jesus Christus durch den Glauben am Kreuz gestorben ist, bestätigt. Der Mensch stirbt für diese Welt, so wie Christus für sie gestorben ist und kommt als eine neue Kreatur aus dem Wasser heraus: „Oder wisst ihr nicht, dass alle, die wir auf Christus Jesus getauft sind, die sind in seinen Tod getauft? [...]" (Röm 6:3 f).

Solch ein Mensch hat die Bedeutung von Golgatha, den eigenen Tod mit Jesus am Kreuz, verstanden und bekennt: Jesus Christus ist mein Leben! Ein anderes Leben existiert für diesen Menschen nicht mehr. Die Wassertaufe ist ein Siegel für all das, an was er nun glaubt. So ist der Mensch vom Tod ins Leben (Joh 5:24), von dieser Welt in das Reich des geliebten Sohnes übergegangen (Kol 1:12 ff.). „Aber Gott, der reich ist an Barmherzigkeit, [...] [hat] uns, die wir tot waren in den Sünden, mit Christus lebendig gemacht [...] und er hat uns mit auferweckt und mit eingesetzt im Himmel in Christus Jesus" (Eph 2:4 ff.).

Festhalten am Glauben

Jesus sagte: „Habt Glauben an Gott" (Mk 11:22). Der wahre Glaube an Gott beruht ausschließlich auf dem reinen Wort Gottes, auf der Bibel. Zu allem, was in ihr geschrieben steht, sagt dieser Glaube felsenfest „Amen". Es steht geschrieben, „[...] dass unser alter Mensch mit ihm gekreuzigt ist, damit der Leib der Sünde vernichtet werde, sodass wir hinfort der Sünde nicht dienen" (Röm 6:6). Genauso nimmt der Glaube es auch auf und sagt: Amen! Ich bin gekreuzigt mit Christus, bin mit ihm gestorben und auferstanden. Ich sündige nicht mehr. Dafür danke ich dir, Herr! Doch anfangs können bei denjenigen, die im richtigen Glauben noch nicht geübt sind und die Wahrheit von der Lüge noch nicht unterscheiden können, unterschiedliche Gefühle aufkommen. Dieser Gefühle bedient sich der Teufel und zeigt unbedingt auf die noch irdischen Handlungen: Wie bist du denn gekreuzigt? Du bist doch lebendig, du sündigst doch, schau mal was du noch tust. Gerade hier sind Standhaftigkeit und ein Festhalten am Glauben gefragt.

Jesus sagte: „Habt Glauben an Gott" — „Durch diesen Glauben haben die Vorfahren Gottes Zeugnis empfangen. Durch den Glauben erkennen wir, dass die Welt durch Gottes Wort geschaffen ist, sodass alles, was man sieht, aus nichts geworden ist. Durch den Glauben hat Abel [...]. Durch den Glauben wurde Henoch entrückt [...]. Durch den Glauben hat Noah Gott geehrt [...]. Durch den Glauben wurde Abraham gehorsam [...]. Aber ohne Glauben ist's unmöglich, Gott zu gefallen" (Hebr 11:2-10). Abraham hat uns ein gutes Beispiel des Glaubens hinterlassen. Er glaubte unerschütterlich und hatte nicht den geringsten Zweifel. Gott prüfte seinen Glauben, indem er ihm befahl, seinen Sohn Isaak, auf den Abraham fünfundzwanzig Jahre gewartet hatte, zu opfern (1 Mose 22). Abraham hatte keinen Widerstand und erwies sich bis zum Schluss als treu! Er glaubte den Verheißungen Gottes und wusste, dass Gott diese erfüllen wird. Für diesen treuen, unerschütterlichen Glauben wurde er ein Freund Gottes genannt (Jak 2:23). Es gibt nichts Wichtigeres als allein den Glauben, der vor Gott zählt.

„Es ist aber der Glaube eine feste Zuversicht auf das, was man hofft, und ein Nichtzweifeln an dem, was man nicht sieht" (Hebr 11:1). „[...] wir warten im Geist durch den Glauben auf die Gerechtigkeit, auf die man hoffen muss" (Gal 5:5). Genau das ist der Glaube: sich dessen sicher sein, dass das, was man erwartet, geschieht, auch wenn es momentan noch nicht eingetreten oder sichtbar ist. Das, was Gott gesagt hat, wird unbedingt geschehen, denn es ist unmöglich, dass Gott lügt

(Hebr 6:17 f.). Gott ist seinem Wort treu und was er versprochen hat, das erfüllt er. Und da wir von so vielen Zeugen des Glaubens umgeben sind, lasst uns alle Last und die quälende Sünde — den Unglauben — ablegen (Hebr 12:1 ff.). Lasst uns mit Geduld den vor uns liegenden Weg gehen und unsere Herzen nicht beschweren lassen, denn „Gott ist nicht ein Mensch, dass er lüge, noch ein Menschenkind, dass ihn etwas gereue. Sollte er etwas sagen und nicht tun? Sollte er etwas reden und nicht halten" (4 Mose 23:19)?

Es steht geschrieben: „Darum: ist jemand in Christus, so ist er eine neue Kreatur; das Alte ist vergangen, siehe, es ist alles neu geworden" (2 Kor 5:17). Der wahre Glaube sagt: „Amen, ich bin eine neue Kreatur in Christus, der alte Adam existiert nicht mehr, er ist gestorben und begraben mit Christus!" „[...] das Himmelreich leidet Gewalt und die Gewalt tun, die reißen es an sich" (Mt 11:12), „steht im Glauben" (1 Kor 16:13), „kämpfe den guten Kampf des Glaubens" (1 Tim 6:12), „bleibt unbeweglich im Glauben" (Kol 1:23), „[...] ich habe Glauben gehalten" (2 Tim 4:7). Diese und viele andere Stellen in der Heiligen Schrift zeigen deutlich, dass der Mensch darum ringen muss, den wahren Glauben Gottes in sich fest zu machen und das Himmelreich zu ergreifen.

Es geht nicht um den Kampf mit den Sünden, wie die Religion irrtümlicherweise lehrt, sondern um den Kampf des Glaubens an das reine Wort Gottes. Um den Glauben daran, dass alle Verheißungen Gottes wahr sind und erfüllt werden. Dafür muss der Mensch alles, was nicht mit dem Wort Gottes übereinstimmt, verwerfen. Wenn seine Vorstellungen, seine Gefühle nicht mit der Bibel übereinstimmen, sind sie nicht von Gott. Der Mensch muss sie abwehren, er darf ihnen nicht glauben und darf ihnen nicht folgen. Eines soll immer wieder vor Augen geführt sein: Es ist Gnadenzeit! Es gibt kein Gesetz, das einen verurteilt! Nur der Glaube zählt, den der Mensch immer wieder bezeugen soll, bis es fest in ihm ist: „Wer will die Auserwählten Gottes beschuldigen? Gott ist hier, der gerecht macht. Wer will verdammen? Christus Jesus ist hier, der gestorben ist, ja vielmehr, der auch auferweckt ist, der zur Rechten Gottes ist und uns vertritt" (Röm 8:33 f.). „Deshalb muss die Gerechtigkeit durch den Glauben kommen, damit sie aus Gnaden sei [...]" (Röm 4:16). Denn in Jesus Christus gilt nicht das Gesetz des Buchstabens, sondern allein der Glaube, der durch die Liebe wirkt (Gal 5:6; 6:15 f.).

Die Neue Kreatur in Christus

„Darum kennen wir von nun an niemand nach dem Fleisch; und wenn wir auch Christus gekannt haben nach dem Fleisch, so kennen wir ihn doch jetzt nicht mehr so. Darum: ist jemand in Christus, so ist er eine neue Kreatur; das Alte ist vergangen, siehe, es ist alles neu geworden" (2 Kor 5:16 f.).

Der von Gott geborene Mensch ist geistlich gesehen zunächst noch ein Kind im Glauben. Dieser neue Mensch ist in der Erkenntnis der Wahrheit noch unerfahren, er muss wachsen und zunehmen, bis er zum vollkommenen Mann in Christus wird.

Ein Kleinkind im Glauben

Die Geburt einer neuen Kreatur und deren Wachstum lässt sich leichter verstehen, wenn man physische Wachstumsprozesse betrachtet. Die neue Kreatur wird am Anfang des Glaubensweges mit einem neugeborenen Kind verglichen. Apostel Paulus schreibt: „Milch habe ich euch zu trinken gegeben und nicht feste Speise; denn ihr konntet sie noch nicht vertragen. Auch jetzt könnt ihr's noch nicht" (1 Kor 3:2). Im Hebräerbrief wird dieser Zustand nochmals verdeutlicht: „Denn wem man noch Milch geben muss, der ist unerfahren in dem Wort der Gerechtigkeit, denn er ist ein kleines Kind" (Hebr 5:13 f.). „Unerfahren in dem Wort der Gerechtigkeit" — was bedeutet das? Die Antwort auf diese Frage ist einfach: Die Lehre Christi kann unbewusst falsch ausgelegt werden, das Kind kann unbemerkt ein falsches Wort aufnehmen und sich damit „vergiften". Auch die Werke und die Handlungen des Kleinkindes im Glauben sind noch fleischlich. Ebenso wie ein physisches Kind, das noch „in die Hose macht", so auch das geistliche Kind in Christus — es handelt nach dem Fleisch. Das ist jedoch nicht mit sündigen gleichzusetzen. Deshalb wird es dafür auch nicht bestraft. Die Unvollkommenheit wird dem geistlichen Kind genauso wenig zugerechnet, wie dem fleischlichen. Denn durch den Leib Jesu Christi sind wir für das Gesetz gestorben und befinden uns nicht mehr unter dem Gesetz (Röm 7:4 ff.). Deshalb unterliegen die Kinder im Glauben weder dem Gesetz noch der Verurteilung (Röm 8:33 f.), sondern vielmehr der Heiligung (1 Kor 1:30). Mit anderen Worten bedürfen diese Kinder einer aufmerksamen Fürsorge und der lauteren Milch. Die richtige geistliche Speise (1 Petr 2:1 f.) lässt ein Kind gesund gedeihen und nach dem Maß des Wachstums erfolgt die Reinigung von allem Fleischlichen.

Wie wächst ein physisches Kind? Durch die richtige Speise. Dem Säugling wird zuerst die Muttermilch gegeben und nach der Ausreifung der Verdauungsorgane festere Speise. Das Baby nimmt an Gewicht zu: die Knochen und Muskeln kräftigen sich; das Gehirn, die Sinnesorgane reifen zu ihrer Vollkommenheit aus.

Für das geistliche Kind stellt die Muttermilch bzw. die Speise, das Wort Gottes, die reine Lehre Christi, dar. Das geistliche Kind festigt sich in der Erkenntnis der Gnade (2 Petr 3:18), im Glauben, im Wort, es bekommt geübte Sinne, um Gutes und Böses zu unterscheiden (Hebr 5:14). Die Schrift offenbart sehr deutlich, dass ein Christ wachsen muss: „Der Gerechten Pfad glänzt wie das Licht am Morgen, das immer heller leuchtet bis zum vollen Tag" (Spr 4:18; Eph 3:13,15 f.; Phil 1:9-11; Kol 1:10 etc.).

Wachstum und Heiligung

Wenn der Mensch gläubig und von Gott geboren wurde, hat der Teufel den Platz im Gewissen des Menschen verloren. Doch es bedeutet nicht, dass er den Menschen nicht mehr verfolgt. Er sucht regelrecht nach Möglichkeiten auf ihn einzuwirken. Das geschieht durch den Leib, welcher noch um der Sünde Willen tot ist: „Wenn aber Christus in euch ist, so ist der Leib zwar tot um der Sünde willen, der Geist aber [das Gewissen des Menschen] ist Leben um der Gerechtigkeit willen" (Röm 8:10). Der Leib muss noch „lebendig werden", das heißt dem Geist völlig gehorsam sein: „Wenn nun der Geist dessen, der Jesus von den Toten auferweckt hat, in euch wohnt, so wird er, der Christus von den Toten auferweckt hat, auch eure sterblichen Leiber lebendig machen durch seinen Geist, der in euch wohnt" (Röm 8:11). Weiter steht geschrieben: „So sind wir nun, liebe Brüder, nicht dem Fleisch schuldig, dass wir nach dem Fleisch leben. Denn wenn ihr nach dem Fleisch lebt, so werdet ihr sterben müssen; wenn ihr aber durch den Geist [Gewissen] die Taten des Fleisches tötet, so werdet ihr leben"

(Röm 8:12 f.). Und obwohl der Glaube eines Kleinkindes in Christus seinem Wachstum entsprechend vollkommen ist, ist Wachsamkeit gefragt. Man muss den Taten des Fleisches gegenüber stets wachsam sein, denn der Teufel geht umher „wie ein brüllender Löwe und sucht, wen er verschlinge" (1 Petr 5:8). Unentwegt versucht er, das Kleinkind im Glauben zu fangen und es durch dessen Leib in Versuchung zu bringen, da er seine Schwachstellen sehr gut kennt und die Unerfahrenheit im Glauben ausnutzt. Im ersten Petrusbrief steht geschrieben: „Liebe Brüder, ich ermahne euch als Fremdlinge und Pilger: Enthaltet euch von fleischlichen Begierden, die gegen die Seele streiten" (1 Petr 2:11). So kann der Teufel den Menschen von außen reizen und versuchen ihn zurückzugewinnen, indem er ihn durch jene fleischliche Begierden verführt, denen sich der Mensch früher hingegeben hat. Dabei ist wichtig zu verstehen, dass nicht der Leib weiterhin sündig ist, sondern dass der Teufel den Menschen durch den Leib angreift. Apostel Petrus schreibt über die Kinder im Glauben: „So legt nun ab alle Bosheit und allen Betrug und Heuchelei und Neid und alle üble Nachrede und seid begierig nach der vernünftigen lauteren Milch wie die neugeborenen Kindlein, damit ihr durch sie zunehmt zu eurem Heil" (1 Petr 2:1 f.). Die Taten des Fleisches können sich auch durch Eifersucht, Zank und Zwietracht äußern, wie Paulus es in seinem Brief an die Korinther beschreibt (1 Kor 3:1-4). Doch solange das Kind im Glauben dies nicht erkennt und versteht, wird es ihm nicht zugerechnet, denn es gibt kein Gesetz. Nach dem Maß des Wachstums und der Erkenntnis fallen diese Taten des Fleisches einfach ab.

Ein Kleinkind im Glauben sollte sich nicht kontrollieren. Es sollte nicht damit beschäftigt sein, eigene Unzulänglichkeiten ausfindig zu machen oder sich zu quälen und zu richten. Vielmehr erfreut es sich an der Ernährung mit dem reinen Wort. Plötzlich werden die Augen aufgetan und der Mensch begreift, dass er etwas nicht richtig verstanden und dementsprechend nicht richtig gehandelt hat. Warum versteht man es auf einmal? Christus hat es dem Menschen offenbart; er hat ihm die Augen dafür aufgetan, da er dazu herangereift ist, die Heiligung von Christus mit Freude aufzunehmen. Das Kleinkind denkt, es sei nun bereits erwachsen und freut sich, doch nach und nach wird ihm wieder etwas offenbart. So wächst es zum vollkommenen Mann, zum Maß des Alters und der Fülle Christi „bis wir alle hingelangen zur Einheit des Glaubens und der Erkenntnis des Sohnes Gottes, zum vollendeten Mann, zum vollen Maß der Fülle Christi, damit wir nicht mehr unmündig seien [...]" (Eph 4:13 f.).

Das Evangelium lehrt uns, dass Christus unsere Heiligung ist (1 Kor 1:30). Er selbst ist unser Wachstum und die Heiligung, er reinigt und heiligt uns. Von uns ist dabei lediglich das Einverständnis und der Glaube erforderlich. „Seht, welch eine Liebe hat uns der Vater erwiesen, dass wir Gottes Kinder heißen sollen [...]. Und ein jeder, der solche Hoffnung auf ihn hat, der reinigt sich, wie auch jener rein ist" (1 Joh 3:1-3). Wir sind Gottes Kinder! Wir, die wir einst von Gott entfremdet und für den wir tot waren, sind jetzt durch den Glauben lebendig geworden. In unserem Gewissen hat ein Machtwechsel stattgefunden — dort herrscht nun Christus. „Nun aber sind wir vom Gesetz frei geworden und ihm abgestorben, das uns gefangen hielt, sodass wir dienen im neuen Wesen des Geistes und nicht im alten Wesen des Buchstabens" (Röm 7:6). „Denn in Christus Jesus gilt weder Beschneidung noch Unbeschnittensein etwas, sondern eine neue Kreatur" (Gal 6:15).

Die Voraussetzungen für den richtigen Wandel vor Gott sind ein reines Herz, ein gutes Gewissen und ein ungeheuchelter (ungefärbter) Glaube (1 Tim 1:5). Ohne ein aufrichtiges Herz kann der Mensch nicht im Licht wandeln, das Blut Christi kann nicht wirken. „Wenn wir aber im Licht wandeln, wie er im Licht ist, so haben wir Gemeinschaft untereinander, und das Blut Jesu, seines Sohnes, macht uns rein von aller Sünde" (1 Joh 1:7.)

Wenn ein Mensch irdische Beweggründe hat und sich lediglich seiner Umgebung anpasst, sind seine Bemühungen erfolglos. Er wird früher oder später Schiffbruch im Glauben erleiden. Wer wachsen und sich heiligen möchte, muss aufrichtig zu sich selbst sein.

Die Heilung ist dem Wachstum gleichzusetzen. Dieser Vorgang erfolgt so lange, bis der Gläubige zu einem vollkommenen Mann in Christus geworden ist: „dass er euch Kraft gebe nach dem Reichtum seiner Herrlichkeit, stark zu werden durch seinen Geist an dem inwendigen Menschen, [...] und ihr in der Liebe eingewurzelt und gegründet seid, [...] und die Liebe Christi erkennen könnt, die alle Erkenntnis übertrifft, damit ihr erfüllt werdet mit der ganzen Gottesfülle. [...]" (Eph 3:16-21).

Wird das Wachstum eines physischen Kindes in Monaten oder Jahren, Körperlänge oder Gewicht gemessen, so lässt sich das Wachstum des geistlichen Kindes an der Erfüllung mit Jesus Christus messen: „Denn welche der Geist Gottes treibt, die sind Gottes Kinder" (Röm 8:14). Je mehr sich der Gläubige Christus hingibt, umso mehr wird er von ihm geleitet. „Wachset aber in der Gnade und Erkenntnis unseres HERRN und Heilandes Jesus Christus. [...]" (2 Petr 3:18).

Wachstum in Freiheit

Ein großes Hindernis für das Wachstum stellt das Gesetz dar. Oder einfacher gesagt, die Vorstellung, wie ein Christ zu sein hat. Dieses Muster hat nichts mit der natürlichen Entwicklung des Lebens zu tun und wird vom Teufel geschickt eingesetzt, um den Menschen nach dem Fleisch zu richten. In Christus gibt es kein Gesetz, kein „Muss", vielmehr sind wir dem Gesetz gestorben. Wer in Christus lebt, „muss" nur eins: sich von seinem Geist leiten lassen.

Unter dem Gesetz sind Wachstum und Heiligung schlicht unmöglich, denn der Buchstabe verurteilt zum Tode (2 Kor 3:6-9). Zum Vergleich: wenn die Eltern ihre Säuglinge für das nächtliche Schreien oder Einnässen bestrafen würden, würde ein solches Kind höchstwahrscheinlich zu einem körperlich und geistig kranken Menschen heranwachsen.

Wenn ein ehemals religiöser Mensch nun den wahren Glauben annimmt, stellt diese Thematik eine enorme Schwierigkeit dar. Solch ein Gläubiger muss sich sehr ernsthaft mit der Frage der Freiheit vom Gesetz auseinandersetzen. Der Teufel wird unbedingt versuchen, den Menschen durch das Richten zu Fall zu bringen. Als Angriffsfläche benutzt er die Werke, die anfangs noch fleischlich sein können. Die Ausrüstung mit dem Wort Gottes dient als stärkste Waffe gegen die Anfechtungen des Teufels: „So auch ihr, haltet dafür, dass ihr der Sünde gestorben seid und lebt Gott in Christus Jesus" (Röm 6:11). Der Sieg über die Sünde ist auf Golgatha vollbracht. Diesen Sieg muss sich ein Mensch durch den Glauben zu eigen machen und diesen Glauben bewahren.

Wer von Gott geboren ist, dem ist es gegeben, seinen eigenen Körper zu beherrschen und zu lenken: „damit wir nicht mehr unmündig seien und uns von jedem Wind einer Lehre bewegen und umhertreiben lassen durch trügerisches Spiel der Menschen, mit dem sie uns arglistig verführen. Lasst uns aber wahrhaftig sein in der Liebe und wachsen in allen Stücken zu dem hin, der das Haupt ist, Christus, [...]. So sage ich nun und bezeuge in dem HERRN, dass ihr nicht mehr leben dürft, wie die Heiden leben in der Nichtigkeit ihres Sinnes. [...] Sie sind abgestumpft und haben sich der Ausschweifung ergeben, [...]. Ihr aber habt Christus nicht so kennengelernt; [...]" (Eph 4:14-23). „Legt von euch ab den alten Menschen mit seinem früheren Wandel" — dieses Gebot richtet sich an ein Kind Gottes; indem es in der Wahrheit und Erkenntnis wächst, lernt es seinen Körper zu lenken und diesen der Gerechtigkeit und Heiligkeit hinzugeben! So ist der Mensch auf das Kommen Jesu Christi vorbereitet und sein Leib wird sich bei dessen Kommen verwandeln. Er wird dem Leib Jesu Christi, nach dessen Auferstehung von den Toten, gleichgestellt sein. Gott beobachtet und sieht seine Kinder: wie sehr sie ihn lieben und wie stark sie darum bemüht sind, sich seiner Führung hinzugeben. Das, was dem Menschen gegeben ist zu tun, wird Gott für ihn nicht tun. Gott erwartet von der Seele, dass sie sich durch Bitten und Flehen Gott hingibt, damit er durch sie wirken kann! Es wird ausdrücklich gefordert: „[...], dass ihr eure Leiber hingebt als ein Opfer, [...]" (Röm 12:1). Gott wird den Menschen nicht zwingen; er muss selbst eifern, streben und sich mit sich selbst beschäftigen, um sich mit Gerechtigkeit zu kleiden: „Wenn ihr wisst, dass er gerecht ist, so erkennt ihr auch, dass, wer recht tut, der ist von ihm geboren" (1 Joh 2:29).

Das geistige Wachstum eines Gläubigen wird anhand der Fülle der Heiligung, der Reinheit des Glaubens, der Gerechtigkeit und der Heiligkeit des Lebens gemessen: das heißt, inwieweit Christus im Menschen Raum eingenommen hat, inwieweit er ihn führt und lenkt (Röm 8:14) und der Leib dem Gewissen untertan geworden ist. Jakobus schreibt darüber: „[...] Wer sich aber im Wort nicht verfehlt, der ist ein vollkommener Mann und kann auch den ganzen Leib im Zaum halten" (Jak 3:2). Er beginnt folgendermaßen: „Liebe Brüder, nicht jeder von euch soll ein Lehrer werden; [...]. Denn wir verfehlen uns alle [als Kinder] mannigfaltig [im Wort]" (Jak 3:1 f.), denn ein Kind ist noch unerfahren in dem Wort der Gerechtigkeit (Hebr 5:13). Wenn aber ein Kind, das im Wort unerfahren ist, zum Lehrer wird (was in der Praxis nicht selten geschieht), kann einiges schieflaufen. Im Kindesalter besteht stets die Gefahr, von der Wahrheit abzuweichen. Darüber spricht Jakobus im fünften Kapitel: Wenn jemand von der Wahrheit abgeirrt ist, so muss man ihn bekehren, denn er hat gesündigt! Sündigen bedeutet nach dem Neuen Testament, in die Lüge zu geraten, in seinem Glauben betrogen zu sein, die eine oder andere menschliche Lehre anzunehmen. Dieser Zustand wird in dem Brief an die Galater beschrieben. Paulus schreibt an die Galater, dass sie gesündigt haben und von der Wahrheit abgeirrt sind. Darum ist es so wichtig, sich um das geistliche Wachstum zu bemühen, damit das nicht passieren kann. Denn das ewige Leben wird nur ein Heiliger und ein Gerechter ererben. Diesen Zustand muss jeder selbst erreichen, wie geschrieben ist: „Darum, liebe Brüder, bemüht euch desto mehr, eure Berufung und Erwählung festzumachen. Denn wenn ihr dies tut, werdet ihr nicht straucheln und so wird euch reichlich gewährt werden der Eingang in das ewige Reich unseres HERRN und Heilands Jesus Christus" (2 Petr 1:10 f.).

Wer überwindet, der wird alles ererben

„Wer überwindet, der wird es alles ererben, und ich werde sein Gott sein und er wird mein Sohn sein" (Offb 21:7). Was muss nun überwunden werden? Die Schrift sagt: „Habt nicht lieb die Welt noch was in der Welt ist. Wenn jemand die Welt lieb hat, in dem ist nicht die Liebe des Vaters. Denn alles, was in der Welt ist, des Fleisches Lust und der Augen Lust und hoffärtiges Leben, ist nicht vom Vater, sondern von der Welt. Und die Welt vergeht mit ihrer Lust; wer aber den Willen Gottes tut, der bleibt in Ewigkeit" (1 Joh 2:15-17).

Was wird der Mensch ererben? Die neue Stadt Jerusalem! „Wer ist es aber, der die Welt überwindet, wenn nicht der, der glaubt, dass Jesus Gottes Sohn ist? [...] Denn alles, was von Gott geboren ist, überwindet die Welt; und unser Glaube ist der Sieg, der die Welt überwunden hat" (1 Joh 5:5,4). Und dieser Glaube wird das verwirklichen, worauf wir hoffen (Hebr 11:1).

Warum heißt es „wer überwindet" und nicht „wer überwunden hat"? Der Herr verkündete: „[...] Will mir jemand nachfolgen, der verleugne sich selbst und nehme sein Kreuz auf sich und folge mir" (Mt 16:24). Was soll man unter „sich selbst verleugnen" verstehen? Wie kann ich mich selbst verleugnen, wenn ich doch ich selbst bin? Ich lebe, ich atme, ich esse und trinke, schlafe und gehe arbeiten. Das alles bin doch ich! Soll ich etwa aufhören zu atmen, zu essen und zu schlafen, um mich selbst zu verleugnen? Was steckt wirklich dahinter? Der Herr hat es an einer anderen Stelle so ausgedrückt: „Wer sein Leben lieb hat, der wird's verlieren; und wer sein Leben auf dieser Welt hasst, der wird's erhalten zum ewigen Leben" (Joh 12:25). Es bleibt spannend: wie ist es zu verstehen, das eigene Leben auf dieser

Welt zu hassen? Kann ich etwa aus dieser Welt in eine andere Welt übergehen, in der es ein anderes Leben gibt? Ein Leben, für das es sich lohnt, diese Welt zu verlassen, so dass sie für einen vollkommen fremd und abstoßend, ja sogar verhasst wird? Der Herr sagte: „Es ging aber eine große Menge mit ihm; und er wandte sich um und sprach zu ihnen: Wenn jemand zu mir kommt und hasst nicht seinen Vater, Mutter, Frau, Kinder, Brüder, Schwestern und dazu sich selbst, der kann nicht mein Jünger sein. Und wer nicht sein Kreuz trägt und mir nachfolgt, der kann nicht mein Jünger sein [...]" (Lk 14:25 ff.).

Welch starke Worte! Ein seelischer Mensch, der nicht von Gott geboren ist, wird sie nicht verstehen können. Man muss erst von Gott geboren werden, um danach von Gott die Offenbarung in sich selbst zu bekommen.

Christus hat diese Welt überwunden! Er war zwar in dieser Welt, hat jedoch das Weltliche nicht gelebt! „[...] Die Füchse haben Gruben und die Vögel unter dem Himmel haben Nester; aber der Menschensohn hat nichts, wo er sein Haupt hinlege" (Lk 9:58).

Zu einem seelischen, irdischen Menschen, der Christus folgen wollte, sagte er, als er ihn um Folgendes bat: „[...] HERR, erlaube mir, dass ich zuvor hingehe und meinen Vater begrabe: Aber Jesus sprach zu ihm: Lass die Toten ihre Toten begraben; du aber geh hin und verkündige das Reich Gottes!" (Lk 9:59 f.).

Damit zeigte der Herr, dass nichts mehr wert sein kann als der Glaube und der Dienst für das himmlische Reich. Der Mensch muss in sich selbst alles überwinden, was einen höheren Stellenwert hat, als das! Ja, der Mensch ist gläubig geworden, er möchte Christus folgen, doch es wird immer mögliche Hindernisse geben. Das sind Dinge, die in seinem Leben eine große Rolle gespielt haben, an die er sich gewöhnt hat und die selbstverständlich waren. Und nun muss er sich davon lossagen, sie verlassen, auch wenn es für sein Umfeld und alle Nahestehenden nicht nachvollziehbar ist.

„Und ein andrer sprach: HERR, ich will dir nachfolgen; aber erlaube mir zuvor, dass ich Abschied nehme von denen, die in meinem Haus sind. Jesus aber sprach zu ihm: Wer seine Hand an den Pflug legt und sieht zurück, der ist nicht geschickt für das Reich Gottes" (Lk 9:61 f.).

Wahrscheinlich war dieser Mensch eine Zeit lang Christus nachgefolgt, war mit seinen Jüngern zusammen, als der Herr lehrte und wirkte und kam letztendlich zum Entschluss: „Ich möchte Christus nachfolgen!" Aber er wollte erst von seiner Familie Abschied nehmen und erst danach für immer dem Herrn folgen, um mit ihm zu sein. Christus antwortete ihm so, weil er seine Unentschlossenheit sah, und dass er nicht von ganzem Herzen treu war. Innerlich war die Familie für ihn noch von Bedeutung und hat in seinem Herzen Raum eingenommen. Das heißt die Selbstverleugnung für das Leben dieser Welt ist in ihm nicht geschehen! Und der Herr sprach diese wichtigen Worte: Wenn er sich nicht von allem verleugnet, was er hat, auch von seinem Leben in dieser Welt, wird er nicht sein Jünger sein können (Lk 14:26,33)!

Ohne Selbstverleugnung, ohne sich von seinem Leben in dieser Welt loszusagen, wird der Mensch für das Himmelreich nicht tauglich sein! Wenn er nicht für die irdische Welt stirbt, wird er für das Göttliche nicht leben können!

Deshalb ist der erste, notwendige Sieg des Menschen: die Selbstverleugnung, der Übergang aus dieser Welt in die himmlische Welt. Darin muss der Mensch siegen! Christus hat gesiegt! Wenn der Mensch Christus annimmt, ist Christus bereit, in ihm diesen Sieg zu vollziehen. Und er wird ihn auch vollziehen, wenn der Mensch ihm diese Möglichkeit gibt: Der Glaube ist die Erfüllung des erhofften Sieges in einem selbst. Was muss man tun, um sich selbst zu verleugnen? Der Mensch muss überwinden und den Sieg davontragen.

Der Herr erläuterte seine Lehre zu dieser Frage: „Geht hinein durch die enge Pforte. Denn die Pforte ist weit und der Weg ist breit, der zur Verdammnis führt, und viele sind's, die auf ihm hineingehen. Wie eng ist die Pforte und wie schmal der Weg, der zum Leben führt, und wenige sind's, die ihn finden!" — „Es sprach aber einer zu ihm: HERR, meinst du, dass nur wenige selig werden? Er aber sprach zu ihnen: Ringt darum, dass ihr durch die enge Pforte hineingeht; denn viele, das sage ich euch, werden danach trachten, wie sie hineinkommen, und werden's nicht können" (Mt 7:13 f.; Lk 13:23 f.).

Viele haben danach gesucht, wollten hineinkommen, doch es ist ihnen nicht gelungen, weil sie nicht überwunden haben! Hier liegt der Kernpunkt: Jesus Christus war bereit, den Sieg im Menschen, der gläubig wurde und hineingehen wollte, zu vollziehen. Doch der Mensch selbst war nicht bereit, sein Leben nach dem Fleisch und für das Fleisch in dieser Welt zu hassen und sich selbst zu verleugnen. Der Herr wird niemals schuld daran sein, dass der Mensch den Weg nicht richtig gehen konnte, so wie Apostel Paulus sagte: „Ich habe den guten Kampf gekämpft, ich habe den Lauf vollendet, ich habe Glauben gehalten; hinfort liegt für mich bereit die Krone der Gerechtigkeit, die mir der HERR, der gerechte Richter, an jenem Tag geben wird, nicht aber mir allein, sondern auch allen, die seine Erscheinung lieb haben" (2 Tim 4:7 f.).

Somit ist es fundamental, die Geburt von Gott zu erleben! Wenn die Geburt von Gott durch das Wort der Wahrheit nicht geschieht, ist alles andere, was auch immer der Mensch zu tun vermag, vergeblich. Das Ziel wird er nicht erreichen können, da er nicht genug darum geeifert hat, durch die enge Pforte hindurch zu gehen und den Willen des mächtigen Gottes zu erfüllen.

Gehen wir in unseren Überlegungen weiter: Derjenige, der durch die enge Pforte hindurch gegangen ist, ist auf dem schmalen Weg, der direkt in das Himmelreich führt. Dieser Weg ist der Herr Jesus Christus selbst: „Ich bin der Weg" (Joh 14:6). Um diesen Weg treu bis zum Ziel zu vollenden, muss man auch überwinden. Der Herr und die Apostel haben dazu viele Beispiele gegeben: das 25. Kapitel im Matthäus Evangelium spricht von fünf törichten Jungfrauen, die nicht überwunden haben und nicht in das Himmelreich hineingekommen sind. Es war ihnen gegeben, sie waren auf dem richtigen Weg, aber…! Weitere Beispiele sind: der faule Knecht, der seinen Zentner verbarg; die Böcke, die zur Linken des Herrn stehen: „[…] Geht weg von mir, ihr Verfluchten, in das ewige Feuer, das bereitet ist dem Teufel und seinen Engeln!" (Mt 25:41). So wie die törichten Jungfrauen und der faule Knecht die gleiche Möglichkeit hatten zu siegen, denn es gibt kein Ansehen der Person bei dem Herrn, so ist es auch in dem Beispiel mit den Böcken — sie waren bereits auf dem richtigen Weg, haben aber ihren Lauf nicht vollendet.

Ferner: „[…] sorgt für den Leib nicht so, dass ihr den Begierden verfallt" (Röm 13:14). „Alles ist mir erlaubt, aber nicht alles dient zum Guten. Alles ist mir erlaubt, aber es soll mich nichts gefangen nehmen" (1 Kor 6:12). „Kinder, hütet euch vor den Abgöttern!" (1 Joh 5:21). Die Frage des Götzendienstes ist eine sehr ernste Frage! Der Götzendienst ist eine der greulichsten Handlungen gegen Gott! Israel hat aufgrund von Götzendienst seinen Staat und seine Errettung als das Volk Gottes verloren. Nur ein Rest wird nach der Gnade gerettet werden (Röm 9:27; 11:26-39).

Das Alte Testament ist voller Beispiele von dem Götzendienst Israels. Folgende Stellen im Neuen Testament sprechen über den Götzendienst: 1 Kor 10:7; Eph 5:5; Kol 3:5; 1 Petr 4:3; 1 Kor 10:14; 1 Kor 6:9. „Draußen sind die Hunde und die Zauberer und die Unzüchtigen und die Mörder und die Götzendiener und alle, die die Lüge lieben und tun" (Offb 22:15).

Das sechste Kapitel im ersten Brief an Timotheus beschreibt sehr detailliert, was man auf dem schmalen Weg unbedingt überwinden muss: Stolz, Geiz, Hoffnung auf das Irdische! „O Timotheus! Bewahre, was dir anvertraut ist, und meide das ungeistliche lose Geschwätz und das Gezänk der fälschlich so genannten Erkenntnis" (1 Tim 6:20). Es ist notwendig, als Sieger befunden zu werden auf dem Weg zum Himmelreich.

Warum muss man also auf dem schmalen Weg überwinden? Weil sich das Wachstum in der Gnade und der Erkenntnis aus Glauben in Glauben vollzieht (Röm 1:17; 2 Petr 3:18). „Denn das ist der Wille Gottes, eure Heiligung [...], und ein jeder von euch verstehe, sein eigenes Gefäß in Heiligkeit und Ehre zu halten [...]. Niemand gehe zu weit und übervorteile seinen Bruder im Handel; denn der HERR ist ein Richter über das alles, wie wir euch schon früher gesagt und bezeugt haben. Denn Gott hat uns nicht berufen zur Unreinheit, sondern zur Heiligung" (1 Thess 4:3-7).

Apostel Paulus schrieb nicht zufällig: „[...]. Denn wir haben nicht mit Fleisch und Blut zu kämpfen, sondern mit Mächtigen und Gewaltigen, nämlich mit den Herren der Welt, die in dieser Finsternis herrschen, mit den bösen Geistern unter dem Himmel. Deshalb ergreift die Waffenrüstung Gottes, [...]" — „Leide mit als ein guter Streiter Christi Jesu [...]. Und wenn jemand auch kämpft, wird er doch nicht gekrönt [wenn er nicht überwunden hat], er kämpfe denn recht [im Gesetz des Geistes, das lebendig macht in Jesus Christus (Röm 8:1 f.)]" (Eph 6:10-18; 2 Tim 2:1-5).

Das Wort unseres Herrn lehrt uns: wir befinden uns in einem sehr schrecklichen Krieg. Wer überwindet, wird das Himmlische ererben, wer nicht überwindet, wird am ersehnten ewigen Ziel vorbei gehen! Unser Sieg ist der Herr Jesus Christus, der in uns den Sieg vollbringen wird. „Und ich bin darin guter Zuversicht, dass der in euch angefangen hat das gute Werk, der wird's auch vollenden bis an den Tag Christi Jesu" (Phil 1:6). In welchem Fall wird es so sein, dass der Herr in uns den Sieg vollbringen wird? Wenn das Folgende auf uns zutrifft: „Darum umgürtet die Lenden eures Gemüts, seid nüchtern und setzt eure Hoffnung ganz auf die Gnade, die euch angeboten wird in der Offenbarung Jesu Christi. Als gehorsame Kinder [...]" (1 Petr 1:13 f.).

Wir müssen unbedingt gehorsame Kinder des mächtigen Gottes sein! So werden wir überwinden und alles ererben!

Wer auf Gottes Weg geht, muss wachsam sein

„Wachet und betet, dass ihr nicht in Versuchung fallt! Der Geist ist willig, aber das Fleisch ist schwach" (Mk 14:38). „Seid nüchtern und wachet; denn euer Widersacher, der Teufel, geht umher wie ein brüllender Löwe und sucht, wen er verschlinge. Dem widersteht, fest im Glauben, [...]" (1 Petr 5:8 f.). „Wohl dem Menschen, der mir gehorcht, dass er wache an meiner Tür täglich, dass er hüte die Pfosten meiner Tore" (Spr 8:34).

Die ganze Bibel lehrt uns von der Wachsamkeit im Glauben. Wie drückt sich diese aus? Was bedeutet es, zu wachen? Es ist sehr ernst, denn das geistliche Leben eines jeglichen Christen hängt davon ab, wie wachsam er ist. Ohne Wachsamkeit wird der Gläubige zwangsläufig Schiffbruch erleiden.

„[...] Du Sohn des Teufels, voll aller List und aller Bosheit, du Feind aller Gerechtigkeit, hörst du nicht auf, krumm zu machen die geraden Wege des HERRN?" (Apg 13:10). Diese Worte zeigen deutlich, dass der Feind darauf bedacht ist, die Wahrheit im Menschen durch Arglist und Bosheit zu zerstören.

Der Teufel ist ein Geist der Bosheit. Er und seine Diener sind in der Lage, die Gestalt von Engeln anzunehmen und haben das Ziel, die Menschen in die Irre zu führen (2 Kor 11:13-15), um so viele wie möglich mit sich in den Tod zu reißen. Am Beispiel der kriminellen Welt zeigt sich das Wesen des Teufels sehr deutlich. Hier wird nach dem Prinzip gehandelt: „Ich soll sterben und du willst dich retten? Nein, auch du wirst mit mir untergehen!" Um vom Teufel nicht betrogen zu werden, ist es für den Gläubigen lebenswichtig, Gottes Wahrheit zu kennen und darin zu wachen: „Hab acht auf dich selbst und auf die Lehre; beharre in diesen Stücken! Denn wenn du das tust, wirst du dich selbst retten und die, die dich hören" (1 Tim 4:16).

Wer auf Gottes Weg wandelt, muss sehr wachsam sein, um von diesem Weg nicht abzukommen und sich nicht in die Irre führen zu lassen. Dafür muss man den Feind gut verstehen und seine Taktik kennen. Mit einem weltlichen Verstand ist dies unmöglich. Denn der Teufel und seine Handlungen sind physisch nicht greifbar. Nur wenn Christus das Gewissen und den Verstand eingenommen hat, ist der Mensch in der Lage, den Geist des Teufels zu erkennen, der sich z. B. in der Gestalt von falschen Gedanken, die einen unbewusst einnehmen, äußert. Ein Christ schützt sich vor diesen Angriffen, indem er die Waffenrüstung Gottes anzieht. Das heißt, das Schild des Glaubens ergreifen, den Helm des Heils anziehen und das Schwert des Geistes tragen, welches das Wort Gottes ist: „Zieht an die Waffenrüstung Gottes, damit ihr bestehen könnt gegen die listigen Anschläge des Teufels. Denn wir haben nicht mit Fleisch und Blut zu kämpfen, sondern mit Mächtigen und Gewaltigen, nämlich mit den Herren der Welt, die in dieser Finsternis herrschen, mit den bösen Geistern unter dem Himmel" (Eph 6:11 f.).

Die Waffen des Teufels

Als erstes versucht der Feind, die Wachsamkeit des Gläubigen zu schwächen, damit er die Lüge nicht mehr von der Wahrheit unterscheiden kann. Zum Beispiel tritt der Teufel in der Gestalt eines Engels heran, mit schmeichelnden Worten scheinbarer Liebe und Freude. Er streckt nicht sofort seine „Krallen" aus. Sein wahres Gesicht zeigt er erst, wenn er Macht über den Menschen gewonnen hat.

Und da der Mensch diese Taktik nicht erkennt, schenkt er dem Teufel Glauben. Zum Beispiel fällt er darauf rein, wenn der Teufel versucht, ihm manche Dinge dieser Welt schmackhaft zu machen. So findet erst eine kleine Lüge ihren Platz im Herzen des Gläubigen, und wenn sie unentdeckt bleibt, wächst sie. Der Mensch beginnt zu zweifeln, verliert die Einfältigkeit im Glauben und wird träge im Wort. Er verliert langsam den Geschmack an der geistlichen Speise und sein Herz fängt unbemerkt an, sich immer mehr den irdischen Dingen zuzuneigen. So gelingt es dem Teufel, den Christen zu fangen. Und natürlich wird er dann sein Werk unbedingt bis zum bitteren Ende ausführen, bis der Mensch völlig vom Glauben abfällt und vom Leben in den Tod übergeht.

„Denn ich eifere um euch mit göttlichem Eifer; denn ich habe euch verlobt mit einem einzigen Mann, damit ich Christus eine reine Jungfrau zuführte. Ich fürchte aber, dass wie die

Schlange Eva verführte mit ihrer List, so auch eure Gedanken abgewendet werden von der Einfalt und Lauterkeit gegenüber Christus" (2 Kor 11:2 f.). Apostel Petrus bringt das bildliche Beispiel eines brüllenden Löwen (1 Petr 5:8). Klar ist, dass das Zusammentreffen mit einem Löwen für einen Menschen tragisch bzw. tödlich enden kann. Damit zeigt Petrus, dass wenn der Mensch nicht ausreichend gerüstet ist, der Teufel ihn erbarmungslos verschlingen wird. Er greift den Menschen unerwartet an, und zwar dann, wenn dieser nicht im Glauben wacht! So findet er ein warmes Plätzchen im Herzen des Menschen und kann ihn durch seinen Betrug in das ewige Verderben führen.

Ein weiteres Beispiel verdeutlicht noch einmal, wie wichtig die Wachsamkeit für den Christen ist. Wache halten ist während des Krieges überlebensnotwendig. Jede Nacht muss ein Soldat Wache stehen, während sich die restliche Mannschaft ausruht. Wenn dieser Soldat nun einschläft, wird der Feind zweifellos die Gelegenheit nutzen, um den Wachmann und danach den Rest der Mannschaft umzubringen. So wie der Feind im physischen Leben seinen Gegner immer zu vernichten sucht, so ist es auch im geistlichen Leben. Nur ist es hier noch ernster, denn es geht um das ewige Leben oder den ewigen Tod.

Im ersten Johannesbrief sind die Waffen bzw. die Armee des Teufels deutlich beschrieben: „Habt nicht lieb die Welt noch was in der Welt ist. Wenn jemand die Welt liebhat, in dem ist nicht die Liebe des Vaters. Denn alles, was in der Welt ist: des Fleisches Lust und der Augen Lust und hoffärtiges Leben, ist nicht vom Vater, sondern von der Welt. [...]" (1 Joh 2:15-17).

Die Waffen Gottes sind das komplette Gegenteil zu den Waffen der bösen Geister unter dem Himmel. Die Waffe Gottes ist: „Selig sind, die da geistlich arm sind; denn ihrer ist das

Himmelreich" (Mt 5:3). Dieser Zustand ist für den Menschen grundlegend in Bezug auf die Waffenrüstung, denn er beinhaltet Sanftmut, Demut, Geduld, die Liebe zum Feind und besiegt jegliche Waffe des Teufels. Zu den Waffen Gottes gehören alle Eigenschaften, die in der Bergpredigt unseres Herrn genannt werden: selig sind, die reinen Herzens sind; ihr seid das Salz der Erde; ihr seid das Licht dieser Welt! Auch die beiden Briefe des Apostel Paulus an Timotheus sprechen von der Waffenrüstung Gottes. Es ist sehr wichtig zu verstehen, dass die Waffen Gottes himmlisch und geistlich sind, sie sind der Geist der Wahrheit. Die Waffen des Teufels sind auch geistlich doch sie sind irdisch, fleischlich und bergen den ewigen Tod in der Finsternis in sich. Die Sünde ist, wenn der Mensch dem Teufel glaubt und entsprechend mit den Waffen des Teufels ausgerüstet ist. Die bösen Geister unter dem Himmel zu entlarven, ist die Waffe des Lichts, welche durch den Glauben und die Liebe in unserem Herrn Jesus Christus wirkt.

Der Teufel hat nur eine einzige Angriffsfläche für seine Waffen: Das ist der Körper eines Menschen und alles, was damit zu tun hat. Die Legionen des Teufels sind sehr stark und deren Pfeile sind glühend. Ein Christ kann nur dann gegen sie bestehen, wenn er mit der Waffenrüstung Gottes bekleidet ist.

Der Glaubensweg in Wachsamkeit

Ein Mensch, der wahrhaftig gläubig wird, durchläuft mehrere Glaubensstufen und jede einzelne davon ist von Wachsamkeit geprägt. Der Glaubensweg eines Christen ist ohne Wachsamkeit gar nicht erst vorstellbar. Zuerst muss der Mensch den Glauben annehmen, dass es nur einen wahren Gott gibt und dass die Bibel das Buch Gottes ist. Dieses Buch öffnet der Welt das Geheimnis seiner Lehre, das Wesen und den Willen Gottes. Um an die Bibel glauben und ihr vollkommen vertrauen zu können, muss der Mensch sehr wachsam sein. Denn er muss die Bibel kennen und verstehen lernen: „Mein Sohn, wenn du meine Rede annimmst und meine Gebote behältst, dass dein Ohr auf Weisheit achthat, und du dein Herz der Einsicht zuneigst; ja, wenn du nach Vernunft rufst und deine Stimme nach Einsicht erhebst, wenn du sie suchst wie Silber und nach ihr forschst wie nach Schätzen: dann wirst du die Furcht des HERRN verstehen und die Erkenntnis Gottes finden" (Spr 2:1-5).

Schon vor der Geburt von Gott muss der Mensch sehr wachsam sein in der Lehre Jesu Christi, nur so kann sich der Glaube nach dem reinen Wort Gottes festigen. Jedoch folgt erst nach der Geburt von Gott der Heiligungsprozess, der auch nur dann stattfindet, wenn der Mensch wachsam ist. Das bedeutet nicht, dass er sich kontrollieren, Gesetze befolgen und seine Handlungen bewerten muss. Das alles führt nicht zum Wachstum im Glauben. Wachsamkeit im Glauben bedeutet an dieser Stelle nicht, dass der Mensch sein Innerstes unter Kontrolle hält, in der Hoffnung, durch ein angepasstes äußeres Erscheinungsbild gerecht zu werden. Das Innere eines solchen Menschen gleicht dabei einer angespannten Feder, die stets versucht sich aufzurichten und sich zu äußern. Er lässt das aber nicht zu, da er annimmt, dass gerade das die Wachsamkeit ist. Deshalb steht er Wache für diese religiöse „Wahrheit". In Wirklichkeit ist es jedoch nicht Wachsamkeit, sondern eine Lüge des Teufels. So ein Mensch wird zu einem meisterhaften Heuchler, denn inwendig hat er das eine und nach außen gibt er etwas ganz anderes aus. Ein Christ muss seinem Gewissen hingegen freien

Lauf lassen. Richtiges Wachstum im Glauben hängt einzig und allein von der Erkenntnis ab. Und die Erkenntnis hängt wiederum von der Wachsamkeit im Wort Gottes ab. Das geschieht nicht ohne Beten und das Ersuchen um Klarheit oder Offenbarung von Gott. Ein im Glauben gefestigter Christ hat geübte Sinne und kann das Gute vom Bösen unterscheiden: „Feste Speise aber ist für die Vollkommenen, die durch den Gebrauch geübte Sinne haben und Gutes und Böses unterscheiden können" (Hebr 5:14).

Der Christ ist dazu berufen, sich vom Geist Gottes leiten zu lassen. Nur in vollkommener Wachsamkeit kann er Gottes Geist in sich hören und verstehen. Nur durch Gottes Leitung ist der Mensch fähig, anderen Menschen im Wort zu dienen und ihnen das Wort der Wahrheit nahe zu bringen. Ein wahrer Christ ist in jeder einzelnen Glaubensstufe, also seinen ganzen Glaubensweg hindurch, wachsam!

Das Gebet

„Betet allezeit mit Bitten und Flehen im Geist und wacht dazu mit aller Beharrlichkeit im Gebet für alle Heiligen und für mich, dass mir das Wort gegeben werde, wenn ich meinen Mund auftue, freimütig das Geheimnis des Evangeliums zu verkündigen" (Eph 6:18 f.). „Seid beharrlich im Gebet und wacht in ihm mit Danksagung! Betet zugleich auch für uns, dass Gott uns eine Tür für das Wort auftue und wir das Geheimnis Christi sagen können, [...]" (Kol 4:2 f.). „betet ohne Unterlass" (1 Thess 5:17).

Die ganze Bibel zeigt uns die Anbetung Gottes von Anbeginn der Welt. Angefangen von Set, dem Sohn Adams, von dem das Geschlecht der Söhne Gottes begann, wurde der Name des Herrn angerufen. „[...]; denn Gott hat mir, sprach sie, einen anderen Sohn gegeben für Abel, den Kain erschlagen hat. Und Set zeugte auch einen Sohn und nannte ihn Enosch. Zu der Zeit fing man an den Namen des HERRN anzurufen" (1 Mose 4:25 f.). Von Anbeginn der Menschheit bis heute beten die Menschen. Entweder sie beten den wahren lebendigen Schöpfer an, oder sie sind dazu verführt Götzen anzubeten. Es gibt sehr viele „Götter", die von den Menschen verehrt werden. Doch für uns Christen gilt: „so haben wir doch nur einen Gott, den Vater, von dem alle Dinge sind und wir zu ihm; und einen HERRN, Jesus Christus, durch den alle Dinge sind und wir durch ihn" (1 Kor 8:6).

Die Gedanken des Herzens machen das Gebet aus

Jeder Mensch betet. Selbst wenn es ihm nicht bewusst ist. Beten ist ein natürlicher Vorgang. Denn der Mensch ist wie ein Gefäß, das nach seiner Erfüllung sucht. Seine eigentliche Bestimmung ist, die Vollkommenheit in sich zu tragen und Frieden, Ruhe, Freude und Selbstsicherheit zu erlangen. Physisch gesehen ist der Mensch als vollkommenes Wesen erschaffen. Geistlich benötigt er jedoch etwas, das ihn erfüllt. Deshalb befindet er sich ständig auf der Suche nach Erfüllung. Den Menschen werden viele „Götter" angeboten, die das vollkommene Glück versprechen. Spirituelle Ideologien, Religionen, Parteien und Vereinigungen, Lebensphilosophien und vieles mehr. Zum Beispiel streben viele Menschen eine berufliche Karriere an, die mit dem vollkommenen Glück lockt. Um das Ziel zu erreichen, betet der Mensch unentwegt. Er betet nicht den wahren Gott an, sondern seinen Vorgesetzten, von dem der nächste Posten innerhalb der Karriereleiter abhängt. Jeder Mensch, unabhängig davon, ob er gläubig ist oder nicht, führt zweifellos einen Dialog in seinem Herzen. Entsprechend dem Ziel, welchem sich der Mensch verschrieben hat, betet er auch den jeweiligen „Gott" an.

Diese Anbetung eines Götzen in sich selbst ist das Gebet. Glaubt ein Mensch daran, dass Reichtum glücklich macht, wird er sich gedanklich ständig mit diesem Thema beschäftigen — er betet das Geld an. Glaubt jemand an die Schönheit, werden seine Gedanken und sein Streben so ausgerichtet sein, dass er gut aussieht und sich gut kleidet. Wird ein Star oder ein Promi angebetet, dreht sich im Herzen eines Fans unbedingt alles um sein Idol. **DIE GEDANKEN DES HERZENS** machen das Gebet aus.

Wie sollte das Gebet eines Menschen aussehen, der an den wahren, lebendigen Gott glaubt? In unserem Leben und Wandel vor und in Gott gibt es keine Musterbeispiele. Es gibt nichts Theatralisches, keine Heuchelei, wie es in der religiösen Sphäre gängig ist. Es geht nicht darum, nach bestimmten Regeln zu handeln oder etwas aus sich herauszupressen, was gar nicht in einem ist. Das ist der Geist dieser Welt, das Leben eines irdischen Menschen. Anders kann es auch nicht sein. Das Wandeln vor Gott ist im Gegensatz dazu aufrichtig, ehrlich, einfach — der Mensch ist immer so, wie er in Wirklichkeit ist, er verstellt sich nicht und heuchelt nicht. Dies ist nur möglich, wenn man fest daran glaubt, dass Gott einen so liebt wie man ist. Die Rettung ist uns nicht nach den Werken, sondern nach der Gnade gegeben!

In Gott gibt es keine Regeln

Der Wandel vor Gott und nicht vor den Menschen äußert sich auch im Gebet. Ein aufgesetztes Gebet, das gedankenlose Wiederholen auswendig gelernter Verse, ist Heuchelei. Das sechste Kapitel des Matthäus Evangeliums (Verse 1-8) beschreibt es sehr gut. In der religiösen Welt wurde das Gebet zu einem felsenfesten Gesetz. Das Gebet muss dort nach bestimmten Regeln oder Formen ablaufen. Auf Knien, um Demut vor Gott zu zeigen; im Stehen und keinesfalls im Sitzen oder Liegen, um Gott den nötigen Respekt zu erweisen usw. So betet der Mensch mehrmals täglich, indem er ein und dasselbe wiederholt. Vergisst er es, eilt er zur Buße und versucht künftig, die Regeln und Formen strikt einzuhalten, in dem Glauben, Gott damit zu gefallen. Die Menschen gewöhnen sich so an dieses Leben und diese Traditionen, dass sie sich nicht einmal vorstellen können, dass dies nur menschliche Konstrukte sind. Sie gleichen einem Joch, von den Religionen auf die Menschen auferlegt, und haben kein Leben in sich. Die wahre Bedeutung des Gebets und das Verständnis des Gebots „Seid allezeit fröhlich, betet ohne Unterlass" (1 Thess 5:16 f.) bleibt verborgen.

Denn es steht geschrieben: „und ihr werdet die Wahrheit erkennen, und die Wahrheit wird euch freimachen. [...]" (Joh 8:32,36). Die ganze Bibel zeigt uns, wie unterschiedlich die Menschen Gott angebetet haben. Als Nehemia zum Beispiel dem König den Wein reichte, merkte dieser die Traurigkeit Nehemias und fragte ihn nach dem Grund. Da betete Nehemia: „[...] da betete ich zum Gott des Himmels und sprach zum König [...]" (Neh 2:2-5). Das Gebet vollzog Nehemia in seinem Herzen, verborgen vor dem König, ohne dabei irgendwelche Rituale auszuführen. Esra hatte folgendermaßen gebetet: „[...] zerriss ich mein Kleid und meinen Mantel und raufte mir Haupthaar und Bart und setzte mich bestürzt hin. [...] Und um das Abendopfer fasste ich mich und stand auf in meinem zerrissenen Kleid und Mantel, fiel auf meine Knie und breitete meine Hände aus zu dem HERRN, meinem Gott, [...]" (Esra 9:3-6). Und König David hat den Herrn auch in seinem Bett liegend angebetet (Ps 139). So ist das Gebet nach der Heiligen Schrift keinerlei Formen, Riten oder vorgeschriebenen Mustern unterworfen, wohingegen das „Vaterunser" in den Religionen oft als das von Jesus vorgegebene Gebetsmuster verstanden wird. Doch Jesus lehrte seine Jünger zu beten, als sie noch nicht von Gott geboren und somit noch nicht geistlich, sondern noch seelisch waren. Sie waren stets bei ihm, er führte und leitete sie. Zu denen, die von Gott geboren sind, wird aber gesagt: „Wenn aber jener, der Geist der Wahrheit, kommen wird, wird er euch in alle Wahrheit leiten. [...]" (Joh 16:13). Und es ist gesagt: „Gott ist Geist, und die Ihn anbeten, müssen Ihn im Geist und in der Wahrheit anbeten" und nur solche Anbeter will Gott für sich haben (Joh 4:24,23). Das kann ein Mensch nur erfüllen, wenn er von Gott geboren und Jesus Christus zu seinem Gewissen geworden ist. Jesus Christus lebt in uns, wir können immer mit ihm reden, Antworten bekommen, ihn im Gewissen hören. Für uns gibt es keinerlei Vorgaben, denen wir nachkommen müssen. Wir beten immer. Unabhängig von Zeit und Raum, ungeachtet äußerlicher Umstände findet ein Dialog mit Gott im Herzen statt. „Betet allezeit mit Bitten und Flehen im Geist [...]" (Eph 6:18). „Seid beharrlich im Gebet" (Kol 4:2) und „betet ohne Unterlass" (1 Thess 5:17). Unser Gebet ist die Liebe zu Gott und der Wunsch, immer mit ihm Gemeinschaft zu haben. Es äußert sich unterschiedlich, je nach Situation und unserem Wunsch im Herzen. Wir loben und preisen den Herrn; wir danken Gott und geben ihm die Ehre. Wir legen alle Wünsche und Sorgen auf ihn; wir bitten und flehen; wir beten für uns und bitten für andere. Denn Gott erfüllt alles, er ist überall und in Allem — sowohl im

Herzen des Gläubigen, als auch im Himmel. „Denn die Augen des HERRN sehen auf die Gerechten, seine Ohren hören auf ihr Gebet; [...]" (1 Petr 3:12). Er wohnt sowohl in einem Licht, zu dem niemand kommen kann als auch in einem demütigen Herzen (1 Tim 6:16; Jes 57:15). Wir haben den wahrhaftigen, lebendigen Gott erkannt. Er, der unsere Gegenwart und Zukunft, unser unvergängliches Reich ist, lebt in unseren Herzen und im Herzen beten wir ihn an.

Leben nach dem Geist

Ein Mensch, der Gott erkannt hat, kann ohne Gebet nicht leben. Es ist der Atem seines Glaubens, vergleichbar mit dem physischen Körper, der ohne Sauerstoff nicht lebensfähig ist. Jeder Mensch atmet, ohne sich darüber Gedanken zu machen, dass er atmen muss. Es ist ein automatischer Prozess, der natürlich und ohne Zwang geschieht. Genauso geht es dem inwendigen, geistlichen Menschen, der ebenso atmen muss, um zu existieren. Damit das Gebet tatsächlich zum Atem des Glaubens wird, muss der Mensch nach dem Geist leben. Wenn das noch nicht geschehen ist, muss man im Glauben wachsen und sich in der Frömmigkeit üben, wie geschrieben steht: „[...] übe dich selbst aber in der Frömmigkeit! Denn die leibliche Übung ist wenig nütze; aber die Frömmigkeit ist zu allen Dingen nütze und hat die Verheißung dieses und des zukünftigen Lebens" (1 Tim 4:7 f.). Die Frömmigkeit ist das Wesen Gottes. Damit Gott im Menschen leben und wirken kann, muss sich der Mensch Gott hingeben. Dies geschieht im Gebet. Man muss sich voller Demut, Geduld und Sanftmut Gott hingeben, Gott Raum geben, in einem zu wirken. Ohne Gebet ist dies nicht möglich, denn wenn man im Gebet beharrt, gibt man dem Geist Gottes den

Raum zu wirken.

Somit ist das Gebet der Atem des Glaubens, ganz unabhängig davon, wie ein Mensch betet: im Liegen, Sitzen oder Stehen. Es gibt keine Vorgabe, kein richtig oder falsch. Nur die Liebe zu Gott und der Wunsch mit ihm zu leben, ist das was zählt. Es ist herrlich, wenn ein Mensch inwendig die Führung des Geistes erlebt. Um diese Führung zu verspüren, ist es wichtig, den Geist nicht zu dämpfen: „Den Geist dämpft nicht" (1 Thess 5:19). Hierfür ist es unabdingbar, wachsam und im Gebet zu sein. Genau das bedeutet, mit Gott in Verbindung zu sein und seinem Willen zu folgen.

Die Taufe mit dem Heiligen Geist

„Ihr aber seid nicht fleischlich, sondern geistlich, wenn denn Gottes Geist in euch wohnt. Wer aber Christi Geist nicht hat, der ist nicht sein. [...]. Denn welche der Geist Gottes treibt, die sind Gottes Kinder. Denn ihr habt nicht einen knechtischen Geist empfangen, dass ihr euch abermals fürchten müsstet; sondern ihr habt einen kindlichen Geist empfangen, durch den wir rufen: Abba, lieber Vater! Der Geist selbst gibt Zeugnis unserm Geist, dass wir Gottes Kinder sind" (Röm 8:9,14 ff.).

Der kindliche Geist, den wir empfangen haben, ist der Geist Gottes, der Geist Christi. Das geht deutlich aus dem neunten Vers (Röm 8) hervor: Ihr aber seid nicht fleischlich, sondern geistlich, wenn denn Gottes Geist in euch wohnt. Und dann ist weiter gesagt: Wer aber Christi Geist nicht hat, der ist nicht sein! Dann folgt im Vers 14: Denn welche der Geist Gottes treibt, die sind Gottes Kinder. Man kann also auch mit Bestimmtheit sagen: Denn welche der Geist Christi treibt, die sind Gottes Kinder! Und weiter: Denn ihr habt nicht einen knechtischen

Geist empfangen, sondern ihr habt einen kindlichen Geist empfangen. Der kindliche Geist ist der Geist des Sohnes Gottes selbst, wie geschrieben ist: „Als aber die Zeit erfüllt war, sandte Gott seinen Sohn, [...] damit er die, die unter dem Gesetz waren, erlöste, **DAMIT WIR DIE KINDSCHAFT EMPFINGEN**. Weil ihr nun Kinder seid, hat Gott den Geist seines Sohnes gesandt in unsre Herzen, der da ruft: Abba, lieber Vater! So bist du nun nicht mehr Knecht, sondern Kind [...]" (Gal 4:4-7)! Diese Bibelstellen bestätigen, dass der Geist Gottes und der Geist Christi ein und derselbe Geist sind!

Wann und wie bekommt der Mensch den Geist Gottes, den Geist Christi? Empfängt der Mensch den Heiligen Geist nur einmal für immer, oder empfängt er ihn zweimal? Und bekommt der Mensch den Heiligen Geist gleichzeitig mit der Geburt von Gott, oder ist es erforderlich zu eifern und verstärkt darum zu beten, um die Taufe mit dem Heiligen Geist zu empfangen? „Johannes der Täufer war in der Wüste und predigte die Taufe der Buße zur Vergebung der Sünden. [...]; und predigte und sprach: Es kommt einer nach mir, der ist stärker als ich [...]. Ich taufe euch mit Wasser; aber er wird euch mit dem Heiligen Geist taufen" — „[...]; der wird euch mit dem Heiligen Geist und mit Feuer taufen" (Mk 1:4-8; Mt 3:11).

Wie taufte Jesus Christus mit dem Heiligen Geist? Die Schrift zeigt es deutlich: „[...]. Denn wir sind durch einen Geist alle zu einem Leib getauft. [...] und sind alle mit einem Geist getränkt!" — „Oder wisst ihr nicht, dass alle, die wir auf Christus Jesus getauft sind, die sind in seinen Tod getauft?" (1 Kor 12:13 f.; Röm 6:3). Die Taufe mit dem Heiligen Geist ist die Taufe in den Tod, den Tod der alten Kreatur zusammen mit Christus am Kreuz: „Es sei aber fern von mir, mich zu rühmen [nach dem Fleisch] als allein des Kreuzes unseres HERRN Jesus Christus, durch den mir die

Welt gekreuzigt ist und ich der Welt. Denn in Christus Jesus gilt weder Beschneidung noch Unbeschnittensein etwas, sondern eine neue Kreatur!" — „Darum: Ist jemand in Christus, so ist er eine neue Kreatur; das Alte ist vergangen, siehe, **NEUES IST GEWORDEN**" (Gal 6:14 f.; 2 Kor 5:17).

Deshalb ist die Taufe mit dem Heiligen Geist direkt mit der Geburt von Gott durch den Heiligen Geist verbunden. Das kann in der Schrift deutlich und klar nachverfolgt werden: im Hause des Hauptmanns Kornelius, als Petrus den Anwesenden das Wort der Wahrheit predigte, fiel der Heilige Geist auf alle, die dem Wort zuhörten und sie wurden von Gott geboren. Das war für alle sichtbar und Petrus befahl daraufhin, das Geschehene durch die Wassertaufe zu besiegeln. So wurden sie alle im Geiste zu neuen Kreaturen (Apg 10)!

Es ist auch deutlich geschrieben: „Und betrübt nicht den Heiligen Geist Gottes, mit dem ihr versiegelt seid für den Tag der Erlösung" (Eph 4:30). Und ebenso: „In ihm seid auch ihr, die ihr das Wort der Wahrheit gehört habt, nämlich das Evangelium von eurer Seligkeit — in ihm seid auch ihr, als ihr gläubig wurdet, versiegelt worden mit dem Heiligen Geist, der verheißen ist, welcher ist das Unterpfand unsres Erbes, zu unsrer Erlösung, dass wir sein Eigentum würden zum Lob seiner Herrlichkeit" (Eph 1:13 f.). Und: „Denn ihr seid alle durch den Glauben Gottes Kinder in Christus Jesus. Denn ihr alle, die ihr auf Christus getauft seid, habt Christus angezogen. [Hier ist keiner mehr nach dem Fleisch]. Hier ist nicht Jude noch Grieche, hier ist nicht Sklave noch Freier, hier ist nicht Mann noch Frau; denn ihr seid allesamt einer in Christus Jesus" (Gal 3:26-29).

Die Heilige Schrift offenbart, dass alle, die vom Heiligen Geist geboren sind, den Heiligen Geist innehaben. Dass es anschließend notwendig ist, zusätzlich dafür zu beten, um die

Taufe mit dem Heiligen Geist zu empfangen, ist nicht erwähnt. Obwohl es einige Lehren gibt, die das behaupten. Doch was folgt vielmehr nach der Geburt von Gott? „Und seid begierig nach der vernünftigen lauteren Milch wie die neugeborenen Kindlein, damit ihr durch sie zunehmt zu eurem Heil" — „Und er hat einige als Apostel eingesetzt, einige als Propheten, einige als Evangelisten, einige als Hirten und Lehrer, damit die Heiligen zugerüstet werden zum Werk des Dienstes. Dadurch soll der Leib Christi erbaut werden, bis wir alle hingelangen zur Einheit des Glaubens und der Erkenntnis des Sohnes Gottes, zum vollendeten Mann, zum vollen Maß der Fülle Christi, damit wir nicht mehr unmündig seien und uns von jedem Wind einer Lehre bewegen und umhertreiben lassen durch trügerisches Spiel der Menschen, mit dem sie uns arglistig verführen. Lasst uns aber wahrhaftig sein in der Liebe und wachsen in allen Stücken zu dem hin, der das Haupt ist, Christus, [...]" — „[...]. Denn in ihm wohnt die ganze Fülle der Gottheit leibhaftig und an dieser Fülle habt ihr teil in ihm [...]" (1 Petr 2:2; Eph 4:11-16; Kol 2:8 ff.). Das ist, worum man eifern, beten, bitten und klopfen sollte. Es gibt viele Gaben, aber es ist stets ein und derselbe Heilige Geist, der den Menschen geboren hat — er ist da, er befindet sich inwendig im Menschen. Es ist aber unbedingt erforderlich, sich mit dem Wort der Wahrheit zu ernähren, denn das ist die geistliche Speise, die notwendig ist, damit sich das geistliche Wachstum richtig vollzieht (1 Kor 12:4-11,27-31; Joh 6:27; 1 Tim 4:16; 2 Tim 1:13).

Mit dem Erwachsenwerden kommt auch der Wunsch zu dienen. Dazu ist einfach gesagt: „[...] dass ihr eure Leiber hingebt als ein Opfer, das lebendig, heilig und Gott wohlgefällig ist. Das sei euer vernünftiger Gottesdienst" — „[...]. Und auch ihr als lebendige Steine erbaut euch zum geistlichen Hause und zur heiligen

Priesterschaft, zu opfern geistliche Opfer, die Gott wohlgefällig sind durch Jesus Christus" (Röm 12:1; 1 Petr 2:4 f.). „Ihr aber seid der Leib Christi und jeder von euch ein Glied [alle sind durch den Heiligen Geist in den Leib Christi getauft]. [...]. Strebt aber nach den größeren Gaben" (1 Kor 12:27-31; 14,1).

Wenn man von Gott geboren ist und den Heiligen Geist innehat, muss man nicht mehr um den Heiligen Geist eifern, sondern zum vollendeten Mann, zum vollen Maß der Fülle Christi heranwachsen und vielmehr darum eifern, mit den Gaben des Heiligen Geistes zu dienen!

Der vollkommene Mann in Christus

„Darum wollen wir jetzt lassen, was am Anfang über Christus zu lehren ist, und uns zum Vollkommenen wenden; wir wollen nicht abermals den Grund legen mit der Umkehr von den toten Werken, mit dem Glauben an Gott" (Hebr 6:1). Das schrieb Apostel Paulus an die Hebräer, da sie in den Anfängen des christlichen Glaubens stehen geblieben sind. „Und ihr, die ihr längst Lehrer sein solltet, habt es wieder nötig, dass man euch die Anfangsgründe der göttlichen Worte lehre und dass man euch Milch gebe und nicht feste Speise. Denn wem man noch Milch geben muss, der ist unerfahren in dem Wort der Gerechtigkeit, denn er ist ein kleines Kind. Feste Speise aber ist für die Vollkommenen [...]" (Hebr 5:12-14).

Jeder Christ muss im Glauben vollkommen werden, „damit wir nicht mehr unmündig seien und uns von jedem Wind einer Lehre bewegen und umhertreiben lassen durch trügerisches Spiel der Menschen, mit dem sie uns arglistig verführen" (Eph 4:14). Aus diesem Grund „hat [er] einige als Apostel eingesetzt, einige als Propheten, […] damit die Heiligen zugerüstet werden zum Werk des Dienstes. Dadurch soll der Leib Christi erbaut werden bis wir alle hingelangen zur Einheit des Glaubens und der Erkenntnis des Sohnes Gottes, zum vollendeten Mann, zum vollen Maß der Fülle Christi" (Eph 4:11-13).

Das Wort ist unsere geistliche Speise

Das Wachstum eines jeden Christen beginnt mit der Erscheinung einer neuen Kreatur bei der Geburt von Gott. Um sich zu stärken, muss das neugeborene Kind lautere Milch trinken: „Seid begierig nach der vernünftigen lauteren Milch wie die neugeborenen Kindlein, damit ihr durch dieselbe zunehmt" (1 Petr 2:2). Weiter sagt Christus über die geistliche Speise: „Schafft euch Speise, die nicht vergänglich ist, sondern die bleibt zum ewigen Leben. Die wird euch der Menschensohn geben; denn auf dem ist das Siegel Gottes des Vaters" (Joh 6:27). Diese Speise, die zum ewigen Leben führt, gab Christus: „Ich bin das Brot des Lebens […]. Ich bin das lebendige Brot, das vom Himmel gekommen ist. Wer von diesem Brot isst, der wird leben in Ewigkeit. Und dieses Brot ist mein Fleisch, das ich geben werde für das Leben der Welt. […] Wer mein Fleisch isst und mein Blut trinkt, der hat das ewige Leben, und ich werde ihn am jüngsten Tage auferwecken. Denn mein Fleisch ist die wahre Speise, und mein Blut ist der wahre Trank. Wer mein Fleisch isst und mein Blut trinkt, der bleibt in mir und ich in ihm" (Joh 6:48,51,54-56).

Für das neugeborene Kind ist Christus bzw. sein Wort die lautere Milch. In Abhängigkeit vom „Wachstumsalter" nimmt der Gläubige entweder lautere Milch zu sich oder aber festere Speise, wie Brot. Ob es nun lautere Milch oder festere Speise ist, es ist immer das Wort Christi, seine Lehre. Ernährt sich ein Gläubiger richtig, wächst er von einem kleinen Kind zu einem vollkommenen Mann — „zum Maß des Alters der Fülle Christi" — heran. Die richtige geistliche Speise ist unentbehrlich für das Wachstum, denn: „Wer darüber hinausgeht und bleibt nicht in der Lehre Christi, der hat Gott nicht; [...]" (2 Joh 1:9).

Wer in der unverfälschten Lehre Christi bleibt, der hat die Liebe Gottes: „Wer nun bekennt, dass Jesus Gottes Sohn ist, in dem bleibt Gott und er in Gott. Und wir haben erkannt und geglaubt die Liebe, die Gott zu uns hat. Gott ist die Liebe; und wer in der Liebe bleibt, der bleibt in Gott und Gott in ihm" (1 Joh 4:15 f.). Diese Liebe erbaut jedes Glied und den gesamten Leib Christi: „[...]. Lasst uns aber wahrhaftig sein in der Liebe und wachsen in allen Stücken zu dem hin, der das Haupt ist, Christus, von dem aus der ganze Leib zusammengefügt ist und ein Glied am andern hängt durch alle Gelenke, wodurch jedes Glied das andere unterstützt nach dem Maß seiner Kraft und macht, dass der Leib wächst und sich selbst aufbaut in der Liebe" (Eph 4:14-16). „[...], von dem her der ganze Leib durch Gelenke und Bänder gestützt und zusammengehalten wird und wächst durch Gottes Wirken" (Kol 2:19).

Werke vollbringen wie Christus

Das volle Maß der Fülle zeigt sich in der Erscheinung Jesu Christi. Für ihn war nichts unmöglich. Er ging auf dem Wasser wie auf einer Feste; er befahl dem Sturm aufzuhören und es wurde still; er hat das Meer beruhigt; hat tausende Menschen mit ein paar Broten satt gemacht; die Toten auferweckt; hat alle Krankheiten heilen können; Geister ausgetrieben und weitere Wunder vollbracht: „Es sind noch viele andere Dinge, die Jesus getan hat. Wenn aber eins nach dem andern aufgeschrieben werden sollte, so würde, meine ich, die Welt die Bücher nicht fassen, die zu schreiben wären" (Joh 21:25).

Wie äußert sich die Vollkommenheit eines Gläubigen, der das volle Maß der Fülle Christi erreicht hat? Kann er die gleiche Stärke erreichen wie Christus? Christus selbst sagte dazu: „Wahrlich, wahrlich, ich sage euch: Wer an mich glaubt, der wird die Werke auch tun, die ich tue, und er wird noch größere als diese tun; denn ich gehe zum Vater. Und was ihr bitten werdet in meinem Namen, das will ich tun, damit der Vater verherrlicht werde im Sohn" (Joh 14:12 f.). Er sagte auch: „Habt Glauben an Gott! Wahrlich, ich sage euch: Wer zu diesem Berge spräche: Hebe dich und wirf dich ins Meer!, und zweifelte nicht in seinem Herzen, sondern glaubte, dass geschehen werde, was er sagt, so wird's ihm geschehen. Darum sage ich euch: Alles, was ihr bittet in eurem Gebet, glaubt nur, dass ihr's empfangt, so wird's euch zuteilwerden" (Mk 11:22 f.). „[...] Wenn ihr Glauben habt wie ein Senfkorn, so könnt ihr sagen zu diesem Berge: Heb dich dorthin!, so wird er sich heben; und euch wird nichts unmöglich sein" (Mt 17:20). Das bedeutet, dass die Werke, die Christus vollbrachte, auch für einen Christen möglich sind.

In der Liebe bleiben

Doch viel wichtiger als Wunder zu vollbringen, ist es Gottes Liebe in sich zu haben. Denn Apostel Paulus hat geschrieben: „Wenn ich mit Menschen- und mit Engelzungen redete und hätte die Liebe nicht, so wäre ich ein tönendes Erz oder eine klingende Schelle. Und wenn ich prophetisch reden könnte und wüsste alle Geheimnisse und alle Erkenntnis und hätte allen Glauben, sodass ich Berge versetzen könnte, und hätte die Liebe nicht, so wäre ich nichts. Und wenn ich alle meine Habe den Armen gäbe und ließe meinen Leib verbrennen und hätte die Liebe nicht, so wäre mir's nichts nütze. [...] Die Liebe hört niemals auf [...]" (1 Kor 13:1-13).

Die Liebe ist Gott selbst. Sie ist sein Geist, seine Reinheit und Frömmigkeit, seine Unsterblichkeit (1 Joh 4:12-14)! Jesus sagte: „Es werden nicht alle, die zu mir sagen: HERR, HERR!, in das Himmelreich kommen, sondern die den Willen tun meines Vaters im Himmel. Es werden viele zu mir sagen an jenem Tage: HERR, HERR, haben wir nicht in deinem Namen geweissagt? Haben wir nicht in deinem Namen böse Geister ausgetrieben? Haben wir nicht in deinem Namen viele Wunder getan? Dann werde ich ihnen bekennen: Ich habe euch noch nie gekannt; weicht von mir, ihr Übeltäter!" (Mt 7:21-23).

Daraus folgt klar und deutlich, dass die Rettung nicht in Wundertaten und außergewöhnlichen Werken liegt. Auch wenn ein Mensch weissagt, heilt, Geister austreibt oder andere Dinge tut, muss es nicht bedeuten, dass er die Rettung hat. Der Teufel kann sich auch anpassen und Wunder vollbringen. Die Rettung und das ewige Leben mit Gott, das ist die Liebe, die sich im Menschen offenbaren muss! Es geht nicht um die seelische, vergängliche Liebe dieser Welt. Da der Mensch nach dem Ebenbild Gottes erschaffen ist, ist jeder Mensch imstande zu lieben. Doch diese menschliche Liebe vergeht. Die Liebe von Gott ist sein Heiliger Geist. Sie kann und wird nicht vergehen, weil sie Gott selbst ist. Diese Liebe hat Gott der Menschheit durch das Erscheinen seines Sohnes Jesus Christus in dieser Welt gezeigt und gegeben. Und Christus ist eins mit Gott, er ist Gott und ist das ewige Leben (1 Joh 5:20; Röm 9:5; Joh 10:30)!

Über die Liebe sagt Christus: „Wer meine Gebote hat und hält sie, der ist's, der mich liebt. Wer mich aber liebt, der wird von meinem Vater geliebt werden, und ich werde ihn lieben und mich ihm offenbaren. [...] und wir werden zu ihm kommen und Wohnung bei ihm nehmen. Wer aber mich nicht liebt, der hält meine Worte nicht" (Joh 14:21,23 f.). „Wer darüber hinausgeht und bleibt nicht in der Lehre Christi, der hat Gott nicht [...]" (2 Joh 1:9).

Im zwölften Kapitel des ersten Briefes an die Korinther werden die geistlichen Gaben, die zur Erbauung des Leibes Christi dienen, beschrieben: „Es sind verschiedene Gaben; aber es ist **EIN** Geist. Und es sind verschiedene Ämter; aber es ist **EIN** HERR. Und es sind verschiedene Kräfte; aber es ist **EIN** Gott, der da wirkt alles in allem. In einem jeden offenbart sich der Geist zum Nutzen aller [...]" (1 Kor 12:4-13). Der Christ sollte nach noch größeren Gaben streben (1 Kor 12:31). Doch bevor dieser nach den Gaben strebt, muss er die Liebe ergreifen: „Strebt nach der Liebe!" (1 Kor 14:1). Und wie ist diese Liebe? „Die Liebe ist langmütig und freundlich, die Liebe eifert nicht, die Liebe treibt nicht Mutwillen, sie bläht sich nicht auf, sie verhält sich nicht ungehörig, sie sucht nicht das Ihre, sie lässt sich nicht erbittern, sie rechnet das Böse nicht zu, sie freut sich nicht über die Ungerechtigkeit, sie freut sich aber an der Wahrheit; sie erträgt alles, sie glaubt alles, sie hofft alles, sie duldet alles. Die Liebe hört niemals auf; [...]" (1 Kor 13:4-8). Daran kann sich jeder prüfen, ob er diese Liebe hat und ob sich diese äußert.

„[...] Gott, der reich ist an Barmherzigkeit, hat in seiner großen Liebe, mit der er uns geliebt hat, auch uns, die wir tot waren in den Sünden, mit Christus lebendig gemacht — aus Gnade seid ihr selig geworden [...]" (Eph 2:4 ff.). Gott gibt den Menschen die Möglichkeit, sein Wesen in sich zu tragen und so die Unsterblichkeit zu erlangen. Er hat durch Christus bereits alles dafür getan, der Mensch muss es nur noch glauben und somit teilhaftig an seiner Natur werden. „Denn in ihm wohnt die ganze

Fülle der Gottheit leibhaftig und an dieser Fülle habt ihr teil in ihm [...]" (Kol 2:9 f.). Im achten Vers des gleichen Kapitels warnt Paulus: „Seht zu, dass euch niemand einfange durch Philosophie und leeren Trug, gegründet auf die Lehre von Menschen und auf die Mächte der Welt und nicht auf Christus" (Kol 2:8).

Die Fülle in Christus

Durch den richtigen Glauben erlangt man die Fülle der Gottheit. Die Gerechtigkeit eines Menschen ist nur Jesus Christus: „Durch ihn [durch Gott] aber seid ihr in Christus Jesus, der uns von Gott gemacht ist zur Weisheit und zur Gerechtigkeit und zur Heiligung und zur Erlösung" (1 Kor 1:30). „Denn das Reich Gottes ist nicht Essen und Trinken, sondern Gerechtigkeit und Friede und Freude in dem Heiligen Geist. Wer darin Christus dient, der ist Gott wohlgefällig [...]" (Röm 14:17 f.). Durch diesen Glauben erlangen wir das wahre Leben, das allein in Christus verborgen ist, und ererben die Ewigkeit: „welche aber gewürdigt werden, jene Welt zu erlangen und die Auferstehung von den Toten [...] sie sind den Engeln gleich und Gottes Kinder, weil sie Kinder der Auferstehung sind" (Lk 20:35 f.).

Wie kann ein Mensch nun das volle Maß der Fülle Christi erreichen und wie äußert sich diese Vollkommenheit? Die Antwort gibt uns die Schrift: „Über alles aber zieht an die Liebe, die da ist das Band der Vollkommenheit" (Kol 3:14). Die Liebe ist Gott selbst (1 Joh 4:16). Und Gott ist das Wort (Joh 1:1-5). Dieses Wort wurde Fleisch und kam durch Christus in diese Welt (Joh 1:14-18). Dieses Wort, welches Gott und Christus ist (1 Joh 5:20), ist die Wahrheit (Joh 17:17). Wenn der Mensch in der Wahrheit ist und bleibt, erkennt er sie (Joh 8:31-36) und wird von Gott geboren (Jak 1:18). Wenn der Mensch von Gott geboren ist, ist er frei vom Gesetz der Sünde und des Todes und lebt nicht mehr nach dem Fleisch, sondern nach dem Geist. Er lebt nach dem Gesetz des Geistes in Jesus Christus (Röm 8:1 f.; 1 Joh 3:9).

Halten wir fest: Wenn ein Mensch von Gott geboren wurde, muss er immer danach streben, im Glauben zu wachsen, um das Wort Gottes vollständig in sich aufzulösen. Er muss sich von Christi Wort ernähren und sich dem geistlichen Wachstum hingeben. Erst wenn er das Wort Gottes vollkommen in sich aufgelöst hat, dann: „[...]. Wer sich aber im Wort nicht verfehlt, der ist ein vollkommener Mann und kann auch den ganzen Leib im Zaum halten" (Jak 3:1 f.). Deshalb hat der Mensch, der das volle Maß der Fülle Christi erreicht hat, die Fülle der Liebe in seinem Leben erlangt. Indem er die Liebe Gottes in sich hat und in ihr lebt, trägt er die Unsterblichkeit Gottes — das ewige Leben — in sich.

Früchte des Geistes

10
KAPITEL

276 Die Geduld

281 Die Sanftmut und Demut

289 Den Willen Gottes erfüllen

„Die Frucht aber des Geistes ist Liebe, Freude, Friede, Geduld, Freundlichkeit, Güte, Treue, Sanftmut, Keuschheit; gegen all dies ist das Gesetz nicht" (Gal 5:22 f.). „Denn das Reich Gottes ist nicht Essen und Trinken, sondern Gerechtigkeit und Friede und Freude in dem Heiligen Geist. Wer darin Christus dient, der ist Gott wohlgefällig und bei den Menschen geachtet" (Röm 14:17 f.). Wer das Reich Gottes in sich aufgenommen hat:

- der ist gerecht. Alle Taten und Handlungen, die eigene Rede, das Verhalten und der Umgang mit anderen Menschen — all das ist immer nach der Wahrheit. Es gibt keine Lüge, keine Gewalt, nichts Böses hat mehr Platz.
- der hat Frieden und Ruhe. Es gibt keine Feindschaft, das Verhältnis zu allen Menschen ist immer in Liebe, herzlich und achtungsvoll, ohne Ansehen der Person und Heuchelei.
- der hat Freude. Es geht ihm immer gut, der Mensch ist stets fröhlich, es bedrückt ihn nichts, er regt sich nicht auf und lässt sich nicht zu Ärgernissen oder Streitigkeiten hinreißen.

Solch ein innerer Zustand des Menschen deutet darauf hin, dass er das Reich Gottes, das ewige Leben, in sich hat und die Früchte des Heiligen Geistes äußert.

Die Geduld

„Fasset eure Seelen mit Geduld [seid standhaft, und ihr werdet euer Leben gewinnen]" (Lk 21:19). „Geduld aber habt ihr nötig, damit ihr den Willen Gottes tut und das Verheißene empfangt" (Hebr 10:36). „Dulden wir, so werden wir mit herrschen; [...]" (2 Tim 2:12).

Diese drei Verse verdeutlichen die große Bedeutung der Geduld im Leben eines Christen. Ohne Geduld kann man seine Seele nicht erretten. Ohne Geduld kann man den Willen Gottes nicht erfüllen und nicht mit ihm herrschen. Es ist vollkommen offensichtlich, dass ein Mensch ohne Geduld keine Errettung hat und das Himmelreich nicht erlangen kann. Daher ist es sehr wichtig und auch notwendig zu verstehen, was die Geduld überhaupt ist und zu wissen, ob man die Geduld in sich trägt oder nicht. Dass es die Geduld als solche gibt, wissen alle Menschen, weil jeder Mensch sich gedulden muss. Doch sich gedulden zu müssen ist in dieser Welt eine eher unerwünschte Erscheinung. Die Menschen möchten sich nicht gedulden, doch sie müssen es. Und in solchen Momenten wünschen sie sich sehr, dass das Gedulden ein Ende nimmt, damit sie sich wieder freuen können. Die Geduld wird unmittelbar mit Entbehrungen in Verbindung gebracht: mit Trauer und Schmerz, mit Leid, vielleicht auch mit negativen Erlebnissen sowohl in der Familie als auch auf der Arbeit (der Vorgesetzte ist unfreundlich, die Kollegen unvernünftig) und so weiter. Deshalb sehnen sich die Menschen danach, der Situation, in der man sich unfreiwillig befindet, so schnell wie möglich ein Ende zu setzen. Die Geduld im Leben eines Menschen ist also nicht wegzudenken. Sie ist ein unverzichtbarer Bestandteil unseres Lebens.

Doch was ist Geduld? Woher kommt sie? Die Bibel offenbart uns sehr viel über die Geduld: „[...] wir rühmen uns auch der Trübsale, dieweil wir wissen, dass Trübsal Geduld bringt; Geduld aber bringt Erfahrung; Erfahrung aber bringt Hoffnung; Hoffnung aber lässt nicht zuschanden werden; [...]" (Röm 5:3-5). „[...] die wir [...] [halten] an der angebotenen Hoffnung. Diese haben wir als einen sicheren und festen Anker unsrer Seele, [...]" (Hebr 6:18-20). Die Geduld ist eine wichtige Voraussetzung für die Errettung der eigenen Seele. „Die Geduld aber soll ihr Werk tun bis ans Ende, damit ihr vollkommen und unversehrt seid und kein Mangel an euch sei" (Jak 1:4). Für den Menschen dieser

Welt ist das Gedulden kein wünschenswerter Zustand. Für den Christen hingegen ist es ein unverzichtbarer Teil seines Glaubens und muss die vollkommene Wirkung entfalten. Sie muss wachsen und sich vermehren, ansonsten wird das ewige Leben in einem Christen nicht fruchten. Für den Gläubigen darf es keinesfalls befremdlich erscheinen, wenn er vieles in seinem Leben ertragen muss, weil die Geduld weitere kostbare Früchte wie Demut, Sanftmut usw. mit sich bringt. Deswegen muss ein Christ, im Gegensatz zu einem irdischen Menschen, nach der Geduld streben.

„Die Frucht aber des Geistes ist Liebe, Freude, Friede, Geduld, […]" (Gal 5:22). Gott selbst ist der Gott der Geduld (Röm 15:5), und so erfahren wir, dass Geduld ein Bestandteil von Gottes Wesen ist und das Geheimnis der Unsterblichkeit in sich trägt. Das Wort im 1. Korinther Kapitel 13 bestätigt dies; die Liebe hört niemals auf. Das ist auch verständlich, denn Gott selbst ist die Liebe (1 Joh 4:16). Die Liebe ist das Band der Vollkommenheit (Kol 3:14), welche auch Geduld mit sich bringt (1 Kor 13:7) oder anders gesagt: Die Liebe besteht aus Geduld, Demut, Sanftmut, Friede, Freude, Hoffnung; die Liebe ist Gott selbst, sein ewiges, unvergängliches Wesen.

Gott ist unsichtbar (Röm 1:20), folglich ist auch die Geduld unsichtbar. Kann man sie überhaupt fühlen, mit den Händen ertasten? Alle wissen, dass es sie gibt, doch es ist unmöglich, die Geduld zu fühlen, sie mit den physischen Augen zu betrachten. Dennoch wird sie sichtbar, und zwar durch die Frucht, die der Mensch äußert. Jeder Mensch verfügt über die Eigenschaft, sich zu gedulden, da er nach dem Bilde Gottes erschaffen ist. Die menschliche Geduld ist aber irdisch, nach dem Gesetz. Davon gibt es viele Beispiele im Alten Testament (Spr 14:29;

15:18; Pred 7:8). Oft ist es jedoch so, dass die Geduld nach dem Gesetz, nach dem Buchstaben „Man muss sich gedulden!" mit der wahrhaftigen Geduld, welche das Wesen Gottes ist, verwechselt wird. Der Herr hat uns nach seiner Gnade und Liebe die wahrhaftige Geduld offenbart, welche er selbst ist, nämlich indem er in uns lebt! Er ist zu unserem Geist geworden, zu unserem Gewissen, unsere Geduld ist seine Geduld. Das heißt Jesus Christus ist meine Geduld, sie ist unsterblich, daher habe ich seine [des Herrn] Unsterblichkeit. Ich bin der göttlichen Natur teilhaftig geworden, indem ich den Glauben nach Gottes Wahrheit angenommen habe (2 Petr 1:1-4).

Alle Menschen schätzen Eigenschaften wie Liebe, Geduld und Demut. Ein solcher Mensch wird von den anderen gemocht. Doch warum fällt es so schwer, Liebe, Geduld und Demut zu äußern, wenn eigentlich jeder versteht, dass genau diese Eigenschaften wichtig und gut sind? Wir Christen, die die Wahrheit erkannt haben, kennen die Antwort auf diese Frage: Weil die Menschen nicht imstande sind, dies zu äußern! Gott ist Geist, er besteht aus diesen Eigenschaften, das heißt Gott ist Liebe, Gott ist Geduld, Demut, Sanftmut, Friede, Freude, Glaube, Hoffnung, Mäßigkeit. Nur wenn ein Mensch Gott zu seinem Leben macht und durch ihn lebt, sich der Macht Gottes hingibt, damit Gott führt und lenkt, also im Menschen wirkt — nur dann äußert der Mensch die echten Früchte der Unsterblichkeit. „Denn welche der Geist Gottes treibt, die sind Gottes Kinder" (Röm 8:14). „[...]. Wer aber Christi Geist nicht hat, der ist nicht sein" (Röm 8:9).

Wer Gott ablehnt und nicht an ihn glaubt, wird diese Eigenschaften nie haben und äußern können. Diejenigen, die an Gott glauben, ihn jedoch nicht in ihrem Gewissen haben, zeigen diese Eigenschaften aus ihren eigenen Anstrengungen heraus, nach dem Gesetz; das sind tote Werke, das ist nicht das ewige Leben. Diese Menschen wurden betrogen: die Lüge des Teufels besteht darin, dass er dem Menschen einredet, man solle geduldig sein, sanftmütig, demütig, man muss sich darum bemühen und sich anstrengen. Doch im passenden Augenblick offenbart er sich im Menschen durch Wut, Zorn, Verärgerung usw. Und anschließend beruhigt er einen: „Das kommt vor, macht nichts, Gott ist barmherzig, er verzeiht dir, reiß dich zusammen, beherrsche dich, sei wachsam, strenge dich an und du wirst geduldig sein". Und dann wiederholt sich alles wieder und wieder und es ist immer dasselbe! Was für eine schreckliche Katastrophe wird den Menschen erwarten, wenn er unter dem Gesetz steht, sich sehr bemüht, doch in der Tat nicht von Gott geboren ist und das Wesen Gottes nicht im Glauben aufgenommen hat!

Eines sollte uns allen klar sein, und zwar, dass die Geduld in uns wächst und sich durch Leiden stärkt: „[...] wir rühmen uns auch der Trübsale, dieweil wir wissen, dass Trübsal Geduld bringt" (Röm 5:3) und „Meine lieben Brüder, erachtet es für lauter Freude, wenn ihr in mancherlei Anfechtungen fallt, und wisst, dass euer Glaube, wenn er bewährt ist, Geduld wirkt" (Jak 1:2 f.).

Die vollkommene Wirkung der Geduld ist überall und in allem notwendig, angefangen von den großen Taten bis zu den kleinsten, alltäglichen Dingen, untereinander, zwischen uns Gläubigen (1 Kor 6:7 f.; 2 Kor 11:19 f.). Sie ist auch dafür notwendig, um fest zu bleiben und den eigenen Lauf zu vollenden, den Glauben bis zum Schluss zu bewahren, womöglich sogar bis zum Tod als Märtyrer (Offb 3:10; 13:10; 14:12 f.). Lasst uns den Herrn Jesus Christus zu unserer Geduld machen, um den Kampf, der uns verordnet ist, durch Geduld zu vollbringen;

denn ohne Geduld ist dies nicht möglich (Hebr 12:1). Lasst uns diese Lehre annehmen! Lasst es uns verstehen und begreifen, dieser Lehre Raum in uns geben, denn es ist die Lehre Jesu Christi, sein Geist, er selbst! Amen.

Die Sanftmut und die Demut

„Selig sind die Sanftmütigen; denn sie werden das Erdreich besitzen" (Mt 5:5). „[...] lernt von mir; denn ich bin sanftmütig und von Herzen demütig; so werdet ihr Ruhe finden für eure Seelen" (Mt 11:29). „Ein jeder sei gesinnt, wie Jesus Christus auch war" (Phil 2:5). „[...] Gott widersteht den Hochmütigen, aber den Demütigen gibt er Gnade" (1 Petr 5:5).

Demut hat eine sehr große Bedeutung im Leben eines Christen und für seine Errettung: „Er erniedrigte sich selbst und ward gehorsam bis zum Tode, ja zum Tode am Kreuz. Darum hat ihn auch Gott erhöht und hat ihm den Namen gegeben, der über alle Namen ist, dass in dem Namen Jesu sich beugen sollen aller derer Knie, die im Himmel und auf Erden und unter der Erde sind, und alle Zungen bekennen sollen, dass Jesus Christus der HERR ist, zur Ehre Gottes, des Vaters" (Phil 2:8-11). Demut geht mit Selbstverleugnung und Selbsterniedrigung einher, so wie es auch der Herr getan hat (Phil 2:7 f.). Das bedeutet, dass ein Mensch ohne Demut keine Gnade erhalten kann, weil in ihm der Stolz lebt und Gott widersteht den Hochmütigen.

Demut ist etwas sehr Großes, doch der Herr hat aus irgendeinem Grund nicht gesagt „Selig sind die Demütigen", sondern „Selig sind die Sanftmütigen". Denn gerade die Sanftmütigen haben zwei große Verheißungen: „selig" sind sie und „sie werden das Erdreich besitzen". Natürlich konnte der

Herr diese physische Erde nicht gemeint haben, denn er lehrte: „Himmel und Erde werden vergehen; [...]" (Lk 21:33); und „die Erde und die Werke, die darauf sind, werden ihr Urteil finden [...]. Wir warten aber auf einen neuen Himmel und eine neue Erde nach seiner Verheißung, in denen Gerechtigkeit wohnt" (2 Petr 3:10-13). Diese Erde meinte der Herr, als er sagte, dass die Sanftmütigen das Erdreich besitzen werden.

Doch was ist Sanftmut? Die Antwort darauf ist schnell zu finden, wenn man den Brief an die Galater Kapitel 5, Verse 22-23 aufschlägt, wo klar und deutlich gesagt ist: „Die Frucht aber des Geistes ist [...] Sanftmut, Keuschheit; gegen all dies ist das Gesetz nicht". Daraus wird deutlich, dass Sanftmut die Frucht des Geistes eines Menschen ist, in dessen Geist Jesus Christus wohnt. Es bedeutet, dass Sanftmut eine geistliche Erscheinung ist, die zu Gott gehört: „Ich bin sanftmütig" sagte der Herr. Folglich ist Sanftmut ein Teil des Wesens von Gottes Heiligem Geist, und somit ein Bestandteil der Unsterblichkeit!

Somit ist die wahrhaftige Sanftmut das Wesen Gottes, das Wesen seiner Gottseligkeit, welches die Unsterblichkeit in sich trägt. Wenn ein Mensch Jesus Christus in sich aufnimmt und ihn zu seinem Gewissen macht, hat er auch die Sanftmut aufgenommen, welche zwei Verheißungen der Ewigkeit hat: Glückseligkeit und ein unvergängliches, unverwelkliches Erbe, das für uns aufbewahrt wird im Himmel, die wir aus Gottes Macht durch den Glauben bewahrt werden zur Seligkeit (1 Petr 1:3-5). Wir sollten verstehen, dass nur diejenigen durch Gottes Macht bewahrt werden, die im Glauben nach der Wahrheit unseres Herrn und Gottes bleiben!

Nachdem wir nun verstanden haben, was die wahre Bedeutung der Sanftmut, gemäß der Lehre unseres Herrn Jesus Christus ist, stellt sich die Frage: Wie äußert sich diese? Sanftmut zeigt sich in der Rede, beim Gespräch, bei Unterweisungen und Ermahnungen. Die Heilige Schrift offenbart uns: „Eine linde Antwort stillt den Zorn; [...]" (Spr 15:1); „Eine linde Zunge ist ein Baum des Lebens; [...]" (Spr 15:4); „[...]. Seid allezeit bereit zur Verantwortung vor jedermann [...] mit Sanftmut und Gottesfurcht, [...]" (1 Petr 3:15 f.); „[...] mit Sanftmut die Widerspenstigen zurechtweisen, [...]" (2 Tim 2:25); „Wer ist weise und klug unter euch? Der zeige mit seinem guten Wandel seine Werke in Sanftmut und Weisheit" (Jak 3:13). Aus diesen Bibelstellen wird klar, dass Sanftmut durch die Zunge geäußert wird und mit dieser unmittelbar verbunden ist. Und da die Zunge mit beteiligt ist, wird sofort klar, warum der Herr die Sanftmut so betont und ihr die größte Verheißung der Glückseligkeit gegeben hat. Denn die Zunge ist ein kleines Glied, schreibt Jakobus im dritten Kapitel, doch sie richtet große Dinge an: sie befleckt den ganzen Leib und zündet die ganze Welt an und ist selbst von der Hölle entzündet (Jak 3:5 f.). Wo befindet sich diese Hölle? In unserem Gewissen, wenn Christus nicht zu unserem Gewissen geworden ist. „Aber die Zunge kann kein Mensch zähmen, das unruhige Übel, voll tödlichen Giftes" (Jak 3:8). Der Zustand der Zunge kann weder durch das Gesetz noch durch Strafe verändert werden. Auch ist ein Mensch nur eine Zeit lang in der Lage, seine Zunge zu zähmen. Letztendlich äußert die Zunge nur das, was im Gewissen eines Menschen lebt, weshalb sie früher oder später genau das zum Ausdruck bringen wird.

Es gibt nur eine Möglichkeit, diesen Zustand zu verändern: mit dem Herrn Jesus am Kreuz von Golgatha für die Lüge zu sterben, durch den Glauben an den Herrn, den Teufel aus sich hinauszutreiben und sich durch unseren Herrn von aller

Ungerechtigkeit zu reinigen, damit man nicht im Wort sündigt. Das heißt, dass in der Auslegung des Wortes keine Lüge durch unseren Mund geht, damit es in der Lehre unseres Glaubens keine Lüge gibt. Ein solcher Mensch ist vollkommen, der auch seinen ganzen Leib im Zaum halten kann, schreibt Jakobus (Jak 3:2).

Sanftmut hat eine essentielle Bedeutung, denn unser Herr Jesus Christus sagte: „Aus deinen Worten wirst du gerechtfertigt werden, und aus deinen Worten wirst du verdammt werden" (Mt 12:37). Sanftmut ist Weisheit, die von oben herabkommt: „Wer ist weise und klug unter euch? Der zeige mit seinem guten Wandel seine Werke in Sanftmut und Weisheit. Habt ihr aber bittern Neid und Streit in eurem Herzen, so rühmt euch nicht und lügt nicht der Wahrheit zuwider. Das ist nicht die Weisheit, die von oben herabkommt, sondern sie ist irdisch, niedrig und teuflisch. [...]" (Jak 3:13-18). „Tod und Leben stehen in der Zunge Gewalt; [...]" — sprach Salomo aus Weisheit, die ihm Gott gegeben hat (Spr 18:21; 1 Kö 3). Man könnte noch viele Bibelstellen aufzählen, die zeigen, wie lebenswichtig es ist, sich mit Sanftmut zu bekleiden (Kol 3:12). Als Apostel Paulus Timotheus ermahnte, den guten Kampf des Glaubens zu kämpfen, forderte er ihn auf, auch der Sanftmut nachzujagen (1 Tim 6:11-14). Aus dem oben Geschilderten kann jeder, der es liest und sich darin vertieft, die Lehre von der Sanftmut verstehen.

Gehen wir nun zum Thema Demut über, weil Demut ebenso das Wesen Gottes ist. Das Wesen Gottes ist ein Ganzes, nicht teilbares, die einzelnen Eigenschaften sind untrennbar miteinander verbunden. Dort wo es Sanftmut gibt, gibt es unbedingt auch Demut. Dort wo es Demut gibt, gibt es unbedingt auch Geduld. Dort wo Geduld ist, ist auch Enthaltsamkeit!

Apostel Petrus schreibt: „So wendet alle Mühe daran und erweist in eurem Glauben Tugend und in der Tugend Erkenntnis und in der Erkenntnis Mäßigkeit und in der Mäßigkeit Geduld und in der Geduld Frömmigkeit und in der Frömmigkeit brüderliche Liebe und in der brüderlichen Liebe die Liebe zu allen Menschen" (2 Petr 1:5-7).

Um die Unsterblichkeit und die Herrlichkeit unseres Herrn zu erlangen, ist es notwendig Demut zu haben. Ohne Demut gibt es kein richtiges Leben, keinen richtigen Glauben und auch keinen richtigen Wandel auf dem Wege der Wahrheit! Demut ist eine der wichtigsten Erscheinungen in Bezug auf die Errettung eines Menschen. Denn ohne Demut kann der Mensch nicht gerettet werden, er kann Gott nicht wohlgefällig werden! Der Herr selbst sagte: „Nehmt auf euch mein Joch und lernt von mir; denn ich bin sanftmütig und von Herzen demütig; so werdet ihr Ruhe finden für eure Seelen." Und wenn wir es nicht lernen, finden wir keine Ruhe. Dort, wo es keine Ruhe gibt, gibt es keinen Frieden. Und wo es keinen Frieden gibt, gibt es keine Freude. Und dort, wo es keine Freude gibt, gibt es auch keine Gerechtigkeit, keinen richtigen Glauben und keine richtige Hoffnung. Folglich wandelt ein solcher Mensch in der Finsternis!

Die Heilige Schrift offenbart über die Demut etwas überaus Großes: „Der Lohn der Demut und der Furcht des HERRN ist Reichtum, Ehre und Leben" (Spr 22:4). „Der Weisheit Anfang ist die Furcht des HERRN, und den Heiligen erkennen, das ist Verstand" (Spr 9:10). „Die Furcht des HERRN ist rein und bleibt ewiglich. [...]" (Ps 19:10); „[...] durch die Furcht des HERRN meidet man das Böse" (Spr 16:6). „O welch eine Tiefe des Reichtums, beides, der Weisheit und der Erkenntnis Gottes! [...]" (Röm 11:33-36). Von welchem Reichtum spricht hier die

Bibel? „[...]; die er aber gerecht gemacht hat, die hat er auch verherrlicht" (Röm 8:29 ff.). Von welcher Herrlichkeit ist hier die Rede? Und welches Leben ist denn gemeint? Natürlich das ewige Leben. Und all das folgt der Demut!

Achtet mal auf diesen Vers: „Denn so spricht der Hohe und Erhabene, der ewig wohnt, dessen Name heilig ist: Ich wohne in der Höhe und im Heiligtum und bei denen, die zerschlagenen und demütigen Geistes sind, auf dass ich erquicke den Geist der Gedemütigten und das Herz der Zerschlagenen!" (Jes 57:15). Und hier noch einige Bibelstellen, die von der Demut sprechen: Ps 34:19; Ps 51:19; Spr 15:33; 1 Petr 5:5 f. Demut ändert vollkommen die Haltung Gottes gegenüber dem Menschen und führt zur Errettung; einige Beispiele hierfür sind: 1 Kö 21:29; 2 Chr 33:9-13! Demütigt man sich hingegen nicht und bleibt halsstarrig, ist es das Verderben, siehe 2 Chr 33:21-24; 2 Chr 36:11-21! „Demütigt euch vor dem HERRN, so wird er euch erhöhen" schrieb Jakobus (Jak 4:10). Auch Apostel Petrus hat darüber geschrieben in 1. Petr 5,6.

Was ist denn nun Demut und wie äußert sie sich? Sie äußert sich in Zufriedenheit mit der jeweiligen Situation, so wie sie kommt! Nicht gegen die Situation zu klagen, nicht zu widerstreben, nicht zu murren, sondern diese aus der Hand Gottes so anzunehmen, wie sie kommt. Und gerade dafür Gott zu danken und zu loben, für jede Situation, ganz gleich wie sie auch sein mag: Ob Trauer oder Mangel, ob Leid, Schmerz oder das Gegenteil davon eintritt! Das Ganze untermauern folgende Worte: „[...] gedenke an ihn in allen deinen Wegen, so wird er dich recht führen!" (Spr 3:5 f.); „Geht hinein durch die enge Pforte [...]. Wie eng ist die Pforte und wie schmal der Weg, der zum Leben führt, und wenige sind's, die ihn finden" (Mt 7:13 f.).

Warum finden nur wenige diese enge Pforte und diesen schmalen Weg? Denn nur diese enge Pforte und der schmale Weg führen zum Leben. Weil allein schon das Auffinden dieser Pforte und dieses Weges mit vollkommener Selbsthingabe an den Herrn verbunden ist! Das geht auch einher mit irdischen Entbehrungen, Leiden und Unbequemlichkeiten für den Leib. Wer ist schon bereit dazu? Es hängt direkt mit Demut und Geduld zusammen. Ein Mensch lernt und erwirbt diese Eigenschaften nur durch Leiden, wie es mit unserem Herrn selbst auch geschehen ist: „Und er hat in den Tagen seines irdischen Lebens Bitten und Flehen mit lautem Schreien und mit Tränen dem dargebracht, der ihn vom Tod erretten konnte; und er ist auch erhört worden, weil er Gott in Ehren hielt. So hat er, obwohl er Gottes Sohn war, doch an dem, was er litt, Gehorsam gelernt. [...]" (Hebr 5:7-9).

Darin liegt der Sinn des Wortes verborgen: „Er erniedrigte sich selbst und ward gehorsam bis zum Tode, ja zum Tode am Kreuz" (Phil 2:8). Das Fleisch gibt niemals so einfach seine Position auf, weil es einen „Herrn" dieses fleischlichen Lebens gibt. Und das sieht man sehr gut an dem Leben in der Zeit des Alten Testaments und nach dem alten Bund. Um das Volk Israel zum eigenen Volk zu machen, sich dieses unterzuordnen — denn die Israeliten waren seinem Wort ungehorsam — hat Gott ihr Herz durch Arbeit gedemütigt. Sie stolperten, fielen um, und niemand half ihnen! Doch sie riefen zum Herrn in ihrer Not und er half ihnen aus ihren Ängsten. Er führte sie aus Finsternis und Dunkelheit heraus und zerriss ihre Bande (Ps 107; 2 Mose 5:4-19).

Moses spricht in 5. Mose 8:2-3: „[...]. Er demütigte dich und ließ dich hungern [...] auf dass er dich [...] versuchte, damit kundwürde, was in deinem Herzen wäre, [...]." Dies tat der Herr, damit sein

Volk fähig würde, seinen Segen zu ererben (5 Mose 8:16-20). Weitere Beispiele in der Heiligen Schrift finden sich hier: 2 Chr 12:1-8; 33:9-13; Ps 106:32-45; Ri 2:13-16; 3:1-11; 10:6-16. Was zeigen uns diese Beispiele? Die Wege, auf denen der Herr sein Volk zur Demut führt! Im ersten Fall hat er sie durch Arbeit gebeugt, danach in der Wüste mit Durst und Hunger geplagt, sowie durch Angst vor den Schlangen. Im zweiten Fall haben die Feinde sie überfallen, in Gefangenschaft genommen und gequält. Das bedeutet, dass Demut immer durch Leiden am Leibe und durch Entbehrungen zum Vorschein tritt. Entweder erlangt der Mensch die wahrhaftige, echte Geduld und Demut oder er verstockt sein Herz und fällt vom Glauben ab.

Im Neuen Testament ist es genauso. Denn das Fleisch bleibt Fleisch. Um dieses zu verleugnen, dafür zu sterben, muss der Mensch unbedingt leiden (Hebr 12:6-13; Jak 1:2-8; 1 Petr 1:6 f.; 1 Petr 4:12-16). Apostel Petrus ruft uns direkt dazu auf, sich mit dem Gedanken zu wappnen, am Fleisch zu leiden (1 Petr 4:1-5). Es geht immer darum, dieses irdische Leben nach dem Fleisch zu verleugnen, da es keine Zukunft hat. Wir sollen geistlich werden und nach dem Geist leben, nicht nach dem Fleisch. Denn die nach dem Fleisch leben, können Gott nicht gefallen (Röm 8:8).

Sanftmut, Demut, Geduld, Friede, Freude, Glaube, Hoffnung, Enthaltsamkeit und Liebe bilden zusammen die Wahrheit und sind der Heilige Geist oder das Wesen Gottes. Diese Eigenschaften wurden uns in der Erscheinung unseres Herrn Jesus Christus offenbart. Er ist die Wahrheit und das Leben! Wenn wir Jesus Christus als unser Leben aufnehmen, und das bedeutet, dass all diese guten, ewigen Eigenschaften unser Wesen geworden sind und sich überall in unserem Leben äußern, dann haben wir das Himmelreich Gottes in uns aufgenommen und tragen die Unsterblichkeit in uns (Röm 14:17 f.).

Es ist nicht die Rede von einem religiösen Spiel, bei dem man gute Eigenschaften und gute Werke herausgibt. Das müssen wir begreifen, verstehen und wirklich so werden. Hierin liegt die Wahrheit und das Geheimnis des ewigen Lebens! Amen.

Den Willen Gottes erfüllen

„Durch ihn aber seid ihr in Christus Jesus [durch Gott den Vater], der uns von Gott gemacht ist zur Weisheit und zur Gerechtigkeit und zur Heiligung und zur Erlösung, damit, wie geschrieben steht: »Wer sich rühmt, der rühme sich des HERRN«" (1 Kor 1:30 f.). Christus ist unsere Heiligkeit! Die Frucht der Heiligkeit ist die Gerechtigkeit und diese äußert sich in den guten Werken, die für uns von dem Herrn bestimmt sind. „Denn wir sind sein Werk, geschaffen in Christus Jesus zu guten Werken, die Gott zuvor bereitet hat, dass wir darin wandeln sollen" (Eph 2:10).

Diese guten Werke in Christus folgen aus der Führung des Heiligen Geistes. Sie werden nicht aus Angst vor irgendeiner Bestrafung vollbracht, sondern aus Freude und aus Liebe und weil der Mensch durch Christus, der sein Leben geworden ist, dazu bewegt wird. Dieses Leben ist nicht mehr nach dem Fleisch, sondern nach dem Geist (Röm 8:9).

Die Heilige Schrift zeigt, dass alle Menschen, die Gott geliebt haben und ihm treu geblieben sind, von jeher Gottes Knechte waren. Der Erste, den Gott seinen Knecht genannt hat, war Abraham: „Denn er gedachte an sein heiliges Wort und an Abraham, seinen Knecht" (Ps 105:42). Auch der Same Abrahams, alle Völker, die Gott und seine Wahrheit lieben, sind Gottes Knechte: „ihr, der Same Abrahams, seines Knechtes, ihr Kinder Jakobs, seine Auserwählten" (Ps 105:6; Jos 1:7; 24:29); So wie auch die Jünger Christi und die Apostel, die sich als

Knechte Gottes und als Knechte Jesu Christi bezeichneten (Phil 1:1; 2 Petr 1:1; Jak 1:1; Jud 1:1).

„Oder wisst ihr nicht, dass euer Leib ein Tempel des Heiligen Geistes ist, der in euch ist und den ihr von Gott habt, und dass ihr nicht euch selbst gehört?" — „So steht nun fest, umgürtet an euren Lenden mit Wahrheit [...]" (1 Kor 6:19; Eph 6:14). „[...] und eure Lichter brennen und seid gleich den Menschen, die auf ihren HERRN warten, wann er aufbrechen wird von der Hochzeit, damit, wenn er kommt und anklopft, sie ihm sogleich auftun. Selig sind die Knechte, die der HERR, wenn er kommt, wachend findet. [...]. Und wenn er kommt in der zweiten oder in der dritten Nachtwache und findet's so: selig sind sie. [...]" — „ihr aber seid das auserwählte Geschlecht, die königliche Priesterschaft, das heilige Volk, das Volk des Eigentums, dass ihr verkündigen sollt die Wohltaten dessen, der euch berufen hat von der Finsternis zu seinem wunderbaren Licht" (Lk 12:35-39; 1 Petr 2:9).

Es gibt kein Ansehen der Person: alle, die als eine neue Kreatur in Christus wiedergeboren sind, sind Gottes Knechte geworden. Die Stellung eines Knechtes ist klar beschrieben: „Wer unter euch hat einen Knecht, der pflügt oder das Vieh weidet, und sagt ihm, wenn der vom Feld heimkommt: Komm gleich her und setz dich zu Tisch? Wird er nicht vielmehr zu ihm sagen: Bereite mir das Abendessen, schürze dich und diene mir, bis ich gegessen und getrunken habe; danach sollst du auch essen und trinken? Dankt er etwa dem Knecht, dass er getan hat, was befohlen war? So auch ihr! Wenn ihr alles getan habt, was euch befohlen ist, so sprecht: Wir sind unnütze Knechte; wir haben getan, was wir zu tun schuldig waren" (Lk 17:7-10). Ein Knecht lebt nicht mehr seinen eigenen Willen, so wie es ihm gefällt, sondern ist von seinem Herrn abhängig. Was auch immer der Herr sagt und befiehlt, ist für den Knecht der Wille, der erfüllt werden muss.

Und wie steht es vor dem Herrn um uns? Wir sind seine Knechte, sind teuer erkauft und gehören nicht mehr uns! Wenn wir freiwillig zum Herrn hinzugetreten sind und seine Knechte werden wollen, so gehört unser Leben nicht mehr uns. Keiner wurde dazu gezwungen oder genötigt, sondern jeder hat sich freiwillig zu Christus bekehrt, um sein Knecht zu werden. Und wer tatsächlich ein Knecht des Herrn geworden ist, erlebt Glückseligkeit. Zum Knecht des Herrn ist gesagt: „Denn die Liebe Christi drängt uns, zumal wir überzeugt sind, dass, wenn einer für alle gestorben ist, so sind sie alle gestorben. Und er ist darum für alle gestorben, damit, die da leben, hinfort nicht sich selbst leben, sondern dem, der für sie gestorben und auferstanden ist" (2 Kor 5:14 f.). Für den Herrn zu leben bedeutet, sein Knecht zu sein und seinen Willen zu erfüllen! Durch sein Wort der Wahrheit spricht der Herr zu uns: „Und stellt euch nicht dieser Welt gleich, sondern ändert euch durch Erneuerung eures Sinnes, damit ihr prüfen könnt, was Gottes Wille ist, nämlich das Gute und Wohlgefällige und Vollkommene" — „Prüft, was dem HERRN wohlgefällig ist [...]" — „Darum werdet nicht unverständig, sondern versteht, was der Wille des HERRN ist" — „Es werden nicht alle, die zu mir sagen: HERR, HERR!, in das Himmelreich kommen, sondern die den Willen tun meines Vaters im Himmel" (Röm 12:2; Eph 5:10,17; Mt 7:21).

Deshalb ist es sehr wichtig, sich immer damit zu beschäftigen, den Willen Gottes zu erkennen, um diesen zu erfüllen.

Wie erfüllt man den Willen des himmlischen Vaters?

Wenn Christus mein Leben und mein Gewissen geworden ist, soll ich nicht mehr aus eigener Kraft und aus dem Verstand heraus handeln, sondern mich vollkommen Christus hingeben und ständig darauf bedacht sein, Christus in mir zu hören und seine Stimme zu verstehen (Eph 2:10). Paulus appelliert: „Ich ermahne euch nun, liebe Brüder, durch die Barmherzigkeit Gottes, dass ihr eure Leiber hingebt als ein Opfer, das lebendig, heilig und Gott wohlgefällig ist. Das sei euer vernünftiger Gottesdienst. Und stellet euch nicht dieser Welt gleich, sondern verändert euch durch die Erneuerung eures Sinnes, auf dass ihr prüfen möget, was da sei der gute, wohlgefällige und vollkommene Wille Gottes" (Röm 12:1 f.). Es ist nicht wohlgefällig, wenn wir aus dem Verstand und aus unserem eigenen Willen heraus dienen und handeln, so wie es in religiösen Bewegungen üblich ist. Stattdessen sollen wir lernen, den Herrn in unserem Gewissen zu hören. Was sagt der Herr, wozu werde ich von ihm bewegt, was richtet er aus, wie und was soll ich tun und sagen? Das heißt mein gutes Werk in Christus besteht darin, seinen Willen treu zu erfüllen und nicht davon abzuweichen: „Bemühe dich darum, dich vor Gott zu erweisen als einen rechtschaffenen und untadeligen Arbeiter, der das Wort der Wahrheit recht austeilt" (2 Tim 2:15).

Als der Herr Jesus Christus in dieser Welt erschienen ist, sagte er: „Siehe, ich komme […], dass ich tue, Gott, deinen Willen" — „Denn ich bin vom Himmel gekommen, nicht damit ich meinen Willen tue, sondern den Willen dessen, der mich gesandt hat" — „Und der mich gesandt hat, ist mit mir. Er lässt mich nicht allein; denn ich tue allezeit, was ihm gefällt" — „Ich habe dich verherrlicht auf Erden und das Werk vollendet, das du mir gegeben hast, damit ich es tue" (Hebr 10:7; Joh 6:38; 8:29; 17:4). Vor seiner Kreuzigung betete Christus zum Vater: „[...] Vater, willst du, so nimm diesen Kelch von mir; doch nicht mein, sondern dein Wille geschehe" (Lk 22:42).

Das Heimtückische daran ist, dass ein Mensch imstande ist, die Lehre des Herrn sehr gut zu verstehen und sie rein nach dem Buchstaben mit seinem Verstand und seinem Willen zu befolgen. So war es nach dem Gesetz Mose, doch damit wird der Wille Gottes nicht erfüllt! Das Neue Testament, die Lehre Jesu Christi, ist ein Dienst nach dem Geist: „der uns auch tüchtig gemacht hat zu Dienern des neuen Bundes, nicht des Buchstabens, sondern des Geistes. Denn der Buchstabe tötet, aber der Geist macht lebendig" (2 Kor 3:6). Der Dienst nach dem Geist ist das Leben nach dem Gewissen, in dem Jesus Christus lebt. Es beginnt mit dem richtigen Glauben: wenn man in der Lehre des Herrn, im wahrhaftigen, reinen Glauben bleibt, erkennt man die Lehre der reinen Wahrheit. Dadurch, dass der Mensch in diesem reinen Wort verbleibt, ändern sich die Gefühle bzw. Sinne: „Ein jeglicher sei gesinnt, wie Jesus Christus auch war [...]" (Phil 2:5-8). Das bezieht sich besonders auf die Selbsterkenntnis: Selbstverleugnung, Demut, sanften Geistes sein, zu nichts werden und sein Kreuz, den Tod mit Christus, aufnehmen! Danach folgt: ein Wiedergeborener hört die Stimme des Herrn in sich! Denn die geistliche Erscheinung äußert sich als erstes in den Gefühlen: Liebe, Friede, Freude, Geduld. Wenn diese da sind, sind es die Gefühle Gottes! „Und ich bete darum, dass eure Liebe immer noch reicher werde an Erkenntnis und aller Erfahrung, sodass ihr prüfen könnt, was das Beste sei, damit ihr lauter und unanstößig seid für den Tag Christi" (Phil

1:9 ff.). „[...], die durch den Gebrauch geübte Sinne haben und Gutes und Böses unterscheiden können" (Hebr 5:14). „Hab Acht auf dich selbst und auf die Lehre; beharre in diesen Stücken! Denn wenn du das tust, wirst du dich selbst retten und die, die dich hören" (1 Tim 4:16).

Mit sich selbst ständig beschäftigt sein, ehrlich zu sich sein, sich solange bemühen und darum ringen, bis man es ergreift und lernt, den Herrn zu hören und sich von ihm leiten zu lassen: Die gesamte Lehre des Neuen Testamentes unseres Herrn Jesus Christus ist dazu gegeben.

Niemals schweigt der Herr im Gewissen! Selbst wenn man keine Bewegung im Inneren und keinen Drang zu einer bestimmten Handlung verspürt, so verbleiben Gottes Frieden und Freude immerwährend. Denn diese sind bereits Ausdruck von Gottes Sprechen im Gewissen des Menschen. „Denn das Reich Gottes ist nicht Essen und Trinken [nichts Irdisches], sondern Gerechtigkeit und Friede und Freude in dem Heiligen Geist" — „Die Frucht aber des Geistes [Christi] ist Liebe, Freude, Friede, Geduld, Freundlichkeit, Güte, Treue, Sanftmut, Keuschheit; gegen all dies ist das Gesetz nicht" — „Wer darin Christus dient, der ist Gott wohlgefällig und bei den Menschen geachtet" (Röm 14:17; Gal 5:22 f.; Röm 14:18).

Der wahrhaftige Wille Gottes für uns ist: Wir sind Werkzeuge in seinen Händen, mit denen er seinen Willen ausführt. Er leitet uns durch seine Kraft und seinen Geist, der in uns wohnt!

Die Gemeinde Christi

11
KAPITEL

296 Die Braut Christi

300 Der Gottesdienst

310 Die Opfergaben — Der Zehnte im Neuen Testament

315 Welche Gemeinde nimmt Christus bei seiner Wiederkunft zu sich?

„Dies Geheimnis ist groß; ich deute es aber auf Christus und die Gemeinde" (Eph 5:32). Kehren wir zurück zu der Frage, warum Gott den Menschen erschaffen hat. Die Antwort auf diese Frage zieht sich durch die gesamte Bibel: von der Erschaffung des ersten Menschen bis hin zur Offenbarung. „Und ich sah einen neuen Himmel und eine neue Erde; denn der erste Himmel und die erste Erde sind vergangen, und das Meer ist nicht mehr. Und ich sah die heilige Stadt, das neue Jerusalem, von Gott aus dem Himmel herabkommen, bereitet wie eine geschmückte Braut für ihren Mann" (Offb 21:1 f.).

Gott gebar einen Sohn, wie geschrieben steht: „Siehe, du wirst schwanger werden und einen Sohn gebären, dem sollst du den Namen Jesus geben. Der wird groß sein und Sohn des Höchsten genannt werden; und Gott der HERR wird ihm den Thron seines Vaters David geben, und er wird König sein [...], und sein Reich wird kein Ende haben" (Lk 1:31-33). Gott hat verstanden, dass es für den Sohn nicht gut sei, alleine zu bleiben; es bedurfte einer Gehilfin, einer Frau, die mit ihm für immer und ewig regieren würde.

Die Braut Christi

„Lasst uns freuen und fröhlich sein und ihm die Ehre geben; denn die Hochzeit des Lammes ist gekommen, und seine Braut hat sich bereitet. [...] Und ich sah die heilige Stadt, das neue Jerusalem, von Gott aus dem Himmel herabkommen, bereitet wie eine geschmückte Braut für ihren Mann. Und ich hörte eine große Stimme von dem Thron her, die sprach: Siehe da, die Hütte Gottes bei den Menschen! Und er wird bei ihnen wohnen, und sie werden sein Volk sein, und er selbst, Gott mit ihnen, wird ihr Gott sein" (Offb 19:7; 21:2 f.). Das neue himmlische Jerusalem, die Braut Christi — sie besteht aus den Menschen, die Gott auserwählt hat und die heilig sind: „Und es wurde ihr gegeben, sich anzutun mit schönem reinem Leinen. Das Leinen aber ist die Gerechtigkeit der Heiligen" (Offb 19:8).

Das Bild von Christus und seiner Gemeinde als Mann und Frau wird von Anfang an am Beispiel von Adam und Eva gezeigt: „Und Gott der HERR sprach: Es ist nicht gut, dass der Mensch allein sei; ich will ihm eine Hilfe machen, die ihm entspricht. Und Gott der HERR machte aus Erde allerlei Tiere auf dem Felde und allerlei Vögel unter dem Himmel und brachte sie zu dem Menschen, dass er sähe, wie er sie nennte; [...] Und der Mensch gab einem jeden Vieh und Vogel unter dem Himmel und Tier auf dem Felde seinen Namen; aber für den Menschen wurde keine Hilfe gefunden, die ihm entsprach. [...] Und Gott der HERR baute eine Frau aus der Rippe, die er von dem Menschen nahm, und brachte sie zu ihm. Da sprach der Mensch: Die ist nun Bein von meinem Bein und Fleisch von meinem Fleisch; man wird sie Männin nennen, weil sie vom Manne genommen ist. [...] und sie werden sein ein Fleisch" (1 Mose 2:18-24).

Im Neuen Testament vergleicht Apostel Paulus Mann und Frau mit Christus und der Gemeinde: „Dies Geheimnis ist groß; ich deute es aber auf Christus und die Gemeinde" (Eph 5:32). „Ihr Frauen, ordnet euch euren Männern unter wie dem HERRN. Denn der Mann ist das Haupt der Frau, wie auch Christus das Haupt der Gemeinde ist — er hat sie als seinen Leib gerettet. Aber wie nun die Gemeinde sich Christus unterordnet, so sollen sich auch die Frauen ihren Männern unterordnen in allen Dingen. Ihr Männer, liebt eure Frauen, wie auch Christus die Gemeinde geliebt hat und hat sich selbst für sie dahingegeben, um sie zu heiligen. Er hat sie gereinigt durch das Wasserbad im Wort, damit er für sich die Gemeinde herrlich bereite, die keinen Flecken oder Runzel oder etwas dergleichen habe, sondern die heilig und untadelig sei. [...] Denn niemand hat je sein eigenes Fleisch gehasst; sondern er nährt und pflegt es wie auch Christus die Gemeinde. Denn wir sind Glieder seines Leibes, von seinem Fleisch und von seinem Gebein" (Eph 5:22-30). Die Gemeinde ist also sein Leib, von seinem Fleisch und seinem Gebein, genauso wie Eva aus Adam erschaffen war. Hieraus wird deutlich, dass Adam ein Ebenbild Christi ist.

Das Beispiel der Tierwelt — unter welcher niemand gefunden wurde, der Adam entsprach (1 Mose 2:19 f.) — zeigt die religiöse Welt, also jene Menschen, die nicht von Gott geboren sind. Die gleiche Vielfalt wie in der Tierwelt, findet sich heute in den Religionen wieder. Es ist nahezu unmöglich, alle Glaubensrichtungen aufzuzählen! Doch nicht eine einzige dieser vielen Glaubensrichtungen ist ein Teil Christi, weil die Menschen darin nicht von Gott geboren sind. Sie sind nicht von seinem Fleisch und seinem Gebein, genauso wie die Tierwelt nicht von Adams Fleisch und Gebein stammt. Keine Religion kann zu Christus passen geschweige denn seine Braut werden.

Für Adam war nur eine einzige Frau erschaffen, die ihn ergänzte. So bestimmte Gott der Vater, auch eine Braut oder eine Frau für seinen Sohn zu erschaffen, mit dem Ziel der gegenseitigen Liebe, der Gemeinschaft, für Rat und Trost. Ohne gegenseitige Liebe und Einheit zwischen Mann und Frau kann keine Familie gegründet werden. Genauso kann auch die Gemeinde Christi ohne diese Liebe nicht aufgebaut werden. Die Harmonie in der Gemeinde Christi ist Christus selbst. Nur durch die Einheit im Geist und in der Liebe kann sie bestehen: „und seid darauf bedacht, zu wahren die Einigkeit im Geist durch das Band des Friedens" (Eph 4:3).

Die Braut Christi ist durch Christus erschienen, durch das Wort der Wahrheit. Dieses Wort ist Jesus Christus. Deshalb ist seine Braut heilig und gerecht. Wer nicht heilig und gerecht ist, ist nicht im Leib Christi und kann nicht zum Abendmahl des Lammes berufen sein, wo die Braut für die ewige Vereinigung mit Christus bereit sein wird: „[...]. Selig sind, die zum Hochzeitsmahl des Lammes berufen sind. Und er sprach zu mir: Dies sind wahrhaftige Worte Gottes" (Offb 19:9).

„[...] Und alles hat er unter seine Füße getan und hat ihn gesetzt der Gemeinde zum Haupt über alles, welche sein Leib ist, nämlich die Fülle dessen, der alles in allem erfüllt" (Eph 1:17-23). Die Gemeinde ist ein Pfeiler und eine Grundfeste der Wahrheit (1 Tim 3:15). In ihr gibt es keinen Betrug, hier wird das Wort Gottes nicht verfälscht. Und es gibt auch keine menschlichen Satzungen in Form von Traditionen, Überlieferungen und aller Art Verordnungen. Die Gemeinde ist das Haus Gottes, dessen Erbauer und Schöpfer Gott ist (Mt 16:18; Hebr 3:4 ff.; Hebr 11:10). Sie befindet sich nicht in dieser Welt, sondern in Gottes Sphäre: „Jesus antwortete: Mein Reich ist nicht von dieser Welt, [...]" (Joh 18:36) und „Wäret ihr von der Welt, so hätte die Welt das Ihre lieb. Weil ihr aber nicht von der Welt seid, sondern ich euch aus der Welt erwählt habe, darum hasst euch die Welt. [...]" (Joh 15:19 f.). Alle Glieder dieser Gemeinde sind der göttlichen Natur teilhaftig geworden und sind dieser Welt entflohen (2 Petr 1:4).

Jesus Christus selbst ist das ewige Leben. Es ist wichtig, dass Christus in jedem Glied der Gemeinde lebt, wie geschrieben steht: „Wer den Sohn hat, der hat das Leben; wer den Sohn

Gottes nicht hat, der hat das Leben nicht" (1 Joh 5:12). Wenn Jesus Christus nicht zum Gewissen des Menschen wird, geht er am Ziel vorbei! Das Gewissen des Menschen ist immer die Grundlage seines Lebens, das, woran er glaubt und was er verehrt. Daher ist es für diejenigen, die Gottes Ewigkeit ererben möchten, so wichtig, Jesus Christus zu ihrem Gewissen zu machen und nach dem Gewissen zu leben! Jeder, der ein Teil der wahrhaftigen Gemeinde sein möchte, muss durch den Glauben mit Jesus Christus am Kreuz auf Golgatha für diese Welt sterben. Das bedeutet: sterben für die Sünde, für jegliche Unwahrheit und Betrug, für das Wesen dieser Welt um dann mit Christus in Gottes Königreich aufzuerstehen. Mit anderen Worten: vom Tod zum Leben hindurchdringen (Joh 5:24). „Ihr aber seid nicht fleischlich, sondern geistlich, wenn denn Gottes Geist in euch wohnt. Wer aber Christi Geist nicht hat, der ist nicht sein" (Röm 8:9). So wird der Mensch mit den Heiligen des Leibes Christi eins sein, sofern er mit dem Leib in Gemeinschaft und Einheit verbleibt.

Der Gottesdienst

„Aber es kommt die Stunde und ist schon jetzt, dass die wahren Anbeter den Vater anbeten werden im Geist und in der Wahrheit; denn auch der Vater will solche Anbeter haben. Gott ist Geist, und die ihn anbeten, die müssen ihn im Geist und in der Wahrheit anbeten" (Joh 4:23 f.).

Jesus Christus sagte eindeutig: „Gott ist Geist, und die ihn anbeten, die müssen ihn im Geist und in der Wahrheit anbeten". Der Herr benutzt das Wort „müssen", das keinerlei Abweichung zulässt. „Müssen" bedeutet, Gott nimmt keine andere Art und Weise der Anbetung an. Gott hat zwar viele Anbeter, aber unter allen sucht er sich solche, die bereit sind, ihn im Geist und in der Wahrheit anzubeten, da er selbst Geist ist! Der Mensch mag auch sehr bemüht sein, Gott wohlgefällig zu sein, wenn er dies aber nicht im Geist und in der Wahrheit tut, dann ist solch eine Anbetung hinfällig. Die Anbetung „im Geist" bedeutet im Gewissen, in dem Christus wohnt. Das Gewissen ist rein und gut, da es Christus selbst ist. Und die Anbetung „in der Wahrheit" geschieht dann, wenn sich die Seele auf das eigene Gewissen legen bzw. auf dieses vollständig verlassen kann. Wenn sich der Mensch in Christus befindet und ihn inwendig in sich hat, dann wandelt er mit einem reinen Herzen vor Gott. Er betet ihn an, ehrt und lobt ihn, er befindet sich stets im Gebet, er dient ihm unablässig und im Herzen verherrlicht er seinen Herrn. Er heiligt Gott in seinem Herzen (1 Petr 3:15).

Zu den Zeiten des Alten Testaments konnten nur die Priester den Gottesdienst verrichten. Sie hatten die heilige Salbung und trugen spezielle Kleider der Priesterschaft. „Und sie traten Usija, dem König, entgegen und sprachen zu ihm: Es gebührt nicht dir, Usija, dem HERRN zu räuchern, sondern den Priestern, den Söhnen Aaron, die geweiht sind zu räuchern. Geh hinaus aus dem Heiligtum; denn du vergehst dich und es wird dir keine Ehre bringen vor Gott, dem HERRN" (2 Chr 26:18).

Im Neuen Testament sind all diejenigen Diener Gottes, die von Gott geboren sind: „Ihr aber seid das auserwählte Geschlecht, die königliche Priesterschaft, das heilige Volk, das Volk des Eigentums, dass ihr verkündigen sollt die Wohltaten dessen, der euch berufen hat von der Finsternis zu seinem wunderbaren Licht; die ihr einst »nicht ein Volk« wart, nun aber »Gottes Volk« seid, und einst nicht in Gnaden wart, nun aber in Gnaden seid" (1 Petr 2:9 f.). Als das auserwählte königliche Priestertum sind wir nun gekleidet in das heilige Gewand der Priester (Offb 19:8) und haben das Recht, Gott anzubeten und ihn zu beweihräuchern. Und mehr als das: wir sollen ihn im Geist und nach der Wahrheit anbeten! Das geschieht zum Beispiel in unseren Gebeten und Lobgesängen. Denn wenn wir singen, so rufen wir den Namen des Herrn an, wir beten ihn an, loben ihn, danken ihm und heiligen den Herrn in unseren Herzen. „Du aber bist heilig, der du thronst über den Lobgesängen Israels" (Ps 22:4). „Freuet euch des HERRN, ihr Gerechten; die Frommen sollen ihn recht preisen. Danket dem HERRN mit Harfen; lobsinget ihm zum Psalter von zehn Saiten!" (Ps 33:1 f.). „Dienet dem HERRN mit Freuden, kommt vor sein Angesicht mit Frohlocken! [...] Gehet zu seinen Toren ein mit Danken, zu seinen Vorhöfen mit Loben; danket ihm, lobet seinen Namen!" (Ps 100:2 ff.). „Ich will den Namen Gottes loben mit einem Lied und will ihn hoch ehren mit Dank!" (Ps 69:31). „[...]. Lehrt und ermahnt einander in aller Weisheit; mit Psalmen, Lobgesängen und geistlichen Liedern singt Gott dankbar in euren Herzen" (Kol 3:16; Eph 5:19). Wenn ein Mensch mit einem reinen und aufrichtigen Herzen Gott in seinen Gebeten und Lobgesängen lobt und dankt, dann ist er brennend in seinem Geist (Röm 12:11). Das heißt er betet Gott an und gibt ihm die Ehre.

Wie verlaufen unsere Versammlungen?

Christus ist unser Leben geworden! Sein Leben hat in uns das Gesetz der Sünde und des Todes vernichtet. Wir leben in Christus, und deshalb sind unsere Versammlungen frei und offen; ohne Gesetze, ohne Regeln und Festlegungen. Jedes Mitglied kann sich frei äußern, denken und sprechen. Wir versammeln uns, um in aller Einfalt und Einfachheit von Herz zu Herz miteinander Gemeinschaft zu haben. Nur in solcher Freiheit äußert sich der Geist Jesu Christi, das Wesen Gottes, durch uns. Und zwar nicht das Gesetz der Sünde und des Todes, sondern das Gesetz des Lebens nach dem Geist in Christus Jesus. Deshalb werden unsere Versammlungen nie in einem Chaos enden. Sondern umgekehrt: es kehrt Ruhe und Anstand ein, auch wenn es anfänglich, dem Kindesalter gemäß, laut und scheinbar durcheinander erscheint. Aber je mehr wir uns ernähren, wachsen und erwachsen werden, desto mehr wächst auch die Erkenntnis und Liebe zueinander. Bei uns herrscht kein aufgesetzter „weil es sich so gehört"-Anstand, wie er in der Religion anzutreffen ist, sondern es verläuft gesittet, weil unser Gott ein Gott der Ordnung und des Friedens ist (1 Kor 14:33).

Es ist wichtig zu verstehen, dass nur Jesus Christus das Recht hat in der Gemeinde zu wirken. Ein seelischer Dienst, der nicht von Gott und nicht dem Geist Christi entspricht, ist unzulässig! Unzulässig sind Stolz und Überheblichkeit! Das Eifern darum, dass Gott einen zur Erbauung seines Leibes benutzt, ist sehr gut. Man soll darin eifern, jedoch soll dies ausschließlich für Gott und nicht für die eigene Eitelkeit und den eigenen Stolz geschehen. Eifern, flehen, sich selbst verleugnen; sich völlig der Erfüllung durch Christus hingeben, damit der Dienst lediglich in der Kraft des Herrn, seiner Wahrheit und seiner Liebe gegründet ist: „Ich bin der wahre Weinstock und mein Vater der Weingärtner. [...] Wie die Rebe keine Frucht bringen kann aus sich selbst, wenn sie nicht am Weinstock bleibt, so auch ihr nicht, wenn ihr nicht an mir bleibt. Ich bin der Weinstock, ihr seid die Reben. Wer in mir bleibt und ich in ihm, der bringt viel Frucht; denn ohne mich könnt ihr nichts tun" (Joh 15:1-5).

Es ist sehr wichtig zu verstehen, dass ein Dienst, der nicht im Herrn geschieht, nichtig ist. Denn welchen Nutzen hat dieser, wenn er nicht in Jesus Christus ist? Wenn es nicht der Herr ist, dann ist ein anderer Geist, der Geist der Lüge und der Bosheit am Werk. Und dieser Geist wird sich stets als Engel des Lichts ausgeben. Apostel Paulus schreibt: „Denn wenn jemand meint, er sei etwas, obwohl er doch nichts ist, der betrügt sich selbst" (Gal 6:3).

Wie äußert es sich in der Praxis, dass Christus in unseren Versammlungen wirkt? „Lasst uns aber wahrhaftig sein in der Liebe und wachsen in allen Stücken zu dem hin, der das Haupt ist, Christus, von dem aus der ganze Leib zusammengefügt ist und ein Glied am andern hängt durch alle Gelenke, wodurch jedes Glied das andere unterstützt nach dem Maß seiner Kraft und macht, dass der Leib wächst und sich selbst aufbaut in der Liebe" (Eph 4:15 f.). Dabei muss jedes Mitglied der Gemeinde — nach dem Maß der Gabe und des Lebens Jesu Christi in ihm — wirken und agieren. So dass der ganze Leib der Gemeinde ein funktionierender Organismus ist und kein Mitglied ist hiervon ausgeschlossen. Auf diese Weise vollbringt Jesus Christus sein Wirken. Das heißt er lenkt und führt die Glieder seines Leibes so, wie er es will, denn er ist das Haupt der Gemeinde und sie ist sein Leib!

Es ist geschrieben: „[...]. Wenn ihr zusammenkommt, so hat ein jeder einen Psalm, er hat eine Lehre, er hat eine Offenbarung, er hat eine Zungenrede, er hat eine Auslegung. Lasst es alles geschehen zur Erbauung!" (1 Kor 14:26). Und ebenso: „Auch von den Propheten lasst zwei oder drei reden, und die andern lasst darüber urteilen. Wenn aber einem andern, der dabei sitzt, eine Offenbarung zuteil wird, so schweige der Erste. Ihr könnt alle prophetisch reden, doch einer nach dem andern, damit alle lernen und alle ermahnt werden. [...]" (1 Kor 14:29-33). In der Versammlung dient einer dem anderen durch den

Geist Christi, nach dem Maß, wie es der Herr zuteilwerden lässt. Wie kann hiervon jemand ausgeschlossen sein? Können etwa verheiratete Schwestern ausgeschlossen sein? Zu wem könnte gesagt werden: „Schweige, sprich die prophetische Rede nicht, auch wenn du eine Offenbarung bekommen hast?"

Im Gottesdienst gibt es kein weibliches oder männliches Geschlecht

Es ist offensichtlich, dass im Gottesdienst das Geschlecht keine Rolle spielt: „Hier ist nicht Jude noch Grieche, hier ist nicht Sklave noch Freier, hier ist nicht Mann noch Frau; denn ihr seid allesamt einer in Christus Jesus" (Gal 3:28).

Die Bibel sagt: „Wenn aber einem andern, der dabei sitzt, eine Offenbarung zuteil wird, so schweige der Erste". Angenommen ein Bruder spricht und in diesem Moment erhält seine Ehefrau eine Offenbarung, wie soll sie sich verhalten? Soll sie reden oder schweigen? Ist die Frau in Christus und mit dem Heiligen Geist erfüllt, wessen Geist spricht dann durch sie? Der Geist Christi! Deshalb ist der Dienst in unseren Versammlungen nach dem Geist und nicht seelisch oder fleischlich.

Wie ist in diesem Zusammenhang folgende Bibelstelle zu verstehen: „[…]. Wie in allen Gemeinden der Heiligen sollen die Frauen schweigen in den Gemeindeversammlungen; denn es ist ihnen nicht gestattet zu reden, sondern sie sollen sich unterordnen, wie auch das Gesetz sagt" (1 Kor 14:33 f.). Die Rede ist hier vom Fleischlichen. Denn fleischlich gesehen ist die Frau dem Mann untertan; es ist ihr nicht gestattet über den Mann zu herrschen, so wie es auch Apostel Paulus geschrieben hat. Alles was in unserem Leben das Fleischliche betrifft, oder einfacher ausgedrückt, alles Physische, das, was von Gott erschaffen wurde, das soll auch unverändert bis zum Schluss so bleiben. Über das Leben nach dem Geist spricht Apostel Paulus eindeutig: „Also seid auch ihr, meine Brüder und Schwestern, dem Gesetz getötet durch den Leib Christi, [...]. Denn Christus ist des Gesetzes Ende; [...]" (Röm 7:4; Röm 10:4). Zuvor steht allerdings zur Bekräftigung der Aussage „wie auch das Gesetz sagt" und nun „dem Gesetz getötet". Wie können diese Aussagen vereint werden? Ganz einfach — wenn es geistlich ist, in Jesus Christus, dann gibt es keine Trennung der Geschlechter, sondern Jesus Christus selbst vollbringt den Gottesdienst eines jeden Einzelnen. Sprechen wir aber vom fleischlichen Leben, so wie Gott es geschaffen und von Natur aus festgesetzt hat, dann gilt: das Haupt der Familie ist der Mann, die Frau ist dem Mann untertan, sie ist für den Mann erschaffen, und nicht umgekehrt! Somit gilt für die Frau, die nicht im Heiligen Geist wirkt, zu schweigen. Das Gleiche gilt auch für den Mann. Wenn der Mann nicht im Heiligen Geist handelt, sondern fleischlich, dann schweige auch er! Denn unser Gottesdienst ist nicht nach dem Fleisch, sondern nach dem Geist, in Jesus Christus. Jesus Christus ist der Hohepriester und ein Diener am Heiligtum und am wahrhaftigen Zelt, das der Herr aufgerichtet hat, und nicht ein Mensch (Hebr 8:1 f.).

Der wahre und vor Gott wohlgefällige Gottesdienst nach dem Neuen Testament ist das Leben nach dem Geist. „Ich ermahne euch nun, liebe Brüder, durch die Barmherzigkeit Gottes, dass ihr eure Leiber hingebt als ein Opfer, das lebendig, heilig und Gott wohlgefällig ist. Das sei euer vernünftiger Gottesdienst" (Röm 12:1). Dieser Gottesdienst endet nicht, er dauert an. Wir dienen Gott immer und überall, indem wir uns Jesus Christus hingeben, uns im Leibe der Gemeinde befinden und einander in Liebe dienen.

Wer groß sein will, der sei ein Diener

„Aber Jesus rief sie zu sich und sprach: Ihr wisst, dass die Herrscher ihre Völker niederhalten und die Mächtigen ihnen Gewalt antun. So soll es nicht sein unter euch; sondern wer unter euch groß sein will, der sei euer Diener; und wer unter euch der Erste sein will, der sei euer Knecht, so wie der Menschensohn nicht gekommen ist, dass er sich dienen lasse, sondern dass er diene und gebe sein Leben zu einer Erlösung für viele" (Mt 20:25-28). „[...]. Denn wer der Kleinste ist unter euch allen, der ist groß" (Lk 9:48).

Die Rede ist vom Haus Gottes, das die Gemeinde des lebendigen Gottes ist. Diese Gemeinde hat er sich durch sein eigenes Blut erkauft. In Gottes Haus kann es keinesfalls so zugehen, wie es in dieser Welt üblich ist: Die Vorgesetzten sind an der Macht und bringen ihr Umfeld dazu, sich ihrem Willen unterzuordnen und ihnen zu dienen. Wer sich weigert, muss mit Konsequenzen rechnen, so dass eine permanente Furcht vor dem Vorgesetzten waltet! Nach diesem Prinzip wirkt auch jede Religion: Die Menschen wandeln nicht in Ehrfurcht vor Gott, sondern vor Menschen. Sie kennen Gott nicht und können seinen Willen nicht verstehen. Sie blicken mit Ehrfurcht zu den Ältesten auf, die durch ihr Verhalten sogar Furcht auslösen. Denn wenn man Furcht in den Menschen auslöst, dann wird man geehrt. Wer diese Furcht nicht hat, der ist wahrscheinlich in anderer Weise abhängig von den Gemeindevorstehern. Oder man hasst den Vorsteher, trägt diesen Hass aber tief in sich verborgen! Wenn man dann zufällig auf einen Gleichgesinnten trifft, und sich beide in diesem Hass vereinen, ist der Grundstein für eine Abspaltung in eine neue Gruppierung gelegt — hier offenbart sich der Geist der Parteilichkeit.

Die Schrift lehrt uns: „Die Ältesten unter euch ermahne ich, der Mitälteste und Zeuge der Leiden Christi, der ich auch teilhabe an der Herrlichkeit, die offenbart werden soll: Weidet die Herde Gottes, die euch anbefohlen ist, und achtet auf sie, nicht gezwungen, sondern freiwillig, wie es Gott gefällt, nicht um schändlichen Gewinns willen, sondern von Herzensgrund, nicht als solche, die über die Gemeinden herrschen, sondern als Vorbilder der Herde. So werdet ihr, wenn erscheinen wird der Erzhirte, die unverwelkliche Krone der Herrlichkeit empfangen" (1 Petr 5:1-4).

Die wahrhaftige Gemeinde ist wie eine Familie, in der es Altersunterschiede gibt: Es gibt einen jüngeren und einen älteren Bruder, eine ältere und eine jüngere Schwester, Vater und Mutter. Die Altersunterschiede in der Gemeinde äußern sich in der geistlichen Reife, dem Maß des vollkommenen Alters Christi. Je gerechter der Mensch ist, desto kleiner wird er sein und umso mehr wird er von Liebe erfüllt. Je mehr Gott einen nutzt, umso nichtiger sieht der Mensch sich selbst, da alle Ehre und Herrlichkeit Gott allein gehört, so wie Apostel Paulus über sich schrieb: „haben auch nicht Ehre gesucht von den Leuten, weder von euch noch von andern, obwohl wir unser Gewicht als Christi Apostel hätten einsetzen können, sondern wir waren arglos unter euch. Wie eine Amme ihre Kinder pflegt, so haben wir Herzenslust an euch und sind bereit, euch teilhaben zu lassen nicht allein am Evangelium Gottes, sondern auch an unserm Leben; [...]" (1 Thess 2:6 ff.). Auch den Jüngeren steht geschrieben: „Desgleichen ihr Jüngeren, ordnet euch den Ältesten unter. Alle aber miteinander haltet fest an der Demut; denn Gott widersteht den Hochmütigen, aber den Demütigen gibt er Gnade" (1 Petr 5:5).

Die Gemeinde ist ein Leib und im Leib gibt es keine Aufteilungen nach Rang und Höhe; alle Glieder dieses Leibes werden gleichermaßen benötigt. „[...]. Denn wir sind durch einen Geist alle zu einem Leib getauft [...], und sind alle mit einem Geist getränkt [es ist allen gleichermaßen gegeben]. Denn auch der Leib ist nicht ein Glied, sondern viele. [...] Wenn der ganze Leib Auge wäre, wo bliebe das Gehör? Wenn er ganz Gehör wäre, wo bliebe der Geruch? [...] Wenn aber alle Glieder ein Glied wären, wo bliebe der Leib? [...] Ihr seid aber der Leib Christi und Glieder, ein jeglicher nach seinem Teil. [...]" (1 Kor 12:4-31). „Denn wie wir an einem Leib viele Glieder haben, aber nicht alle Glieder dieselbe Aufgabe haben, so sind wir viele ein Leib in Christus, aber untereinander ist einer des andern Glied, und haben verschiedene Gaben nach der Gnade, die uns gegeben ist. [...] Weissagung [...] ein Amt [...] Lehrt jemand [...] Ermahnt jemand [...]. Die Liebe sei ohne Falsch. [...] Seid nicht träge in dem, was ihr tun sollt. Seid brennend im Geist. Dient dem HERRN" (Röm 12:4-11; 1 Petr 4:10 f.).

Die Lehre Christi lehrt uns: Jeder achte den anderen höher, als sich selbst! Denn wer sich selbst erhöht, der soll erniedrigt werden; und wer sich selbst erniedrigt, der soll erhöht werden (Lk 14:11; Röm 12:10; Phil 2:3 f.).

Die Opfergaben — Der Zehnte im Neuen Testament

„Es hatte zwar auch der erste Bund seine Satzungen für den Gottesdienst und sein irdisches Heiligtum. [...] Dies sind nur äußerliche Satzungen über Speise und Trank und verschiedene Waschungen, die bis zu der Zeit einer besseren Ordnung auferlegt sind" (Hebr 9:1-10). „Da sprach ich [Christus]: Siehe, ich komme; im Buch steht von mir geschrieben, dass ich tue, Gott, deinen Willen. [...] Da hebt er das Erste auf, damit er das Zweite einsetze. [...]" (Hebr 10:7-10).

Der Herr selbst hat verkündet: „Das Gesetz und die Propheten reichen bis zu Johannes. [...]" (Lk 16:16). Apostel Paulus, der eine klare Offenbarung von Gott über das Gesetz Moses hatte, schrieb: „Der uns auch tüchtig gemacht hat zu Dienern des neuen Bundes, nicht des Buchstabens, sondern des Geistes. Denn der Buchstabe tötet, aber der Geist macht lebendig" (2 Kor 3:6). Des Weiteren: „Denn Christus ist des Gesetzes Ende; wer an den glaubt, der ist gerecht" (Röm 10:4).

Der Zehnte ist in der Religion zu einer unentbehrlichen Regel geworden. Dieses Gebot, entnommen aus dem alten Bund, wird mühevoll erfüllt. Es wird sogar gelehrt, dass die Errettung davon abhinge und die Menschen werden in Angst versetzt: Wenn du deinen Zehnten nicht abgibst, passiert ein Unglück mit deinen Kindern und in deinem Haus wird es keinen Segen von Gott geben. Doch wenn der Herr das Erste aufgehoben hat (den Bund Moses) und das Zweite eingesetzt hat (das Neue Testament im Blut des Herrn), und wenn das Gesetz und die Propheten nur bis zu Johannes dem Täufer Gültigkeit hatten und Christus des Gesetzes Ende ist, wie blieb dann das Gesetz über den Zehnten bestehen?

DIE GEMEINDE CHRISTI

Dem Gesetz Moses zufolge, bestand der Zehnte hauptsächlich aus Lebensmitteln, Obst, Gemüse und Vieh, um die Priester und Leviten mit ihren Familien zu ernähren, da der Stamm Levi kein Erbgut erhielt, doch der Herr sprach zu Aaron: „[...] Du sollst in ihrem Lande kein Erbgut besitzen, auch keinen Anteil unter ihnen haben; denn ich bin dein Anteil und dein Erbgut inmitten der Israeliten. Den Söhnen Levi aber habe ich alle Zehnten gegeben in Israel zum Erbgut für ihr Amt, das sie an der Stiftshütte ausüben. [...]" (4 Mose 18:20-24). Durch die Propheten verkündet der Herr: „Bringt aber die Zehnten in voller Höhe in mein Vorratshaus, auf dass in meinem Hause Speise sei, [...]" (Mal 3:10).

Im gesamten Neuen Testament gibt es keine Lehre vom Zehnten, weil es kein Gesetz mehr gibt. Uns ist klar, dass das Gesetz nur ein Schatten der zukünftigen Güter ist (Hebr 10:1), das heißt, das Gesetz wurde aus dem Geistlichen entnommen und für das irdische Leben/den irdischen Leib ausgelegt. Deshalb ist es wichtig, dass wir die Gebote heute auf das Geistliche übertragen und dann die Frage stellen, welche Nahrung oder welche Opfergaben sind heute damit gemeint?

Alle Opfergaben, sowohl Tier- als auch Speiseopfer, und somit auch der Zehnte, weisen auf Christus hin: „Ich bin das Brot des Lebens. [...]" (Joh 6:48-58). „Schafft euch Speise, die nicht vergänglich ist, sondern die bleibt zum ewigen Leben. Die wird euch der Menschensohn geben; denn auf dem ist das Siegel Gottes des Vaters" (Joh 6:27). Die Speise im Haus Gottes ist heute das Wort der Lehre. Wir ernähren uns geistlich. Deshalb ist der Zehnte des Neuen Testaments in erster Linie, die eigenen Erlebnisse mit der Gemeinde zu teilen, wie geschrieben steht: „[...] nach dem Werk eines jeglichen Gliedes in seinem Maße" (Eph 4:16) und „[...] wenn ihr zusammenkommt, so hat ein jeder einen Psalm, er hat eine Lehre, [...], er hat eine Offenbarung, [...]" (1 Kor 14:26). Apostel Petrus schreibt: „[...], zu opfern geistliche Opfer, die Gott wohlgefällig sind durch Jesus Christus" (1 Petr 2:5). Zu diesen Opfern gehört das ganze Leben eines Christen, hierzu zählen auch Geldsammlungen, welche aus Liebe zu Gott und keinesfalls nach dem Gesetz geschehen. Der Dienst des Neuen Testaments liegt im Heiligen Geist, und der Heilige Geist ist Gott, Gott wiederum ist die Liebe. Alles, was der Mensch opfert, opfert er aus Liebe und nicht aus Zwang, denn das wäre das Gesetz, und das Gesetz bewirkt Zorn (Röm 4:15).

Über die Opfergaben/Spenden wird im Neuen Testament einfach gelehrt: „Was aber die Sammlung für die Heiligen angeht: Wie ich in den Gemeinden in Galatien angeordnet habe, so sollt auch ihr tun! An jedem ersten Tag der Woche lege ein jeder von euch bei sich etwas zurück und sammle an, so viel ihm möglich ist, damit die Sammlung nicht erst dann geschieht, wenn ich komme" (1 Kor 16:1 f.). Hier ist nicht die Rede vom Zehnten, sondern davon, die Gemeinde auch finanziell mit zu erhalten, nach dem individuellen finanziellen Vermögen. Im zweiten Korintherbrief (8. und 9. Kapitel) wird ausführlich beschrieben, dass Geldsammlungen für die Bedürfnisse der Heiligen oder der Gemeinden stattfanden, und auch hier wird der Zehnte nicht erwähnt, so wie es im Alten Testament der Fall war. Es wird kein Gesetz festgelegt, sondern es gilt nur die vollkommene Freiheit: „Ein jeder, wie er's sich im Herzen vorgenommen hat, nicht mit Unwillen oder aus Zwang; denn einen fröhlichen Geber hat Gott lieb" (2 Kor 9:7). Und Apostel Paulus schrieb: „[...]. Wer da kärglich sät, der wird auch kärglich ernten; [...]" (2 Kor 9:6).

Im Neuen Testament gibt es also kein Gesetz vom Zehnten in Form von Geld. Bei Gott gibt es kein Gesetz und alle, die in Gott leben, brauchen es nicht, weil die Liebe zu Gott und seinem Werk wirkt! Vom Zehnten aus dem Glauben spricht die Bibel bereits am Beispiel von Abraham, das heißt bevor das Gesetz Mose gegeben wurde: „Dieser Melchisedek aber war ein König von Salem, [...] welchem auch Abraham gab den Zehnten aller Güter. [...] Und sozusagen ist auch Levi, der doch selbst den Zehnten nimmt, in Abraham mit dem Zehnten belegt worden. Denn er sollte seinem Stammvater ja erst noch geboren werden, als Melchisedek diesem entgegenging" (Hebr 7:1 f.,9 f.).

Und nun stellt sich die Frage: Hat denn der Dienst Gottes in seinem Haus, in seiner Gemeinde, heute aufgehört? Werden etwa keine Mittel für den Dienst benötigt? Ist es nicht wunderbar, wenn die Gemeinde über Mittel verfügt, um den Bedürftigen zu helfen? Um Gott gemäß dem Gesetz des Alten Testaments zu dienen, hatte Gott nur das Allernotwendigste festgelegt, dass die Menschen keinesfalls in Armut stürzen ließ. Und wie ist es heute? Nach der Liebe zu Gott und seinem Werk können wir weit mehr als nur den Zehnten opfern! Die Schrift sagt: „Oder wisset ihr nicht, daß euer Leib ein Tempel des Heiligen Geistes ist, welchen ihr habt von Gott, und seid nicht euer selbst. Denn ihr seid teuer erkauft; darum so preist Gott an eurem Leibe und in eurem Geiste, welche sind Gottes" (1 Kor 6:19 f.). Apostel Paulus schreibt: „Denn wir sind sein Werk, geschaffen in Christus Jesus zu guten Werken, zu welchen Gott uns zuvor bereitet hat, dass wir darin wandeln sollen" (Eph 2:10). Wir haben uns Gott freiwillig hingegeben und gehören uns nicht mehr. Oder ist etwa all das des Menschen Besitz? Hat nicht vielmehr der Herr dem Menschen alles gegeben, was er besitzt? „Und ich sage euch auch: Machet euch Freunde mit dem ungerechten Mammon, damit, wenn er zu Ende geht, sie euch aufnehmen in die ewigen Hütten. Wer im Geringsten treu ist, der ist auch im Großen treu; und wer im Geringsten ungerecht ist, der ist auch im Großen ungerecht. So ihr nun in dem ungerechten Mammon nicht treu seid, wer will euch das Wahrhaftige vertrauen? Und so ihr in dem Fremden nicht treu seid, wer wird euch geben, was euer ist? Kein Knecht kann zwei Herren dienen: entweder er wird den einen hassen und den andern lieben, oder er wird dem einen anhangen und den andern verachten. Ihr könnt nicht Gott samt dem Mammon dienen. Das alles hörten die Pharisäer auch, und waren geizig, und spotteten sein. Und er sprach zu ihnen: Ihr seid's, die ihr euch selbst rechtfertigt vor den Menschen; aber Gott kennt eure Herzen; denn was hoch ist unter den Menschen, das ist ein Greuel vor Gott" (Lk 16:9-15).

Ferner hat der Herr am Beispiel des reichen Mannes und des armen Lazarus sehr deutlich gezeigt, was es bedeutet, wenn man die Bedürfnisse in der Gemeinde nicht sieht (Lk 16:19-31). Der Reiche hat nichts gesehen, er bemerkte den armen und kranken Lazarus gar nicht erst! In seinem großen Wohlstand hat er gezeigt, wo sein Herz ist.

„Er blickte aber auf und sah, wie die Reichen ihre Opfer in den Gotteskasten einlegten. Er sah aber auch eine arme Witwe, die legte dort zwei Scherflein ein. Und er sprach: Wahrlich, ich sage euch: Diese arme Witwe hat mehr als sie alle eingelegt. Denn diese alle haben etwas von ihrem Überfluss zu den Opfern eingelegt; sie aber hat von ihrer Armut alles eingelegt, was sie zum Leben hatte" (Lk 21:1-4).

„Gott, der die Welt gemacht hat und alles, [...] auch wird er nicht von Menschenhänden bedient, als ob er etwas nötig hätte, da er selber allen Leben und Atem und alles gibt" (Apg 17:24 f.). Wie prüft Gott die Herzen der Menschen, wohin sie geneigt sind und woran sie hängen, was sie lieben und wo ihr Schatz ist? „Denn wo dein Schatz ist, da ist auch dein Herz" (Mt 6:21). „Ein Sohn soll seinen Vater ehren und ein Knecht seinen Herrn. Bin ich nun Vater, wo ist meine Ehre? Bin ich HERR, wo fürchtet man mich?, spricht der HERR Zebaoth zu euch Priestern, die meinen Namen verachten. [...] Denn wenn ihr ein blindes Tier opfert, so haltet ihr das nicht für böse; und wenn ihr ein lahmes oder ein krankes opfert, so haltet ihr das auch nicht für böse; [...]" (Mal 1:6-9). Damals wurden nach dem Gesetz Tiere geopfert, und der Herr ermahnte: „Verflucht sei der Betrüger, der in seiner Herde ein gutes männliches Tier hat und es gelobt, aber dem HERRN ein fehlerhaftes opfert. [...]" (Mal 1:14).

Heute sind unsere Opfergaben keine Tiere, dennoch sind Opfergaben notwendig! Und wenn der Herr schon damals das gesunde Tier in der Herde sah, während der Besitzer darum bemüht war das kranke, blinde oder lahme Tier loszuwerden, sieht der Herr etwa heute nicht all unsere Herzen und wie sehr jeder einzelne dem Werk Gottes hingegeben ist? Jedes Herz wird darauf geprüft, wie es Gott liebt!

Welche Gemeinde nimmt Christus bei seiner Wiederkunft zu sich?

„So seid ihr nun nicht mehr Gäste und Fremdlinge, sondern Mitbürger der Heiligen und Gottes Hausgenossen, erbaut auf den Grund der Apostel und Propheten, da Jesus Christus der Eckstein ist, auf welchem der ganze Bau ineinandergefügt wächst zu einem heiligen Tempel in dem HERRN. Durch ihn werdet auch ihr mit erbaut zu einer Wohnung Gottes im Geist" (Eph 2:19-22).

Die Kinder Gottes sind lebendige Steine, die in den Bau Gottes eingefügt werden (1 Petr 2:5). Und weiter: „Und ich sah die Heilige Stadt, das neue Jerusalem, von Gott aus dem Himmel herabkommen, [...]. Und ich hörte eine große Stimme von dem Thron her, die sprach: Siehe da, die Hütte Gottes bei den Menschen! Und er wird bei ihnen wohnen, und sie werden sein Volk sein und er selbst, Gott mit ihnen, wird ihr Gott sein; [...]. Wer überwindet, der wird es alles ererben, und ich werde sein Gott sein und er wird mein Sohn sein" (Offb 21:2 f.,7).

Die Heilige Stadt Jerusalem erscheint, wenn der Bau von Gottes Tempel vollendet ist. „[...] der ganze Bau [...] wächst zu einem Heiligen Tempel" — wie geschieht das?

Erstens: es gibt nur einen wahren Grundstein, den Herrn Jesus Christus. Es gibt keine andere Grundlage von Gott, als nur diese. „[...] Wenn ihr bleiben werdet an meinem Wort, [...] und werdet die Wahrheit erkennen, [...]" — „Wer darüber hinausgeht und bleibt nicht in der Lehre Christi, der hat Gott nicht; wer in dieser Lehre bleibt, der hat den Vater und den Sohn" — „Halte dich an das Vorbild der heilsamen Worte, [...]" — „Aber der feste Grund Gottes besteht und hat dieses Siegel: Der HERR kennt die Seinen; und: Es lasse ab von Ungerechtigkeit, wer den Namen des HERRN nennt" (Joh 8:31 f.; 2 Joh 1:9; 2 Tim 1:13; 2:19).

Zweitens: es geht um die vollkommene Einigkeit untereinander, keinerlei Spaltungen sind zulässig. „Ich ermahne euch aber, liebe Brüder, im Namen unseres HERRN Jesus Christus, dass ihr alle mit einer Stimme redet und lasst keine Spaltungen unter euch sein, sondern haltet aneinander fest in einem Sinn und in einer

Meinung" (1 Kor 1:10). „Wandelt nur würdig des Evangeliums Christi, damit [...] ihr in einem Geist steht und einmütig mit uns kämpft für den Glauben des Evangeliums" (Phil 1:27). „Ein Leib und ein Geist, wie ihr auch berufen seid zu einer Hoffnung eurer Berufung; ein HERR, ein Glaube, eine Taufe" (Eph 4:4 f.).

Vollkommene Einigkeit, derselbe Sinn, gleiche Gedanken im selben Geist sind nur der neuen Kreatur möglich, deren Leben Jesus Christus ist (Jak 1:18). Die Liebe ist die wirkende Kraft der neuen Kreatur, durch welche der Leib Christi erbaut wird: „Ihr Lieben, lasst uns einander lieb haben; denn die Liebe ist von Gott, und wer liebt, der ist von Gott geboren und kennt Gott. Wer nicht liebt, der kennt Gott nicht; denn Gott ist die Liebe. [...] Gott ist die Liebe; und wer in der Liebe bleibt, der bleibt in Gott und Gott in ihm. Darin ist die Liebe bei uns vollkommen, dass wir Zuversicht haben am Tag des Gerichts; denn wie er ist, so sind auch wir in dieser Welt" (1 Joh 4:7-17). In der vollkommenen Liebe Gottes wird der Bau des Tempels Gottes ineinandergefügt — angefangen vom Kleinkind bis hin zum vollendeten Mann, der ganzen Fülle Christi: „bis wir alle hingelangen zur Einheit des Glaubens und der Erkenntnis des Sohnes Gottes, zum vollendeten Mann, zum vollen Maß der Fülle Christi, [...]. Lasst uns aber wahrhaftig sein in der Liebe und wachsen in allen Stücken zu dem hin, der das Haupt ist, Christus, von dem aus der ganze Leib zusammengefügt ist und ein Glied am andern hängt durch alle Gelenke, wodurch jedes Glied das andere unterstützt nach dem Maß seiner Kraft und macht, dass der Leib wächst und sich selbst aufbaut in der Liebe" (Eph 4:13-16).

Apostel Paulus schrieb: „Denn ich eifere um euch mit göttlichem Eifer; denn ich habe euch verlobt mit einem einzigen Mann, damit ich Christus eine reine Jungfrau zuführte" (2 Kor 11:2). „Darum, meine Lieben, während ihr darauf wartet, seid bemüht, dass ihr vor ihm unbefleckt und untadelig im Frieden befunden werdet" (2 Petr 3:14). Das Haus Gottes, das ist die Gemeinde des lebendigen Gottes, ein Pfeiler und eine Grundfeste der Wahrheit (1 Tim 3:15).

Nun stellt sich die Frage: Wenn unser Herr Jesus Christus zum zweiten Mal kommt, welche Gemeinde wird er für immer zu sich nehmen? Diejenige, die sein Leib sein wird und deren Haupt, er selbst — Jesus Christus — ist. Alle Glieder dieses Leibes leben durch ihn und er in ihnen. Es ist ein Leib ohne Spaltungen, in dem alle denselben Sinn Christi haben, und in dem alle einig und einmütig Gott, den Vater unseres Herrn Jesu Christi, ehren und preisen (Röm 15:5 f.). Als Christus auf der Welt war, lehrte er: „Wer mir dienen will, der folge mir nach; und wo ich bin, da soll mein Diener auch sein. [...]" (Joh 12:26). Und im Gebet bat er den Vater um einen geeinten Leib: „damit sie alle eins seien. Wie du, Vater, in mir bist und ich in dir, so sollen auch sie in uns sein, [...], ich in ihnen und du in mir, damit sie vollkommen eins seien [...]" (Joh 17:21,23).

Das wahre Haus Gottes wird gebaut und harmonisch ineinander gefügt, denn der Herr selbst ist durch die ihm treu ergebenen Gefäße am Werk. Die Heilige Schrift mahnt vielfach und auf unterschiedliche Weise vor Spaltungen. Sie lehrt, bezeugt und warnt: wenn sich jemand von der Einheit nach der Lehre Jesu Christi abkehrt, Neid oder Verdächtigungen, keine Liebe zu Geschwistern, keine Gemeinschaft mit den Heiligen in der Gemeinde hat, so wird derjenige bei der Wiederkunft des Herrn nicht zu seinem Leib gehören. So jemand wird in die äußerste Finsternis geworfen, wo sich der Teufel mit seinen Engeln befindet.

Wir sollten begreifen, dass Christus einen reinen, einheitlichen, zusammengehörigen Leib zu sich nehmen wird, der sich nach seinem Ebenbild zu einem heiligen und gerechten Leib verwandeln wird!

Das zweite Erscheinen Jesu Christi

12
KAPITEL

323 Die letzte Zeit

326 Das Buch der Offenbarung

332 Die zukünftige Welt

„Und die Welt vergeht mit ihrer Lust; wer aber den Willen Gottes tut, der bleibt in Ewigkeit. Kinder, es ist die letzte Stunde!" (1 Joh 2:17 f.). Seit der Prophezeiung der Apostel über diese letzte Zeit sind nun mehr als 2000 Jahre vergangen. Von welcher Zeit ist also die Rede? Es wäre nicht verständlich, wenn Petrus nicht gesagt hätte: „Eins aber sei euch nicht verborgen, ihr Lieben, dass ein Tag vor dem HERRN wie tausend Jahre ist und tausend Jahre wie ein Tag" (2 Petr 3:8). Das heißt, seitdem die Apostel die letzte Stunde ausgerufen haben, sind für Gott nur zwei Tage vergangen und wir befinden uns am Anfang des dritten Tages! Und so schreibt Petrus: „Der HERR verzögert nicht die Verheißung, wie es einige für eine Verzögerung halten; sondern er hat Geduld mit euch und will nicht, dass jemand verloren werde, sondern dass jedermann zur Buße finde. Es wird aber des HERRN Tag kommen wie ein Dieb in der Nacht, [...]" (2 Petr 3:9 f.).

Das Größte wird sich ereignen, wenn es am wenigsten erwartet wird. Dann wird das Schicksal des Universums und der gesamten Menschheit vollzogen. „Sogleich aber nach der Bedrängnis jener Zeit wird die Sonne sich verfinstern und der Mond seinen Schein verlieren, und die Sterne werden vom Himmel fallen und die Kräfte der Himmel werden ins Wanken kommen. Und dann wird erscheinen das Zeichen des Menschensohns am Himmel. Und dann werden wehklagen alle Geschlechter auf Erden und werden sehen den Menschensohn kommen auf den Wolken des Himmels mit großer Kraft und Herrlichkeit. Und er wird seine Engel senden mit hellen Posaunen, und sie werden seine Auserwählten sammeln von den vier Winden, von einem Ende des Himmels bis zum andern. [...] Von dem Tage aber und von der Stunde weiß niemand, auch die Engel im Himmel nicht, auch der Sohn nicht, sondern allein der Vater. [...] Darum wachet; denn ihr wisst nicht, an welchem Tag euer HERR kommt. [...] Darum seid auch ihr bereit! Denn der Menschensohn kommt zu einer Stunde, da ihr's nicht meint" (Mt 24:29-31,36,42,44).

Dieser Tag wird kommen! Das ist das Wort des allmächtigen Gottes und „Gott ist nicht ein Mensch, dass er lüge, noch ein Menschenkind, dass ihn etwas gereue. Sollte er etwas sagen und nicht tun? Sollte er etwas reden und nicht halten?" (4 Mose 23:19). Wie selig und glücklich wird wohl derjenige sein, der es erwartet hat, der die Zuversicht und eine Hoffnung hatte, welche nicht zuschanden werden lässt.

Erst kommt der Tag, dann die Stunde und plötzlich wird der Herr erscheinen mit seinen Engeln in Kraft und Herrlichkeit. Unser physischer Leib wird in einen geistlichen Leib verwandelt werden. Was wird das für ein Gefühl sein? Welcher Zustand erwartet uns? Wir werden auf den Wolken dem Herrn entgegen entrückt und werden immer mit ihm eins sein (1 Kor 15:51 ff.; 1 Thess 4:13-18).

Die letzte Zeit

Der Tag, an dem der Herr erscheint, kommt ganz sicher! Ob es schon sehr bald geschieht, oder ob es noch eine Weile dauert, der Plan Gottes wird in Erfüllung gehen: „Und er hat aus einem Menschen das ganze Menschengeschlecht gemacht, damit sie auf dem ganzen Erdboden wohnen, und er hat festgesetzt, wie lange sie bestehen und in welchen Grenzen sie wohnen sollen, damit sie Gott suchen sollen, [...]" (Apg 17:26 f.). „Denn die Erde ist des HERRN und was darinnen ist" (1 Kor 10:26). Doch der

Mensch hat sich selbst für Gott erklärt. Er denkt, dass die Erde ihm gehört, dass er alles tun und machen kann, was er will. Er verschwendet keinen Gedanken daran, dass er sich vor dem Herrn verantworten wird. Wie lange erduldet Gott das noch alles? Die Antwort auf diese Frage ist im folgenden Vers zu finden: „Und es wird gepredigt werden dies Evangelium vom Reich in der ganzen Welt zum Zeugnis für alle Völker, und dann wird das Ende kommen" (Mt 24:14).

Ungeachtet dessen, dass sich das Wort erfüllt, denken die Menschen nicht an das Ende der Welt: „Ihr sollt vor allem wissen, dass in den letzten Tagen Spötter kommen werden, die ihren Spott treiben, ihren eigenen Begierden nachgehen und sagen: Wo bleibt die Verheißung seines Kommens? Denn nachdem die Väter entschlafen sind, bleibt es alles, wie es von Anfang der Schöpfung gewesen ist" (2 Petr 3:3 f.). „Das sollst du aber wissen, dass in den letzten Tagen schlimme Zeiten kommen werden. Denn die Menschen werden viel von sich halten, geldgierig sein, prahlerisch, hochmütig, [...]" (2 Tim 3:1-5). „Sie sind abgestumpft und haben sich der Ausschweifung ergeben, um allerlei unreine Dinge zu treiben in Habgier" (Eph 4:19).

Als Christus noch in der Welt, im physischen Körper war, hat er ausführlich und deutlich über die letzte Zeit gesprochen: „Und es werden Zeichen geschehen an Sonne und Mond und Sternen, und auf Erden wird den Völkern bange sein, und sie werden verzagen vor dem Brausen und Wogen des Meeres, und die Menschen werden vergehen vor Furcht und in Erwartung der Dinge, die kommen sollen über die ganze Erde; denn die Kräfte der Himmel werden ins Wanken kommen" (Lk 21:25 f.). „Dann werden viele abfallen und werden sich untereinander verraten und werden sich untereinander hassen. Und es werden sich viele falsche Propheten erheben und werden viele verführen. Und weil die Ungerechtigkeit überhandnehmen wird, wird die Liebe in vielen erkalten. Wer aber beharrt bis ans Ende, der wird selig werden" (Mt 24:10-13). Das alles ist bereits in vollem Gange: die Angst der Völker vor dem Terrorismus, sowie die Mut- und Gesetzlosigkeit haben sich bereits dermaßen vermehrt, dass man sich unweigerlich die Frage stellt, ob es noch schlimmer kommen kann. Mithilfe des Fernsehens und des Internets kann heute die Predigt des Evangeliums in der ganzen Welt gehört werden, Informationen sind täglich 24 Stunden zugänglich und überfluten alles! Alles deutet darauf hin, dass das Ende nahe ist.

Deshalb befinden wir uns in großer Erwartung des Tages, an dem der Herr, unser Erretter erscheinen wird. Das Warten fällt nicht mehr leicht, da wir nicht als nackt befunden werden wollen, sondern vielmehr bekleidet in die Gerechtigkeit der Heiligen (2 Kor 5:4; Offb 19:7 f.), um für das allergrößte Ereignis bereit zu sein: „Hütet euch aber, dass eure Herzen nicht beschwert werden mit Fressen und Saufen und mit täglichen Sorgen und dieser Tag nicht plötzlich über euch komme wie ein Fallstrick; denn er wird über alle kommen, die auf der ganzen Erde wohnen. So seid allezeit wach und betet, dass ihr stark werdet, zu entfliehen diesem allen, was geschehen soll, und zu stehen vor dem Menschensohn" (Lk 21:34 ff.). Und allen, die darauf warten, hat Christus anbefohlen: „Darum werft euer Vertrauen nicht weg, welches eine große Belohnung hat. Geduld aber habt ihr nötig, damit ihr den Willen Gottes tut und das Verheißene empfangt. Denn »nur noch eine kleine Weile, so wird kommen, der da kommen soll, und wird nicht lange ausbleiben. Mein Gerechter aber wird aus Glauben leben.

Wenn er aber zurückweicht, hat meine Seele kein Gefallen an ihm.« Wir aber sind nicht von denen, die zurückweichen und verdammt werden, sondern von denen, die glauben und die Seele erretten" (Hebr 10:35-39).

Das Buch der Offenbarung

„Und das sollt ihr vor allem wissen, dass keine Weissagung in der Schrift eine Sache eigener Auslegung ist. Denn es ist noch nie eine Weissagung aus menschlichem Willen hervorgebracht worden, sondern getrieben von dem Heiligen Geist haben Menschen im Namen Gottes geredet" (2 Petr 1:20 f.).

Das Buch der Offenbarung des Johannes sagt einerseits: „Selig ist, der da liest und die da hören die Worte der Weissagung und behalten, was darin geschrieben ist; denn die Zeit ist nahe" (Offb 1:3). Andererseits schreibt Johannes: „Ich bezeuge allen, die da hören die Worte der Weissagung in diesem Buch: Wenn jemand etwas hinzufügt, so wird Gott ihm die Plagen zufügen, die in diesem Buch geschrieben stehen. Und wenn jemand etwas wegnimmt von den Worten des Buchs dieser Weissagung, so wird Gott ihm seinen Anteil wegnehmen am Baum des Lebens und an der heiligen Stadt, von denen in diesem Buch geschrieben steht" (Offb 22:18 f.). Das ist eine sehr ernsthafte Warnung Gottes!

Der Engel, der Johannes alles zeigte, was in dem Buch geschrieben ist, sagte: „Und er spricht zu mir: Versiegle nicht die Worte der Weissagung in diesem Buch; denn die Zeit ist nahe!" (Offb 22:10). Es ist sehr deutlich gezeigt, dass wahrhaftig die letzte Zeit angebrochen ist.

Das fünfte Kapitel der Offenbarung spricht über ein Buch, welches mit sieben Siegeln versiegelt ist. Nur Jesus Christus selbst konnte die Siegel entfernen und offenbaren, was sich dahinter verbirgt, weil alles durch ihn und zu ihm geschaffen ist (Kol 1:15 ff.).

Das Buch mit den sieben Siegeln spricht über den Lauf der Zeit, angefangen von der Erscheinung Jesu Christi in diese Welt, bis heute. Bei Gott war von Anfang an alles fertig: „[...]. Nun waren ja die Werke von Anbeginn der Welt fertig" (Hebr 4:3). Das wird ganz klar, denn: „Es hat aber auch von diesen geweissagt Henoch, der Siebente von Adam an, und gesprochen: Siehe, der HERR kommt mit seinen vielen tausend Heiligen, Gericht zu halten über alle und zu strafen alle Menschen für alle Werke ihres gottlosen Wandels, mit denen sie gottlos gewesen sind, und für all das Freche, das die gottlosen Sünder gegen ihn geredet haben" (Jud 1:14 f.).

Hinter den Siegeln waren die gesamten Prophezeiungen über diese Welt verborgen. Angefangen vom Anbruch des neuen Zeitalters, über welches gesagt ist: „[...]. Siehe, jetzt ist die Zeit der Gnade, siehe, jetzt ist der Tag des Heils!" (2 Kor 6:2). Deshalb, als der Engel das erste Siegel öffnete, trat ein weißes Pferd auf. „[...]. Und der darauf saß, hatte einen Bogen, und ihm wurde eine Krone gegeben, und er zog aus sieghaft und um zu siegen" (Offb 6:2). Und er vollbrachte den Sieg: „[...]. In der Welt habt ihr Angst; aber seid getrost, ich habe die Welt überwunden" (Joh 16:33). Durch das Leben Jesu Christi für und in uns, ist dieser Sieg auch uns gegeben: „Denn alles, was von Gott geboren ist, überwindet die Welt; und unser Glaube ist der Sieg, der die Welt überwunden hat. [...]" (1 Joh 5:4 f.). Und „Wer überwindet, der wird es alles ererben, und ich werde sein Gott sein und er wird mein Sohn sein" (Offb 21:7).

„Und als es das zweite Siegel auftat, [...] kam heraus ein zweites Pferd, das war feuerrot. Und dem, der darauf saß, wurde Macht gegeben, den Frieden von der Erde zu nehmen, dass sie sich untereinander umbrächten, und ihm wurde ein großes Schwert gegeben" (Offb 6:3 f.). Und wahrhaftig, seit dem Aufkommen der Lehre des Kommunismus und Sozialismus, welche unter dem Wahrzeichen der roten Fahne auftrat und dem feuerroten Pferd entspricht, ist der Frieden von der Welt völlig gewichen! Und bis zum heutigen Tage kämpfen und vernichten die Menschen einander.

„Und als es das dritte Siegel auftat, [...] siehe, ein schwarzes Pferd. Und der darauf saß, hatte eine Waage in seiner Hand. [...]" (Offb 6:5 f.) — Ab nun musste man für alles bezahlen! Als die Israeliten für siebzig Jahre in das Babylonische Reich verschleppt wurden, haben sie im Gebet zu Gott gejammert: „Unser Wasser müssen wir um Geld trinken; unser eigenes Holz müssen wir bezahlen. Mit dem Joch auf unserm Hals treibt man uns, und wenn wir auch müde sind, lässt man uns doch keine Ruhe" (Klgl 5:4 f.). Auch heute bezahlen wir für alles, nicht nur fürs Wasser. Denn alles hat ein Maß, ein Gewicht, wir sind es lediglich gewohnt, da wir nichts anderes kennen.

„Und als es das vierte Siegel auftat, [...] und siehe, ein fahles Pferd. Und der darauf saß, dessen Name war: Der Tod, und die Hölle folgte ihm nach. Und ihnen wurde Macht gegeben über den vierten Teil der Erde, zu töten mit Schwert und Hunger und Pest und durch die wilden Tiere auf Erden" (Offb 6:7 f.). Das hat sich bereits erfüllt und es geschieht weiterhin: der Tod wandert siegreich über die ganze Erde und verschlingt das Seine in die Ewigkeit.

„Und als es das fünfte Siegel auftat, sah ich unten am Altar die Seelen derer, die umgebracht worden waren um des Wortes Gottes und um ihres Zeugnisses willen. Und sie schrien mit lauter Stimme: HERR, du Heiliger und Wahrhaftiger, wie lange richtest du nicht und rächst nicht unser Blut an denen, die auf der Erde wohnen? Und ihnen wurde gegeben einem jeden ein weißes Gewand, und ihnen wurde gesagt, dass sie ruhen müssten noch eine kleine Zeit, bis vollzählig dazukämen ihre Mitknechte und Brüder, die auch noch getötet werden sollten wie sie" (Offb 6:9 ff.) — Das spricht davon, dass weitere Menschen für die Lehre, den reinen, wahren Glauben getötet werden, genauso wie damals die römischen Kaiser die Christen furchtbar misshandelt, gequält und durch grausame Hinrichtungen ermordet haben, so wie geschrieben steht: „Und ihm wurde Macht gegeben, zu kämpfen mit den Heiligen und sie zu überwinden; und ihm wurde Macht gegeben über alle Stämme und Völker und Sprachen und Nationen" (Offb 13:7). — „[...]; und wenn die Zerstreuung des heiligen Volks ein Ende hat, soll dies alles geschehen. Und ich hörte es, aber ich verstand's nicht und sprach: Mein HERR, was wird das Letzte davon sein? Er aber sprach: Geh hin, Daniel; denn es ist verborgen und versiegelt bis auf die letzte Zeit. Viele werden gereinigt, geläutert und geprüft werden, aber die Gottlosen werden gottlos handeln; alle Gottlosen werden's nicht verstehen, aber die Verständigen werden's verstehen" (Dan 12:7-10).

Die Zeit ist bereits angebrochen, zu der Jesus Christus den Sieg vollbrachte und die Siegel öffnete, damit die ihm treu Ergebenen sehen konnten, was alles geschehen wird, wenn das Ende kommt. „[...] Als es das sechste Siegel auftat, da geschah ein großes Erdbeben, und die Sonne wurde finster wie ein schwarzer Sack, und der ganze Mond wurde wie Blut, und die

Sterne des Himmels fielen auf die Erde, wie ein Feigenbaum seine Feigen abwirft, wenn er von starkem Wind bewegt wird. Und der Himmel wich wie eine Schriftrolle, die zusammengerollt wird, und alle Berge und Inseln wurden wegbewegt von ihrem Ort. Und die Könige auf Erden und die Großen und die Obersten und die Reichen und die Gewaltigen und alle Sklaven und alle Freien verbargen sich in den Klüften und Felsen der Berge und sprachen zu den Bergen und Felsen: Fallt über uns und verbergt uns vor dem Angesicht dessen, der auf dem Thron sitzt, und vor dem Zorn des Lammes! Denn es ist gekommen der große Tag ihres Zorns und wer kann bestehen" (Offb 6:12-17)?

So ist beschrieben, wie sechs Siegel aufgetan wurden (Offb 5-6). Und im siebten Kapitel ist bereits gezeigt: „Danach sah ich, und siehe, eine große Schar, die niemand zählen konnte, aus allen Nationen und Stämmen und Völkern und Sprachen; die standen vor dem Thron und vor dem Lamm, angetan mit weißen Kleidern und mit Palmzweigen in ihren Händen. [...] Diese sind's, die gekommen sind aus großer Trübsal und haben ihre Kleider gewaschen und haben ihre Kleider hell gemacht im Blut des Lammes [...]" (Offb 7:9,14-17).

Es ist eine Vorschau aller irdischen Zeitperioden gegeben, und zwar wie alles kommen wird. Ebenso ist es bereits im Buch Daniel gezeigt — der Traum des Königs Nebukadnezar: „[...], ein großes und hohes und hell glänzendes Bild stand vor dir, das war schrecklich anzusehen. Das Haupt dieses Bildes war von feinem Gold, seine Brust und seine Arme waren von Silber, sein Bauch und seine Lenden waren von Kupfer, seine Schenkel waren von Eisen, seine Füße waren teils von Eisen und teils von Ton. Das sahst du, bis ein Stein herunterkam, ohne Zutun von Menschenhänden; der traf das Bild an seinen Füßen, die von

Eisen und Ton waren, und zermalmte sie. Da wurden miteinander zermalmt Eisen, Ton, Kupfer, Silber und Gold und wurden wie Spreu auf der Sommertenne, und der Wind verwehte sie, dass man sie nirgends mehr finden konnte. Der Stein aber, der das Bild zerschlug, wurde zu einem großen Berg, sodass er die ganze Welt füllte" (Dan 2:27-35). Danach folgt eine ausführliche Erklärung: in diesem Bild ist die gesamte Geschichte der Menschheit gezeigt, angefangen vom Babylonischen Reich bis hin zu dem Ende der Welt. Gleichermaßen ist es im Buch der Offenbarung, in den Kapiteln 5 bis 7 beschrieben. Und ab Kapitel 8 („Und als das Lamm das siebente Siegel auftat") folgt eine ausführliche Erklärung aller Zeitperioden und was geschehen soll. Erneut sind es sieben Engel, denen sieben Posaunen gegeben wurden. Weiterhin wird alles von Anfang bis zur Hochzeit des Lammes und der Braut detailliert beschrieben (Offb 19:6-10). In Kapitel 19, Vers 11 geht es erneut um das weiße Pferd, „und der darauf saß, hieß: Treu und Wahrhaftig!" Die Zeit des Gerichts und der Erscheinung der goldenen Stadt Jerusalem ist nahe!

Das Buch der Offenbarung des Johannes bleibt im Großen und Ganzen verschlossen. Nur durch solche Prophezeiungen, die sich bereits erfüllt haben, wird deutlich, dass es sich erfüllt. Wir können lediglich Vermutungen anstellen, wie geschrieben steht: „[...]. Wir sehen jetzt durch einen Spiegel ein dunkles Bild; [...]. Jetzt erkenne ich stückweise; [...]" (1 Kor 13:9-13). Deshalb sollten wir uns in unseren Überlegungen nicht überheben, denn: „[...] Wenn jemand etwas hinzufügt, so wird Gott ihm die Plagen zufügen, die in diesem Buch geschrieben stehen" (Offb 22:18).

Die zukünftige Welt

„Und ich sah einen neuen Himmel und eine neue Erde; denn der erste Himmel und die erste Erde sind vergangen, und das Meer ist nicht mehr. Und ich sah die Heilige Stadt, das neue Jerusalem, von Gott aus dem Himmel herabkommen, bereitet wie eine geschmückte Braut für ihren Mann" — „[...]; denn die Hochzeit des Lammes ist gekommen, und seine Braut hat sich bereitet" (Offb 21:1 f.; 19:7 f.).

„Denn nicht den Engeln hat er untertan gemacht die zukünftige Welt, von der wir reden. Es bezeugt aber einer an einer Stelle und spricht: Was ist der Mensch, dass du seiner gedenkst, und des Menschen Sohn, dass du auf ihn achtest?" (Hebr 2:5 f.).

Die künftige Welt, in der sich die Heilige Stadt Jerusalem befinden wird, hat Gott nicht den Engeln, sondern den Menschen untertan gemacht. Bereits Abraham erwartete diese Stadt: „Denn er wartete auf die Stadt, die einen festen Grund hat, deren Baumeister und Schöpfer Gott ist" (Hebr 11:10). Doch nicht nur Abraham, sondern auch seine Nachkommen erwarteten das neue Jerusalem: „Durch den Glauben empfing auch Sara, die unfruchtbar war, Kraft, Nachkommen hervorzubringen trotz ihres Alters; denn sie hielt den für treu, der es verheißen hatte. Darum sind auch von dem einen, dessen Kraft schon erstorben war, so viele gezeugt worden wie die Sterne am Himmel und wie der Sand am Ufer des Meeres, der unzählbar ist. Diese alle sind gestorben im Glauben und haben das Verheißene nicht erlangt, sondern es nur von ferne gesehen und gegrüßt und haben bekannt, dass sie Gäste und Fremdlinge auf Erden sind. Indem sie aber solches sagten, gaben sie zu verstehen, dass sie ein Vaterland suchten. Und wenn sie das Land gemeint hätten, von dem sie ausgezogen waren, hätten sie ja Zeit gehabt, wieder umzukehren. Nun aber sehnten sie sich nach einem besseren Vaterland, nämlich dem himmlischen. Darum schämt sich Gott ihrer nicht, ihr Gott zu heißen; denn er hat ihnen eine Stadt gebaut" (Hebr 11:11-16).

Diese Stadt heißt das himmlische Jerusalem: „Sondern ihr seid gekommen zu dem Berg Zion und zu der Stadt des lebendigen Gottes, dem himmlischen Jerusalem, und zu den vielen tausend Engeln und zu der Versammlung und Gemeinde der Erstgeborenen, [...]" (Hebr 12:22-23). Diese Stadt ist selbst die Reinheit, deshalb steht ganz klar geschrieben: „Und nichts Unreines wird hineinkommen und keiner, der Gräuel tut und Lüge, sondern allein, die geschrieben stehen in dem Lebensbuch des Lammes" (Offb 21:27). Wie lebenswichtig es doch ist, zu verstehen, was die Reinheit des Herzens ausmacht und diese zu erlangen, ansonsten gelangt man nicht in die Heilige Stadt Jerusalem! „Und es kam zu mir einer von den sieben Engeln [...], und redete mit mir und sprach: Komm, ich will dir die Frau zeigen, die Braut des Lammes. Und er führte mich hin im Geist auf einen großen und hohen Berg und zeigte mir die Heilige Stadt Jerusalem herniederkommen aus dem Himmel von Gott. [...] und die Stadt aus reinem Gold, [...]! Und er zeigte mir einen Strom lebendigen Wassers, klar wie Kristall, der ausgeht von dem Thron Gottes und des Lammes. [...] Und es wird nichts Verfluchtes [Unreines] mehr sein. [...] und sein Angesicht sehen, und sein Name wird an ihren Stirnen sein. [...]" — „Selig sind, die reinen Herzens sind; denn sie werden Gott schauen" (Offb 21:9 f.,18; 22:1,3 f.; Mt 5:8). Es ist recht deutlich gezeigt, dass die Stadt aus reinem Gold die Braut selbst ist: die Frau Christi, die Gemeinde des Herrn, welche wir sind, das Haus Gottes, ein

Pfeiler und eine Grundfeste der Wahrheit (Hebr 3:6; 1 Tim 3:15).

„Und ich sah keinen Tempel darin; denn der HERR, der allmächtige Gott, ist ihr Tempel, er und das Lamm. Und die Stadt bedarf keiner Sonne noch des Mondes, dass sie ihr scheinen; denn die Herrlichkeit Gottes erleuchtet sie, und ihre Leuchte ist das Lamm" (Offb 21:22 f.).

Liest man über die zukünftige Welt, über den neuen Himmel und die neue Erde, über die große, unbegreifliche Stadt Jerusalem, aus reinem Gold, und über ihre immensen Ausmaße, die mit dem menschlichen Verstand nicht zu erfassen sind, wird deutlich, wozu Gott dieses physische Universum und die Menschen erschaffen hat. Denn die Heilige Stadt Jerusalem wird aus denjenigen bestehen, die gewürdigt werden, jene zukünftige Welt zu erlangen. Sie ist von Gott für seine Kinder vorherbestimmt, wie geschrieben steht: „[...] Was kein Auge gesehen hat und kein Ohr gehört hat und in keines Menschen Herz gekommen ist, was Gott bereitet hat denen, die ihn lieben" (1 Kor 2:9). Und wahrhaftig, wie ist es zu begreifen, was über diese Heilige Stadt gesagt ist? Liest man das 21. Kapitel der Offenbarung, so bleibt einem nichts anderes übrig, als darüber zu staunen und zuzugeben, dass es einfach unbegreiflich ist!

Eines ist jedoch klar: diese Zukunft ist von Gott für den Menschen vorgesehen: nicht den Engeln hat er untertan gemacht die zukünftige Welt, sondern den Menschen (Hebr 2:5). Es handelt sich um Christen, die ein reines Herz haben! Das heißt, um diejenigen, die mit einem reinen Gewissen und einem reinen Verstand gestorben sind — also um Heilige! Nur solche werden bei dem zweiten Erscheinen Jesu Christi, genauso wie der Leib des Herrn, in unvergänglichen Leibern auferstehen (Phil 3:21). Es ist enorm wichtig zu verstehen, dass ein Leib, welcher mit Sünde behaftet und mit einem unreinen

Gewissen sowie einem unreinen Verstand verblieben ist, sich nicht gemäß dem Leib Jesu Christi verwandeln wird (Röm 8:11). So wie es auch geschrieben ist: „Jagt dem Frieden nach mit jedermann und der Heiligung, ohne die niemand den HERRN sehen wird" (Hebr 12:14).

Das Wort zeigt deutlich und klar auf, wer diejenigen Menschen sind, welche die zukünftige Welt, die Heilige Stadt Jerusalem, ererben werden — diese Menschen gehören Christus an: „Ihr aber seid nicht fleischlich, sondern geistlich, wenn denn Gottes Geist in euch wohnt. Wer aber Christi Geist nicht hat, der ist nicht sein" (Röm 8:9). „Gelobt sei Gott, der Vater unseres HERRN Jesus Christus, der uns gesegnet hat mit allem geistlichen Segen im Himmel [nicht in der irdischen, sondern in der himmlischen Sphäre!] durch Christus. Denn in ihm hat er uns erwählt, ehe der Welt Grund gelegt war, dass wir heilig und untadelig vor ihm sein sollten; in seiner Liebe" (Eph 1:3 f.). „Selig sind, die reinen Herzens sind; denn sie werden Gott schauen" (Mt 5:8). Unsere Reinheit ist Jesus Christus selbst, wenn er uns vollkommen, im vollen Maß des geistigen Alters, beherrscht.

Welche aber gewürdigt werden, jene Welt zu erlangen, sollen vollkommen einig sein, ohne eine noch so kleine Meinungsverschiedenheit. „[...]. Wie du, Vater, in mir bist und ich in dir, so sollen auch sie in uns sein [...], damit sie eins seien, wie wir eins sind, ich in ihnen und du in mir, damit sie vollkommen eins seien [...]" (Joh 17:21 ff.). Dieses Gebet lässt keinerlei Zweifel über die völlige Einigkeit der Gemeinde zu. Alle, die sich in vollkommener Einigkeit befinden, sind Teil des Leibes Christi und werden bei seinem zweiten Kommen mitgenommen werden.

„Und der auf dem Thron saß, sprach: Siehe, ich mache alles neu! Und er spricht: Schreibe, denn diese Worte sind wahrhaftig und gewiss! Und er sprach zu mir: Es ist geschehen. Ich bin das

A und das O, der Anfang und das Ende. Ich will dem Durstigen geben von der Quelle des lebendigen Wassers umsonst. **WER ÜBERWINDET, DER WIRD ES ALLES ERERBEN, UND ICH WERDE SEIN GOTT SEIN UND ER WIRD MEIN SOHN SEIN**" (Offb 21:5 ff.).

NOTIZEN

WWW.HOLYBUNCH.COM

NOTIZEN

WWW.HOLYBUNCH.COM

NOTIZEN

NOTIZEN

NOTIZEN

WWW.HOLYBUNCH.COM

NOTIZEN

WWW.HOLYBUNCH.COM

www.ingramcontent.com/pod-product-compliance
Lightning Source LLC
Chambersburg PA
CBHW070835160426
43192CB00012B/2200